U0000120

印度靈性導師
拉瑪那尊者的教誨經典

對話真我　下卷

Talks
with Sri Ramana Maharshi

穆納葛拉・S・韋克塔拉邁爾
Sri Munagala S. Venkataramiah 編
蔡神鑫 譯

真我 5

對話真我

印度靈性導師拉瑪那尊者的教誨經典　下卷

Talks with Sri Ramana Maharshi　BOOK TWO

編者　穆納葛拉・S・韋克塔拉邁爾 Sri Munagala S. Venkataramiah
譯者　蔡神鑫 Sheng-hsin Tsai
總編輯　劉粹倫
發行人　劉子超
出版者　紅桌文化／左守創作有限公司
10464 臺北市中山區大直街 117 號 5 樓
Fax: 02-2532-4986
undertablepress@gmail.com
印刷　約書亞創藝有限公司
經銷商　高寶書版集團
11493 臺北市內湖區洲子街 88 號 3 樓
Tel: 02-2799-2788 Fax: 02-2799-0909
書號　ZE0131
ISBN　978-986-95975-1-7
初版　2018 年 1 月
新台幣　500 元
台灣印製
本作品受智慧財產權保護

Talks with Sri Ramana Maharshi - Book Two
Chinese Translation by Sheng-hsin Tsai
Copyright © 1955, 1958, 2003 by Sri Ramanasramam
Tiruvannamalai 606 603, Tamil Nadu, India
Chinese Edition Copyright © 2016 by Liu & Liu Creative Co., Ltd./ UnderTable Press
117 Dazhi Street, 5th Floor, 10464 Taipei, Taiwan
All rights reserved. Printed in Taiwan.

國家圖書館出版品預行編目(CIP)資料
對話真我：印度靈性導師拉瑪那尊者的教誨經典 / 穆納葛拉 .S. 韋克塔拉邁爾 (Sri Munagala S. Venkataramiah) 編；
蔡神鑫譯 . -- 初版 . -- 臺北市：紅桌文化，左守創作，2018.01
下冊；510 面；14.8*21 公分 . --（真我；5）
譯自：Talks with Sri Ramana Maharshi
ISBN 978-986-95975-0-0（上冊：平裝）. --
ISBN 978-986-95975-1-7（下冊：平裝）
1. 印度教 2. 靈修
274　　　106024

目錄

對話真我　上卷

對話真我　下卷

對話三四一——六五三

對話三四一

珍妮斯太太：尊者曾說，了悟的狀態，是擺脫思維的宰制。在規劃事務上，也許就較低的層次而言，思維難道不重要嗎？

尊者：思維萌生於「我」之思維，而「我」之思維，起源於真我，因此，真我以「我」及其他思維而呈現，這樣有思維或沒有思維，又有什麼關係呢？

問：良好的思維對了悟有助益嗎？若良好的思維，經由較低階的媒介居間者而朝向了悟，就不是真實的嗎？

尊者：是的，是這樣的方式，這些良好的思維隔絕了不好的思維。只是在了悟之境來到之前，良好的思維也必須消泯無存。

問：但創造性的思維，不就是了悟的面向而有所助益嗎？

尊者：助益是在了悟的境地到來之前而說的，這些都必須消融在真我裡，思維不管是好的或壞的，都把你越推越遠，而非越拉越近，因為比起思維，真我與你更親近。你就是真我，思維是真我的外來物。

問：所以，最後真我吸納祂的創造物，而有利於了悟；然而文明錯誤鼓吹這些創造物，以致隔離而阻礙了創造物，其實，這些創造物有利於其成長。

尊者：你與你的思維，不是有區別而不同的嗎？沒有它們，你就不存在嗎？但是沒有了你，思維還能存在嗎？

問：在一般的文明裡，是緩慢而確實在正確的方向上成長，並朝向了悟真我嗎？

尊者：文明也在萬物的秩序中。最終，文明如同其他一切事物，將在真我的了悟中消融。

問：一個原始純樸而善良的人，較之一個文明人，以其心智及思維為主宰，誰較接近了悟？

尊者：一個了悟者，看起來像原始野人，但一個原始野人，不是了悟之人。

問：對我們凡所發生之事，都是神的諭命，因此都是好的，這樣想，對嗎？

尊者：當然是這樣。但要知道，其他一切及神都不離真我，當你駐止於真我時，則還會有這些思維萌生嗎？

問：「臣服」是接受周遭環境的一切困擾嗎？例如螞蟻、蚊子、蛇等，是願意接受牠們，或者不要被牠們傷害？

尊者：凡所發生者，都有別於你這個看見者或思維者嗎？

一位帕西女士插話：若它們於我們並無分別，那我們被螞蟻咬就不痛了嗎？

尊者：這些螞蟻是咬了誰？是這副身體，但你不是身體，只要你認同身體，你就會看到螞蟻、植物等。若你駐於真我，則真我之外，並無他物。

問：這副身體感覺到叮咬的疼痛。

尊者：若身體這樣感覺，就讓身體來問。讓身體照料它自己，這又與你何干？

這位美國女士又問：完全臣服是意謂在我們的周遭環境中，所有的噪音及干擾，甚至在行冥想時，都必須接受嗎？或者我們應該去找個山洞來獨處？尊者不是這樣嗎？

尊者：沒有什麼去或來。真我是不被任何諸物元素，或無限之物，或永恆與否所影響；它是不能移動的，真我也不是個要移往的某地方。

問：但是，在探究真我的過程中，這種外在的尋求，對於靈性的正當性是加分的嗎？

尊者：錯誤是在於將身體認為是真我，若尊者是這副身體，則你可以問這副身體，但瞭解了你所問的這個尊者他是誰之後，就知他不是那個身體，他是真我。

這位美國女士提到《神之子民》（*Harijan*）週刊[1]上說，一切皆是神，而無一物屬於個人。

尊者：萬物、人、神等一切，皆僅是真我而已。

女士引述雪萊（Shelley，英國浪漫主義詩人）的詩句，問雪萊是否為了悟的靈魂？

人的無跡之靈，在洞窟內。
榮耀的意象，何其光明燦爛，
冒險勇敢的思緒，遊走在其近邊，

禮拜，而他們跪膝顫抖，滿懷恐懼；
祂示現的輝煌，所散發的光芒，
深入在他們如夢幻般的軀殼裡，
直到他們充塞著光輝的力量。

尊者：是的，詩句極優，他寫的時候，必已了悟。

這位女士感謝尊者後告退。

對話三四二

下午十一時，有一組人來自安得拉邦的貢土爾市，其中一位中年婦女，面容憂戚，但顯堅定，還有她的母親及兩位男士，他們請求列席為尊者的聽眾。

那位婦女告訴尊者：當我有孕在身時，丈夫死亡，兒子成了遺腹子，直到五歲前，生長良好，然後罹小兒麻痺症，九歲時，就臥病在床，但他很開朗，這樣維持了兩年，現在大家說他死了，我認為他是睡著了，不久會醒來。當他們告訴我，他倒下不起時，我很震驚。我曾目睹異象，是一位修行者用手劃過孩子的身體，孩子就甦醒過來，我深信那個修行者，就是尊者您本人，所以我懇請尊者來觸摸這個男孩，讓他醒過來。

尊者：醫生是怎麼說的？

她答：他們說他死了，但他們怎麼知道呢？我帶著這個孩子，一路從貢土爾市來到這裡。

有人問：怎麼？屍體帶來這裡嗎？

她：他們說可以運送屍體，但要付額外費用，約一哩的路程，以半個盧比計算，我們付了一百五十盧比，把屍體當作行李，運來這裡。

尊者：若你的異象是正確的，明天這個孩子會醒來。

她：懇請您觸摸他，我可以將屍體帶進道場嗎？

其他在場的人不同意，並勸他們離開，於是他們離去。翌日上午，聽說他們焚化了屍體。

有人詢及此事，尊者說：據說有些聖人能使死人復活。但他們也無法使所有的死人復活。若能如此，就沒有世界、沒有死亡，也沒有墳墓。

有人問：那個母親的信念，極為堅定，令人起敬，但她後來怎麼會對異象抱有如此的希望，而後還是失望呢？這是因為愛子心切而產生的疊映妄見嗎？

尊者：她及她的孩子，都不是真實的存在，則異象怎能在此疊映呈現呢？

問：那麼這又如何解釋呢？

尊者：（沒有回答）

對話三四三

問：人的手甚至被砍斷，也要保持無知覺，因為《薄伽梵歌》說，真我有別於身體。

尊者：真知對受傷的痛，沒有知覺嗎？

問：難道他不應對痛，保持無覺知嗎？

尊者：施行手術是在麻醉的情況下，使病人免於痛苦。但這時病人也獲得了真知嗎？對痛沒有知覺，不是真知。

問：難道悟者不應對痛，沒有知覺嗎？

尊者：肉體的痛是隨著身體意識而來，若無身體意識，則肉體的痛是不存在的。心思若無覺知於身體，則不會覺知其痛苦或歡樂。在《瓦西斯塔瑜伽經》中，述及因陀羅（Indra）與阿荷雅（Ahalya）的故事，這裡就說，死亡本身即是心思的一項行動（心行）。痛苦依附在自我上，若無「我」，痛苦便不存在，但沒有這些痛苦，（真）「我」仍可存在。

對話三四四

問：《探究之海》述及四項了悟真我的障礙。

尊者：為何只有四項呢？有人說九項，睡眠為其中一項，睡眠是什麼？它僅是醒的相對，無法自外於醒而存在，眠息是真正的真我；不要認為你是醒覺的，睡眠也不可能是醒覺的，三境都不是。只有在忘卻真我時，你說你在做夢。沒有真我，還有什麼可以存在？為何你遺漏了真我，而去抓非真我呢？

心思外馳時，要當下內返。外馳是由於慣性，想要尋求外在的幸福，但一旦洞曉外在的事物並非幸福的根由，就能遏制心思外馳。這就是無執著，只有全然無執著，心思才能平靜下來。

心思僅是知與無知，或睡與醒的混合，其運作有五個方式：

(1)走作、(2)呆滯、(3)紛馳、(4)潛伏、(5)定於一。

這些不純粹的潛能狀態，只是習性的傾向，而非習性本身，例如執著、厭惡等。

你已然在幸福裡，為何還要一直說：「哈！多幸福啊！」這只是幸福的滋味（*rasasvada*）。婚禮時，女孩感到作新娘子的快樂，而未曾有擁抱男人的體驗，這就是幸福的滋味。

問：存身解脫（*Jivanmukti*）本身就是在幸福裡……

尊者打斷對方的話，說：不要找經文上的文字說，存身解脫是什麼？幸福又是什麼？這個解脫本身是可質疑的，這些詞語是什麼呢？它們能自外於真我嗎？

問：我們對這些都沒有體驗。

尊者：那個不是的，會喪失；那個是的，則始終在此時此地，這是萬物的恆在秩序。舉個例子：項鍊掛在頸上。

對話三四五

過了一會兒，尊者繼續說：用尋找心思來摧毀心思。當心思被檢視，其走作自然止息。探詢心思的源頭，又是另一途徑，那個源頭，可謂之神或真我或意識。專注於單一思維，則其他思維消泯，最後那個單一思維亦滅。在掌控諸多思維時，必須警覺，否則會導致睡眠。

問：如何尋找心思？

尊者：呼吸控制有其助益，但無法臻及目標，行呼吸控制時，保持儆醒，注意「我」之思維，以尋其源頭，然後你會發現，呼吸氣息淺沉時，「我」之思維升揚，二者同時此起彼伏。而「我」之思維也會隨著呼吸沉息而沉沒，此際，另一個耀明而無邊的「我—我」顯現，持續無間，那就是目標，可賦予不同的名稱：神、真我、亢達里尼、至上大力、意識等。一旦這樣踐行，則自然會帶領你，邁抵目標。

對話三四六

尊者：只要身體是存續而在，則自由意志與命運也都存在。但智慧超越二者，因為真我在所知與無明之外。

對話三四七

尊者：心思是一團思維，思維萌生，乃因有思維者。那個思維者是自我，若尋找自我，則自我自然消失不見。自我與心思，同為一物，自我是思維的根本，自此而其他諸多思維乃起。

對話三四八

問：有些時候，人與物顯得模糊，幾乎透明，有如在夢中。我不再從外在觀其存在，但似乎感覺其存在，也沒有明顯感知我身的存在，這時內心極為平靜。此時，是將要沉入真我嗎？或這是不健康的情況，是自我催眠的結果？這是獲致暫時平靜的好方法嗎？

尊者：在心思裡，意識與平靜俱在，那正是目標所在的境地，其實，這個提問，並未了知那就是真我，而自限在這樣的觀點框架，亦即這個境地不是穩定的，而是偶發性的。「沉入」是適切的詞語，對心思外馳的習性，轉向而返內，俾沉入於外物表面下的底層；

但是，深層平靜，遍乎其在，並沒有在阻礙那個意識，又何須沉入呢？若那個境地，不以真我而了知，則以努力而持行，是可稱為「沉入」。那個境地，以那樣的方式，而說了知或沉入，或許是適切的，因此，提問中的後面兩個問題，便不需要了。

問：感覺上，孩童的心思總是片斷的，這可能是因為我們慣於形塑理想性的人格；這樣的執見，如何拋棄？

尊者：掌握在我，為何須要認為他們是孩童，而朝他們反應。

問：這是我第三次到蒂魯瓦納瑪萊參訪，我的自我感似乎在增強，而且也不易持行冥想。請問，這只是個無關緊要的過程而已，或者是一種跡象，以後我應避免這些地方？

尊者：那僅是想像而已，這個地方或其他地方，都存乎你的內在，這樣的想像必須停止，俾使身處的地方與心思的走作，兩不牽涉；甚至於你的環境，並非是你之所自願，環境是當然在此，你必須拔乎其中，躍乎其上，而不捲入其內。

對話三四九

最近一期《景象》期刊，載述克里虛那（S. Krishna）翻譯商羯羅的《寶鬘辨》乙文，拉瑪那尊者在這篇譯文上撰述緒言。

商羯羅的解脫之道：經由辨識分別：拉瑪那尊者筆記

世上眾生皆渴望幸福，免於憂傷，極欲擺脫非其生命真實本質的身體疾病與苦惱；況且，每個人皆珍愛其自己，若幸福不存在，則不可能有如此的珍愛。在深度睡夢中，空無一物，人乃有幸福的體驗。然而因為昧於人自己存在的真實本質，亦即幸福，人遂在物質世界的汪洋中，掙扎不已，他們拋棄朝向幸福的正確道路，而誤信快樂在於獲取這個世界及另一個世界的歡樂。

一個安全的指引

但是，唉，那個了無傷痕的幸福，並未被了知，然則，精確指出這條直捷道路之宗旨者，乃濕婆化身的商羯羅，其所撰述《吠檀多三經》（*Prasthana Traya*）之評註，文中頌揚至福之殊勝，並以己身為示範而釋明。然而，這些評註，對熱切的尋道者，其執意於了知無苦的至福，並無裨益，而且評註也乏學術性，以資研討。

鑒於此，商羯羅在《寶鬘辨》中，揭示其評註的精義，所闡述的箇中細節，尋求無苦之人必須掌握要點，俾能引導步上真實而直捷的道路。

研讀無用

商羯羅揭示主題而論云：出生為人身，委實不易，既為人身，應致力於了悟解脫的幸福，那是人的存在之真實本質。經由真知，則幸福被了悟，而真知僅能以探究而獲致。商羯羅說，要知道這個探究的道路，人必須尋求上師協助，然後，商羯羅描述上師及門徒的資質根器，以及後者如何接近、服侍上師；他進一步強調，為獲致解脫的幸福，自己個人的努力，是基本的要件，而僅止於研讀典籍，是無法獲致這種幸福；其了悟，僅能經由探究；其幸福之獲致，在於聽聞上師講道，或反思所聞，及心注一處，或堅定於真我之修練。

三條道路

三身（物質、精微、因緣）[2]屬非真我，也不真實，與真我或「我」大相逕庭。由於無明，對真我的感知或「我」之概念，乃摻雜在其中，那並非真我，這確實是困縛；因為困縛起於無明，故真知會帶來解脫。從上師那邊知道真知，就是聽聞。

拒絕五身層（物質、氣、意、識、樂）所形成的三身，那不是「我」，經由精密探究「我是誰」，尋繹而出，那是迥異於三身，以「一」及宇宙而存在於本心，斯為我（*Aham*）也；以 *Tvam* 這個字表述之；*Tvam* 是從經文偈語：「那個—是—你。」（*Tat-tvam-asi*）而來的。這種精密探究的過程，就是反思所聞或深層冥思。

至福境地

名相的世界，不過是存在或至上之知的附屬物而已，不為至上之知排斥，亦不為至上之知肯定，除卻至上之知外，空無一物。上師對門徒講授的摩訶偈語：「那個是你」，宣示真我與至上的身分，此乃教示也。門徒於是安享在「我是至上之知」、「我」那個絕對的至福境地。然而，心思上老舊的習性萌生，頑固不靈，形成障礙（對至福境地），這些習性，是三面向的，而自我是其根本，乃滋長為向外馳逐的外在化以及分歧的意識，這是由於散亂紛馳（由於躁動質性）與遮覆（由於昏闇質性）等力量所致。

攪動心思

心思確立在本心中，直到上述這些力量，全然肅清，而以堅定不移，毫不間斷的警覺之儆醒持之，則真我為特色的真實同質之本性，以「我是至上之知」、「唯至上之知是我」的金玉格言表述之，這是深層冥思的心注一處，或持續不斷的冥思真我，亦即堅定於真我。在他處，則稱為虔愛、瑜伽、冥想。

「持續不斷的冥思真我」，譬之攪動凝乳，俾形成奶油。心思譬如攪動棒，本心是凝乳，堅定於真我之修練則是攪動的過程，正如攪動凝乳而精煉成奶油、摩擦火花而燃亮照明，堅定不移地警覺在真我上，其無止息，有如無間的油液之絲縷流注，乃引生自然而無遷異的出神入定或無分別三摩地，這是即將自動引發對至上之知直接、當下、無阻礙及宇宙性的認知，那是當下的真知及真體驗，超越一切時空。

無限的幸福

這是了悟真我。從此，繫附在本心的結被斬成碎片。因無明而生的虛假錯覺，與年久沉痾的心思習性所構成這個結，如今已然摧毀。一切的疑惑消散無踪，而命運的枷鎖，業已斷裂。

因此，商羯羅在《寶鬘辨》中描述，三摩地或出神入定，乃解脫的無限幸福，在疑惑與二元之外，同時一併指出，獲致此成就的途徑為何。從二元對立中，了知這個自由境地，乃生命之至善殊勝（*summum bonum*），他本身已贏得成就，成為此身在世的解脫者，而非僅是理論上瞭解人生追求四目標[3]之人。

最終的自由

因此，此身在世的解脫者，被宣稱為已擺脫命運的三種業報（昔世積業、今世業報、來世新業）。已臻及此階段之門徒，得敘述其個人體驗。解脫者誠然可以隨其所喜，而自由行動，當他脫離肉身而成就於免除一切時，他不會回來這個「會死亡的出生」。

所以，商羯羅敘述了悟時，對解脫有兩層的意涵，即上述的此身在世的解脫，及此身命終的解脫。又，此篇短評是以上師及門徒的對話為體例，而他也考慮許多相關的議題。

一九三七年二月六日

對話三五〇

尚穆迦姆（G. Shanmugham）是執業律師，虔誠的信徒。尊者與之對話時，說道：

為了獲致了悟真我，經文說必須服侍上師長達十二年。那麼上師要做什麼呢？上師把真我交給門徒嗎？真我不是已經了悟了嗎？一般人的想法是什麼？人始終是真我，可是他還不知道，他把真我與非真我，亦即身體搞混了。這種混淆，是由於無明所致，掃除無明，則沒有混淆，而真知展開；保持接觸了悟的聖者，人的無明會漸漸消除，直到全然除盡，則恆在的真我，嶄然顯現。

這是八曲身聖者與賈納卡國王的故事[4]所傳達的意涵。軼聞傳述與書籍記載不同，我們不在意其中使用的名稱及飾詞藻句，但其中的真義，不宜忽視之，門徒臣服於（交給）師父，意味著門徒不再有絲毫的個體性，若是全然臣服，則一切個體性的感知，蕩然無存，就沒有愁苦的緣由了，而永恆的「在」，只有幸福，於焉顯現。

人們不能夠這樣正確瞭解，總以為上師教導門徒，像偈語「你是那個」，門徒便能了知「我是至上之知」，又由於無明，他們想像至上之知是個龐然鉅大而孔武有力的某物，於是一個有限的我，人們變得傲慢自大而狂野，若這個「我」龐然壯大，又會是怎樣呢？他的無明將更加深重，而又愚蠢至極！這個錯誤的「我」必須消滅，其滅絕乃是服侍上師的成果。了悟是恆在的，並非從上師那邊新拿過來的，上師只是協助掃除無明，如此而已。

一九三七年二月七日

對話三五一

蘇波曼尼亞·艾耶（Subramania Iyer）博士是賽勒姆（Salem，在泰米爾納德邦）衛生局的退休官員。他朗讀一段教示文字，略謂：「人應瞭解世事短暫，世上享樂皆為無用，人應厭離之，遏制感知，冥想於真我，俾能了悟。」

尊者說：「人如何能知世事短暫呢？除非掌握永恆的東西，否則世上短暫的本質，不易瞭解。人已然是真我了，真我是恆在的實相，他的注意力應放在這裡，故應教他要將注意力固守在恆在的實相，亦即真我。」

對話三五二

不同的教條

思維以主體與客體而萌生。一旦掌握「我」，則諸物消泯。這麼做就夠了，但這是對少數有能力的人說的。

有人會辯說，「是這樣沒錯。世界存在於我睡眠之時，也存在於我出生之前，也將存在於我死亡之後。難道別人沒看到嗎？世界怎會因為我的自我不在，便說不存在呢？」世界之創造論及諸學派論述，都在迎合這些人。

問：然而，只是心智上的知見，並不能使人的心思返內。

尊者：就是這個原因，經文說到「向內看」、「看一處」等。

真我，始終是真我，為什麼要只強調其智勇（*dhira*）呢？那是講一個人的勇氣嗎？不，*dhih* 即心智，*rah* 即看、保護。所以智勇指一個人常將心思收攝在內，而不放逸。

一九三七年二月八日

對話三五三

問：圖瑞亞（第四）（*turiya*）是什麼？

尊者：只有三境而已，亦即醒、夢、睡。圖瑞亞並不是第四個，而是三境的基底。但大家不瞭解，因而說那是第四境、唯一的實相。其實，它並不自外於萬物，因為它是形成萬物的底蘊，那是唯一的實相，也是你生命存在之極致。三境以現象而遷流其上，然後沒入其內，因此，三境皆非實相。

圖像在電影放映中，僅是影子行於銀幕上，電影放映使其呈現，向前向後移動，從這裡變到那邊，因此不是真實的，但銀幕一直保持不動，此與繪圖同理，圖的印象，並非實相，但畫布是真實的。這與我們也是同理，世界萬物，其內或其外，皆僅為遷流的現象，並不自外於我們的真我而獨立，這是因為我們習慣看萬物為實相，將萬物定位為吾外，故遮蔽了我們真實的存在，而呈現其他的諸物，但一旦始終存在的唯一真實，亦即真我被找到，則一切非真實的，將消失不見，則所留存的真實之知，便與萬物之真我無異。圖瑞亞僅是真我的另一個名稱，明覺於醒、夢、睡諸境，但我們無覺知於我們自己的真我，然則，真我即時而在，此乃唯一的實相，此外並無其他。但一旦認同這副身體，則世上萬物都看似在我們之外了；只有了悟那個真我，則世界萬物才不會自外於我們。

對話三五四

一位美國婦女，是通神學會成員問：我前去接近上師，有什麼方法可以更加靠近？

尊者：你離他到底有多遠？

問：我離開他而在外，但我想靠近他。

尊者：若你先知道你的真我，則你可能會知道另一個人離你有多遠。現在，你是誰？你是具有人格性的人身嗎？

問：是的，我是這個人。

尊者：這個人，能自外於真我而獨立嗎？

問：有時候會。

尊者：什麼時候？

問：我的意思說，我有一些實相的閃光體驗，但有時沒有。

尊者：是誰在覺知那個閃光？

問：我，意即我這個人。

尊者：這個人以離卻於那個真我而在覺知嗎？

問：哪個真我？

尊者：你認定的那個人是哪一個？

問：低階的我。

尊者：我就是在問，是那個低階的我，獨立於高階的真我之外，而在覺知嗎？

問：是的，有時候。

尊者：剛才，是誰在感覺她離開師父而在外？

問：那個高階的真我。

尊者：那個高階的真我，有其身體在說師父離她而在外嗎？難道不是從你的口中說出來的嗎？你是自外於那個的嗎？

問：能否惠示教導，使我訓練自己，能覺知於我的任何行動作為，甚至在沒有身體的情況下，例如在睡夢中也能覺知？

尊者：覺知是你生命的本質，在熟睡中或在清醒時，皆同然也，如何能重新又再獲得呢？

問：但在睡夢中，我不記得我在做什麼。

尊者：是誰在說「我不記得」？

問：現在我在說。

尊者：你與當時睡眠的你是同一個人，為何你睡覺時不這樣說呢？

問：睡覺時，我不記得我說了什麼。

尊者：在醒境時，你說「我知道，我記得」，這個具有人格性的相同的人說，「我不知道，睡覺時，我不記得。」為什麼這個問題，不睡覺時提起？

問：睡覺時我不知道發生了什麼事，這就是我現在要問的原因。

尊者：問題是涉及在睡眠的時段，所以必須睡覺時提起，但問題並無涉及清醒時段，故無顯著的理由要在醒時提起。事實上，你在睡覺時，是沒有局限的，也沒有問題提起，但現在的你加此局限，認同身體為你自己，於是這類的問題便提起了。

問：我聽得懂，但尚未了知（亦即，於諸多中合一）。

尊者：因為你在紛繁的諸多之中，而你說自己瞭解合一，亦即你有閃光的體驗，或能記得很多事情等，你認為這些諸多散亂是真的，但在另一方面言，合一才是實相，紛然雜陳乃是妄見，妄見必須除去，合一才能呈現其自身實相，而始終為真的，不會在紛然雜陳之中發放閃光，相反的，這些諸多散亂阻礙了實相。

然後，另有人在這個對話中，繼續追問。

尊者：掃除無明，才是修練的目標，目標不是獲致了悟。了悟總是存在於此時此地，若了悟是新穎的東西而被獲得，則了悟的知曉，必然是不存在於此時段，而存在於彼時段。若是這樣，則了悟沒有永恆性，不值得努力得到；然則，了悟是永久而恆在於此時此地。

問：掃除無明，恩典是否為必要？

尊者：當然必要。但恩典始終在那裡，恩典就是真我，並不是要去取得的某物。一切所必要者，便是了知其存在。例如，太陽僅是光亮耀明，並沒有要去尋找黑暗，而人們所說的黑暗，卻是在太陽光的移進下，而自己逃離了；同理，無明只是幻相，並非真實，因為它非屬真實，若發現到它非真實的本質，則便說是它被掃除了。又，太陽在那裡而耀明，你被太陽的光圍繞，而你要知道太陽，你必須將眼睛轉向那個方向；同理，恩典雖然始終在這裡，但你必須修練，才能發現恩典在這裡。

問：我很想藉著不間斷地臣服，增加恩典的體驗。

尊者：藉著這個渴望，一次臣服到底。只要尚存有作為者的感知，就會存有欲望，這是人格性的個人存在使然，若這個遠離而去，則會發現真我粹然輝照。作為的感知，就是困縛之所在，而非謂行動就是困縛。

「止於在，了知我是神。」這裡，止於在是全然臣服，了無個人存在的痕跡。凝止之在，遍及一切，就沒有心思騷動；心思騷動是欲望、作為者的感知及人格性的個人所致，若這些能停止下來，則一切皆平靜。這裡的「知」（knowing）意即「在」（Being），這不是涉及三方的相對之知：所知、主體、客體。

問：思維「我是神」，或「我是至上之在」，有助益嗎？

尊者：「我就是那個我在。」「我在」就是神，而不是去想「我是神」；了知我「在」，而不是去想「我是」；是在說「了知我是神」，而不是「去想我是神」。

尊者繼續說：在說「我就是那個我在」時，那個人必須以「我」而駐止之，他始終是那個獨在的

「我」，他除此之外，並無一物，但當他問起「我是誰」時，一個受到虛幻之害的承受者卻在問「我是誰」，而不是那個全然覺知到自己的人。就是這樣，將非真我認同為真我之身，使你在問「我是誰」？

稍後，尊者又說：抵達蒂魯瓦納瑪萊，有許多路徑可走，採行哪一條路徑，都同是朝向蒂魯瓦納瑪萊；同理，朝向某主體，每個人的人格性不一，但其真我相同，然而，你一直在蒂魯瓦納瑪萊，卻還在問路徑，這就荒謬了。因此，你已「在」真我，而又問如何了悟真我，這看起來也很奇怪，你就「是」真我了，如如其在，就這樣了。這些問題的提起，是因為將身體誤視為真我，這是無明，必須除掉。一旦掃除，那個真我，獨然而在。

對話三五五

問：比起一個不識字的聖者，難道受過教育的聖者，不會對世界更有貢獻嗎？

尊者：甚至一個飽學的知識分子，都要在不識字的聖者面前鞠躬致敬。不識字是無知，教育是學習而來無知，二者皆昧於真正的目的，而聖者並非無知，因為他並無目標可言。

對話三五六

問：這世界上，為什麼人要沉睡？

尊者：只是由於原罪。

問：可以消除嗎？

尊者：可以。

問：他們說，使其自身感覺到，則能終結沉睡。

尊者：那麼，為什麼要敬奉神呢？

問：沉睡又如何被消除呢？

尊者：不要在意其運作及其效應。

問：如何做到？

尊者：只能經由對真我的探究。

對話三五七

尊者細述他居留在蒂魯瓦納瑪萊時一些偶發事件：

一、有人給尊者一片葉子，上面有少量的東西，據說舔掉這些東西可幫助消化，於是尊者舔了，用餐完一段時間後，看到一群人出現，他們身上都有光環繞著。不久，這個經驗就結束了。

二、居留在帕瓦拉崑德魯[5]時，他想要在山邊的小溪洗澡，巴拉尼史瓦米獲悉此事。消息傳出，住在山上的賈達．帕瑪納巴史瓦米（Jada Padmanabhaswami）便與巴拉尼史瓦米安排此事，帶他到鄰近賈達住處的山坡地。巴拉尼史瓦米並未將安排的事，預先告知尊者，便帶他去那裡。一個盛大的接待，就在那裡等著他，也為他安排一個座位，供給牛乳與水果，賈達極親切，用心款待他。

三、在《了悟真我》書中所描述的賈達是傷了尊者的心，雖然他對尊者極為和善，但他的開玩笑，使人誤解有其惡意。他唯一的缺點是他要從尊者這邊拿點錢，以便募集資金，當然，這是尊者不喜歡的，但這件事，賈達並無不對。

四、隨侍瑪達瓦史瓦米（Madhavaswami）問尊者，他是否在神廟的地窖內，不吃不喝，歷經月餘。尊者說：嗯，嗯，食物有來，牛乳水果，但誰會想到食物呢？

五、居留在芒果樹洞[6]時，尊者常為神廟的神像編織花環，用蓮花、黃花及綠葉串成。

六、一間結婚禮堂落成後，尊者喬裝成他人，在那裡停留一夜。

七、當他在廟旁的樹下靜坐時，因為沒有洗澡，他身上都是灰塵。在十二月的寒夜裡，他盤腿而將他的頭放在兩腿之間，紋風不動。清晨，他身上的一層灰塵，沾著露水與霧氣，顯得精白，但在陽光曬乾後，又呈暗色。

八、住在山上時，尊者時常在賈達家裡的普迦祭儀[7]中幫忙，他搖鈴、洗杯壺等，始終保持沉默。他也常閱讀一些醫學書籍，例如馬拉雅姆文的《醫學心要》（*Ashtanga Hirdayam*），他指出，有些病患向苦行者求救，苦行者常以這些書上的方法治療他們，但苦行者不知道怎麼讀這些書。

一九三七年二月十二日

對話三五八

在舊廳內的場景。下午八時二十分，尊者晚餐畢，回到長椅沙發上直坐，廳內燈光昏暗，三倆人坐在地板上，一個人在抄寫某期刊的文字，另一個人渾然在冥想中，第三個人東張西望，沒事可做。廳內一片沉寂，偶爾有尊者輕脆的咳聲。

隨侍信徒瑪達瓦史瓦米，悄悄走進來，手中拿著一束蒟醬葉，朝向桌子，尊者看到他，就叫喚他，聲音和善：「喔，喔，你在做什麼？」隨侍低聲喃語：「沒什麼。」留下蒟醬葉，緩步走開。

尊者：我不要這個。（隨侍緩緩坐在地板上）。每天都吃麝香丸（Kasturi pills，一種阿育吠陀的萬應丸劑），藥罐空了，又要訂購。我不要這個。

另一位信徒委婉地指責每天菜餚中的花香（*olla podrida*，一種豆類）沒有照顧到尊者的健康。

尊者：不，不，菜餚做得好，好吃。

數分鐘後，隨侍溜出去又回來，手中握著一瓶罐子，走近尊者，拿出一粒藥丸給尊者，說：蒔蘿籽丸。

尊者輕聲喃喃：這個藥丸含有萊姆汁，萊姆汁不好。

另一位信徒，倫加史瓦米．艾晏伽此時從冥想中醒來而張望。那位隨侍手中一直拿著藥丸。

尊者說：誰要用力嚼呢？

倫加史瓦米．艾晏伽說：不須要用力嚼，只要放入嘴巴，吞下去就可以。

隨侍立即說：是，是，只要吞下去就可以。

尊者：給他（手指向倫加史瓦米．艾晏伽），讓他用力嚼、吞下去，我不要這個。

隨侍失望地回到原處蹭著，又站了起來。

尊者：呃！呃！你在做什麼？我不要。

隨侍走向藥櫥櫃，喃喃自語：麝香丸很有效。

尊者：沒有這個，我很快也會好起來。不要拿走，呃、呃，放這裡。我不要吃，隨便你。

隨侍又坐下來，保持沉默，然後就寢。

一九三七年二月十三日

對話三五九

約在上午七時三十分，尊者早餐後，正要登上山坡，帕達南達（Padananda）前來伏拜，然後起身說：「好了，我已經有聖者的觀視（*darshan*）了，我可以回去了。」

尊者微笑說：「是誰在觀視呢？為什麼你不說是你在觀視我呢？」

約在上午九時，來自普那的信徒帕奇先生，向尊者禮教，並朗讀一段祈求尊者恩典的詩頌。頌辭以祈求快速解脫作結尾，這位信徒，特別強調這一點。

尊者：解脫（*mukti*），不是在未來才獲得，解脫永遠都在，乃在此時此地。

問：我同意，但現在我沒有體驗到。

尊者：體驗是即時而在，人不能否認他自己。

問：這是意謂存在，而不是幸福。

尊者：存在，就是幸福，就是在。解脫，是刺激性的字眼，為何人要尋求解脫呢？他相信有個困縛，因此尋求解脫。但事實是，並無困縛，只有解脫而已。為何要用一個名詞稱呼它，然後再尋求它呢？

問：確實如此，但我們是無明之人。

尊者：只有掃除無明而已，畢其功於一役吧。

一九三七年二月十四日

對話三六〇

來自勒克瑙的一位出身貴族男士，致函保羅·布倫頓，說他的太太訪謁尊者後，心很平靜，但不久又失此平靜，他渴望尊者加惠，使其重拾平靜。

尊者聽了這個請求，說道：「這是由於心力薄弱，故平靜得而又失。」

對話三六一

穆達利爾·史瓦米（Mudaliar Swami）是位女信徒的兒子，他的母親每天帶供獻的食物（*bhiksha*）給尊者。穆達利爾講述這段令人印象深刻的事情：

當時尊者住在維魯巴沙洞屋，他和尊者步行於史堪德道場後方的山路，看見一塊大岩石，約十五呎高，岩石有裂縫。一個牧羊女站在那邊哭泣，尊者前去探問為何悲傷，女孩說：「我的羊掉進這塊岩石的裂縫裡，所以我才在哭。」尊者便下去鑽進裂縫，把羊扛在肩膀上，再爬了上來。然後將這隻羊交給女孩。穆達利爾見狀，便說這是非常了不起的舉動。

對話三六二

施巴拉邁爾先生，是來自內洛爾的大學教授，問有關解脫。

尊者：有關解脫的所有問題，是無法接受的，因為解脫意味著從困縛中釋放出來，這就隱含現況是困縛的，但現況並無困縛，因此也無解脫可言。

問：但是經文述及解脫，並分有等級。

尊者：經文並不是為智者而撰述，因為智者不需要這些，而無明之人，也不想要。只有渴望解脫的人，才查看經文，這意味著經文既不是給智者看，也不是給無明者看。

問：據說智者瓦西斯塔是此身在世的解脫者，而國王賈納卡是此身命終的解脫者。

尊者：為何要講到瓦西斯塔或賈納卡呢？你自己又怎麼樣呢？

今天有許多新訪客，其中有兩位在尊者面前，談到加納帕提·慕尼（Ganapati Muni）。

尊者：有人說，真知與冥思，是朝向解脫的雙翼。真知是什麼？冥思神明是什麼？真知始終臨在，也是終極目標，若黽勉而致力於其間，則稱為冥思神明，若並無致力其間，則為真知，這與解脫無異。

訪客互相交談後，一位訪客說：至上大力必須幫助我們，這樣才能擺脫外在。

尊者：是誰在看外在？是外在它們在說它們存在嗎？若是這樣，就讓世界說世界是存在的。

若世界是由內在所投射，則必須認知，那個投射是同時帶著「我」之思維。這二者之一，「我」都是根本的基底。了知之，則其他一切被了知。

另有人提到，加納帕提・慕尼常說他甚至能到因陀羅的域界，並且說到因陀羅的種種作為，但是他無法進去裡面找到「我」。

尊者：慕尼常說，向前進容易，但向後退，是不可能的。

稍後，尊者又說：不論人走多遠，他還是在這裡，他能後退到哪裡呢？同一個道理，也載述於《伊莎奧義書》（*Isa-Upanishad*）中。

有人問及加納帕提・慕尼是如何成為一位憑靈感創作的詩人。

尊者：據說，他在精勵苦行時，濕婆顯現，給他牛乳或蜂蜜喝下，然後，他就成為一位富有靈感的詩人。

一九三七年二月二十日

對話三六三

達德維（Dodwell）先生是歐洲人，在馬德拉斯政府的財政局任職副祕書，偕其妻子，於下午一時前抵達道場，在舊廳停留，直到下午三時三十分。他的妻子問道：西方的靈性領袖說，靈性的中心在印度。在印度這個國家，靈性的領袖間有互相往來接觸嗎？或者往來接觸，只是在東西方的靈性領袖之間？

尊者：你說的靈性中心是何義？

問：靈性中心是指靈性領袖們的位處。

尊者：你所瞭解的「靈性領袖」，是何義？

問：西方有西方的危機，雖然科學知識十分先進，但這些知識卻被用來產生破壞的力量，現在有一些運動想要讓科學知識貢獻社會，若能成功，就能造福世界，這些運動的領袖是救贖者。

尊者：就我們所瞭解的「靈性領袖」，其「靈性」的意涵是有別於那些「物質上」的人們，靈性是無垠與無相的，這本身也是靈性中心，而且只有一個中心，不管是在西方或在東方，中心不可能有差異，故不會有位處所在。靈性無垠無界，包括了領袖、人們、這個世界、毀壞及建設的力量，這裡面沒有差異的現象。你講到接觸，是因為你將靈性領袖，賦予人身的關係，而靈性之人，是無身軀的，他們不感覺有其軀體，他們只有靈性，無垠而無相，他們之間，始終合一，而且包攝一切。

吉娜拉婕妲莎（Jinarajadasa）太太來自阿達爾（Adyar，泰米爾納德邦的城鎮）問道：了知真我，聽起來容易，但持行困難。

尊者：還有比這個更容易的嗎？真我是你最極親密的東西，若這個不能了知，則容易了知你身外的遠方之物嗎？

問：了知真我顯得如此的虛幻，如何使它恆久呢？

尊者：真我絕不虛幻，乃是唯一的實相。那個會起現的，也會消失，因此並不恆久；而真我無起無滅，故恆久。

問：是的，確實。你知道通神協會（Theosophical Society）的人，他們行冥想，以便尋找師父來指引他們。

尊者：師父是內在的，行冥想是要除去無明及其外在的妄見。若師父是你外在的某個陌生人，他必定也會消失不見。這種短暫的現象，又有何用呢？然而，只要你認為你是一個人，而且是身體，則師父勢必需要，而他也會以身體呈現，若這種錯誤認同停止，你會發現師父就是你的真我。《解脫之精粹》有一偈頌：「我的上主！祢以我的真我而存乎吾內，在我的累世歷劫中庇佑我，現在，由於祢的恩典，祢以我的師父而顯化，並以真我而朗現祢自己。」看看你睡眠的狀態，其中並無自我、沒有印度、沒有尋道者、沒有師父等，然而你存在，也很快樂。

現在，自我、印度、尋道者等呈現，但這些東西既非與你分隔，也非獨立於你之外。

由於正值選舉期間放假，有一大群訪客前來，有些人也參與討論，其中一位訪客談及轉世。

尊者：只要是無明，就有轉世，實則，現在既無轉世，過去及未來，也無轉世，這是真理。

問：那麼那個我身是什麼？

尊者：我身的起與滅是一時的，而真實的真我是恆久的，固然你是那個真實的真我，但你誤將我身認為是真實的真我。

問：這個錯誤是怎麼來的？

尊者：若有錯誤來，就看著它。

問：人必須將我身昇華轉化為真我。

尊者：我身一點都不存在。

問：那為何給我們有這麼多苦惱？

尊者：是誰在苦惱？苦惱也是想像的，苦惱與歡樂，都是自我的。

問：為何這個世界，盡在無明之中？

尊者：你只要照管你自己，讓世界照料它自己。看著你的真我，若你是身體，則就有粗質世界，若你是靈性，則一切皆屬靈性。

問：這對個人是好的，但對其他的呢？

尊者：先做這個，然後再看以後是否有問題萌生。

問：有無明嗎？

尊者：是誰的無明？

問：是我身的。

尊者：沒錯，是自我的。排除自我，則無明遠離。尋找它，則自我消失，而真實的真我，獨然其在。那個公然昭示無明的自我，是無法目睹的，但在實相裡，無明是不存在的。所有經文的意旨，都在掃除無明的存在。

問：自我是如何萌生的？

尊者：自我，是不存在的，難道你承認有兩個我嗎？若無自我，則焉有無明存在？若你開始探究那個本不存在的無明，就會發現並不存在，或者你會說它溜走不見了。無明與自我有關，為何你想到自我而受苦呢？再問一次，無明是什麼？那個是不存在的，但這個世上的生活，需要假設無明存在，無明僅是我們的無知昏昧，並無其他，那是昧於真我的無知或遺忘，但是在太陽面前，能夠保持黑暗嗎？同理，在自證自明的真我面前，能夠一直無明嗎？若你了知了真我，就不會有黑暗、不會有無明，也不會有愁苦。那是心思在感覺煩惱、愁苦等，黑暗從未來過，也沒有離去。看著太陽，就沒有黑暗，看著真我，就沒有無明存在。

問：羅摩克里虛那及其他苦行者都修練專注。

尊者：專注等等的修練，都是要認知那個無存在的，亦即無明的不在，但無人能否認他自己生命的在。「在」就是真知，亦即覺知，這個覺知隱含無明的不存在。因此，每個人自然而然承認無明是不在的，然則，為什麼他是受苦的呢？因為他在想他是這個或那個，這就是妄見，「我在」而獨然其在，並非「我是如此、如此」或「我是這般、這般」。當存在是絕對的，那是正見；當存在被特定，那是妄見，這就是全部的真理。

看看人如何認可他自己，他得看著鏡子，才知道自己存在嗎？他的覺知使他承認他的存在或生命的在，但他卻跟身體等混淆而困惑了，為何他要這樣呢？睡覺時，他對他的身體有知覺嗎？沒有，但他自己並沒有不存在於睡眠狀態中，亦即，雖然沒有身體（知覺），但他仍一直存在著，他又如何知道他在睡夢中是存在的呢？難道他需要一面鏡子，然後才能映現他的存在嗎？只是覺知，在你的覺性裡，你的存在，清晰無比。

問：人如何了知他的真我？

尊者：「了知真我」意謂「在於真我」。你能說你不知道真我嗎？雖然你看不見自己的眼睛，雖然沒有照鏡子，但你能否認你眼睛的存在嗎？同理，雖然真我並沒有物象化，但你覺知於你的真我；或者真我並未物象化而你就否認你的真我嗎？當你說「我不能夠知道真我。」是意謂著相對知識的落空或無用。因為你已習慣於相對的知識，並與之認同。這種錯誤認同，乃形成了不能知道那個顯著真我的困難度，只因為真我無法物象化，於是你問：「人如何了知他的真我？」難道那個身體能夠知道真我嗎？

讓身體回答。現在是誰感覺到身體？

為了迎合這些無明，經文構建神的遊戲（*leela*）論述，說神釋出心思、感知、身體，而行遊戲；你站在什麼角度說這個遊戲惱人？你站在什麼角度質疑神的行事？

你的責任，乃是其「在」，而非「是這個或那個」。「我就是那個我在」總括全部的真理，而其途徑以「止於在」總結之。「止於在」是何義？其義是「消滅你自己」，因為任何名相都是苦惱的根由。屏棄「我是如此、如此」的概念，經文說：「它以『我』而輝照。」

問：輝照（*sphurati*）是什麼？

尊者：「我—我」是真我；「我是這個」或「我是那個」是自我。輝照始終如如其在，然而自我短暫無常，當我覺醒，而以「我」獨然其在，那是真我；當其突然萌動而離逸，而說「這個」，那是自我。

問：神有別於真我嗎？

尊者：真我即神，「我在」就是神。「我是真我，喔，古達凱夏！[8]」提起這個問題，是因為你抱住那個我身。若你守住真實的真我，就不會萌生問題，因為真實的真我不會、也不能發問，若神有別於真我，祂必定是個沒有真我的神，這豈不荒謬？

問：大禮拜（*mamaskara*）是什麼？

尊者：大禮拜意謂「自我的消退」，「消退」又是什麼？消融於其原始的源頭。外在的跪拜、鞠躬及伏身，欺騙不了神，祂在看那個人的我是否還在。

夏曼那先生：有第六感在感覺「我在」嗎？

尊者：你睡覺時，有第六感嗎？只有一個「在」，貫穿於五個感官[9]而運作其間，或者你的意思是，每個感官都自外於真我。所以有五個我，而你認許有第六個在控制它們？其實，有個力量貫穿五感官而在運作。你又如何能否認這個力量的存在呢？你也否認你的存在嗎？睡覺時，並無知覺，難道你不要保持存在嗎？那個相同的「我」，持續運作到現在！所以我們承認我們的存在，不管當時有無身體。感官的運作是時段性的，有其開始，也有其終了。這裡一定有個底蘊存在，能使活動依附其上。這些活動在哪裡呈現而又消失呢？這裡一定有個單一的基底，若你說那個單一的東西是不被感知的，那就是承認其存在是獨一無二的，因為你說沒有第二個能知道它。所有這些討論，都僅在擺脫無明而已。若能做到，則一切瞭然清晰，這是個人能力是否足夠或成熟的事了。

問：恩典不能加速尋道者擁有這種能力嗎？

尊者：這種事，就放手讓恩典去運作吧。你只是無保留而臣服。在這裡，有兩件事之一，必須做到。你臣服，因為你承認你的無能為力，需要至上大力協助你；或者你探究愁苦的根由，進入源頭，融入於真我。這二者之一，都能使你從愁苦中解脫出來。神不會棄絕一個臣服於祂的人。

問：臣服以後，心思走作又是怎麼回事？

尊者：已經交出來的心思，還會提起這個問題嗎？（笑聲）

對話三六四

內洛爾的教授問有關宇宙形相顯現（*visvarupa darsana*）。

尊者：遍在真我的顯現，就是宇宙形相顯現，亦即宇宙真我或遍在真我，就是和諧有序的整體。

上主克里虛那在《薄伽梵歌》第二章開頭就論及，說：「我無名相。」第十章，祂說：「以宇宙觀我的名相。」這裡前後一致嗎？祂又說：「我超越三個世界。」但阿周那在祂的身上看到三個世界，上主克里虛那說：「眾人、諸神等都看不見我。」但阿周那在祂的身上看到自己及諸神，這是別人看不到的，阿周那是被賦予神性的眼識而看到祂。這樣豈不矛盾，像一團謎嗎？

答案是，這裏的理解並不正確，以物質層次上的粗質理解太不合理了；這需要精微的理解，這就是阿周那被賦予神性眼識的原因。這樣的眼識可能是粗質的嗎？這樣的解釋，能使你有正確的瞭解嗎？

上主克里虛那說：「我是時間（*Kalosmi*）。」時間有形相嗎？若宇宙是祂的形相，難道不該是一而無遷異嗎？為何祂要對阿周那說：「不管你想要看什麼，都看著我」呢？這就意謂祂的形相，是取決於觀者的欲想。說到「神性眼識」以及鮮麗的景象，每個人都取決於自己的觀點。有其觀者，則有其所觀。這些都是什麼呢？甚至一位催眠師都能使你看到奇幻的景象，你可以稱這個是詭計，但在別個場合，你卻稱為神性。為什麼有這樣的差別呢？任何所觀之事物，不可能為真，此即為真理。

對話三六五

當尊者以同樣的語氣，繼續對話時，一位訪客問起，如何克服認同身體為真我？

尊者：睡覺時，是怎麼的？

問：無知在其中。

尊者：睡覺時，你怎麼知道你是無知的？你睡覺時，是存在或不存在？

問：我不知道。

尊者：你否認你睡覺時是存在的嗎？

問：以我的理解，我必須承認存在。

尊者：你是如何推論你的存在？

問：用理解與體驗。

尊者：對體驗而言，理解是必須要的嗎？（笑聲）

問：冥想是分析性的或綜合性的？

尊者：分析或綜合，都是在心智的範疇內。真我超越心智。

對話三六六

下午三時三十分，達德維太太離去前，提起第二個問題：「不是這個、不是這個」是何義？

尊者：現在誤認身體、感知等為真我，你就要屏棄這些，這就是「不是這個」（*neti*）。掌握那個不能被屏棄的，就能做到「不是這個」，這就是獨在的那個是（*iti*）。

一九三七年二月二十一日

對話三六七

一位馬拉地（marathi）[10]婦女，是偶來道場的訪客，她在離去前，眼淚幾乎奪眶而出，問道：我知道，此生是不可能解脫的，但我這一生，內心始終不平靜。

尊者凝視著她，極為慈祥，輕聲笑道：生命及一切，都在至上之知裡，至上之知就在此時此地。探究之。

問：我行冥想，有很多年了。但我的內心，仍不安穩，也無法持之以行冥想。

尊者又凝視著她，說：現在就冥想，一切會好的。

對話三六八

一個約九歲、十歲的小女孩，她的母親是馬德拉斯大學梵文學的研究學者。她由摩里斯·佛利曼陪同，在帕拉卡圖[11]遇見尊者，時間約在中午。尊者一如往常，對訪客和藹微笑。她問尊者：為什麼地球上有苦難？

尊者：由於業力。

問：是誰使業力產生果報？

尊者：神。

問：神使我們有所行動而造業，並且對惡業者，施與惡報，這樣公平嗎？

尊者聽了差點笑出來，十分喜歡她。稍後，在返回道場舊廳途中，尊者哄她讀一些東西。尊者一直注視著她。

一九三七年二月二十二日

對話三六九

一位年紀略過中年的馬拉地人偕妻到訪。他們安靜而單純，兩人含淚離去，先生甚至啜泣，祈求尊者加惠恩典。尊者凝視著他們，嘴唇微開，露出一排白牙，也為之雙眼淚睫。

對話三七〇

尊者在牛舍，一些人在工作，他看著他們，才一會兒就有人跑來說，有一大堆人在廳裡等著，尊者平靜地說：「是呀，是呀，你做你的工作，我做我的。人家在等我，我走吧。」然後他就離去了。

一九三七年二月二十三日

對話三七一

有三位安得拉邦人，年約中年，訪見尊者。其中一人跪問：我在行哈達瑜伽，行法稱為大腸潔淨法、腹腔潔淨法、鼻腔潔淨法[12]，我發現足踝的血管僵硬。這是行瑜伽所致嗎？

尊者：在任何情況下，血管都會僵硬，這不會帶來你什麼困擾。哈達瑜伽是一套清理的行程，在你行呼吸法後，也會有助於內心平靜。

問：我可以行瑜伽呼吸法嗎？有用嗎？

尊者：呼吸法有助於控制心思，不要中斷之，你必須更進一步到感官內攝、專注、冥想、三摩地，最後，會獲得整個成果。

另一人問：如何克服愛欲、憤怒、貪得、迷惑、驕傲及嫉妒等？

尊者：行冥想。

問：冥想是什麼？

尊者：冥想是固守在單一思維，而排除其他思維。

問：應冥想什麼？

尊者：你喜歡的都可以。

問：濕婆、毘濕奴、蓋亞曲咒語，據說有同樣的靈效。我應冥想哪一個？

尊者：你最喜歡的那個，它們靈效相同，但你要訂住一個。

問：如何冥想？

尊者：專注在你最喜歡的那個，若單一思維充斥其間，則其他思維，便被排去，最後被消滅。只要心思紛散，就是不好的思維。當喜愛的目標，遍布其在，則只有好的思維，籠罩全域，因此掌握一個思維而已。冥想是主要的修練。

稍後，尊者繼續說：冥想意味著抗衡，你開始冥想不久，其他的思維會聚集起來，結合成力量，設法制伏你要固守的那個單一思維。藉著不斷修練，那個好的思維，逐漸獲得力量，一旦茁壯強大，則其他的思維將被迫潰散，這種光榮的戰役，常在行冥想時發生。人要擺脫其愁苦，必須有平靜的內心，這意謂諸多雜念的擾亂是不存在的。冥想本身，可帶來心思平靜。

問：那麼為何要修練呼吸控制法呢？

尊者：呼吸控制法是對其人不能直接控制心思而設的，其作用好像汽車的煞車，但如我前所述，整個持行過程不宜中斷，而要持續進入感官內攝、專注及冥想。冥想有了成果後，沒有行呼吸控制法，心思也能受制。瑜伽體位法有助於呼吸控制法，也對冥想有利，能產生心思平靜的效果，這些都是哈達瑜伽的要旨。

稍後，尊者又繼續說：當冥想已完善建立起來，就不會被遺棄，冥想會自然而然行之，不管其人在工作、遊戲或享樂，甚至在睡夢中，也會持續進行。冥想必須如此深植於內在，俾成為一個人生命的自然狀態。

問：發展冥想，必須有什麼儀式或行動嗎？

尊者：冥想本身就是行動、儀式及努力，乃一切修行之最強烈而有力者，無須再有他的努力了。

問：有必要持咒嗎？

尊者：難道行冥想不也是言語表述嗎？為何還要持咒呢？若已冥想，就無須其他的東西了。

問：立誓靜默有助益嗎？

尊者：誓言只是一個誓詞，可能多少有助於冥想。但是，噤語於口，而紛亂於心，有何益處？若心思在行冥想，則還須要言語嗎？

沒有東西像冥想那樣好。若人要帶著靜默的誓詞而到處活動，則立誓的好處在哪裡呢？

問：真知法門是什麼？

尊者：這個我講了很久了。真知是什麼？真知是對真理的了知。藉著冥想，可以獲致。冥想幫助你掌握真理，排除一切思維。

問：為何談到這麼多的神？

尊者：身體只有一個，但有多少的功能在運作呢？所有功能的源頭，只有一個，這種情況，與許多神的情況是一樣的。

問：人為何有愁苦呢？

尊者：愁苦是由於紛雜的思維所致。思維統一而集中在單一個，就無愁苦，而幸福萌焉，然後，甚至連「我在做某事」的念頭也沒有，也沒有眼睛在看行動的成果。

對話三七二

問：毛髮豎立、啜泣聲、喜樂的眼淚等，載述於《真知顯現》（*Atma Vidya Vilasa*）等著作，這些現象是發生在入定於三摩地之時，或之前或之後？

尊者：這些都是心思極為精微的狀態之徵象，若無二元對立，則無法維持這種現象。三摩地乃圓滿寧靜，並無一物可存立其中。從三摩地中出定後，其回憶會引發這些徵象。在虔愛法門裡，這些徵象是三摩地的前兆。

問：在真知法門，不也是有這樣的徵象嗎？

尊者：可能有這樣的徵象，但並不全然確定，這取決於個人的本能、資質。若個體性全然喪失，這些徵象不可能有立足之地。然而，若有絲毫的恍惚失神，那麼這些徵象又會顯現出來。詩聖曼尼卡瓦伽喀等聖者曾語及這些徵象，他們說眼淚不由自主地流出，不可遏制。我住在維魯巴沙洞居時，也有類似的經驗。

問：據說睡境是幸福的體驗，但醒後回想起睡眠，怎不會毛髮豎立？但為什麼憶起三摩地時，就會有這些徵象？

尊者：三摩地意謂醒境之眠，幸福主宰一切，故體驗極為清晰，這與睡境之眠有別。

問：我們可以這樣說，睡覺時，沒有不幸福，也沒有幸福，亦即體驗不是正面的，也非負面的，是這樣嗎？

尊者：但是回憶是正面的，「我睡得很好。」這個人如是說，可見在睡境的體驗是快樂的。

問：幸福是不幸福的不存在，或者有其正面的東西？

尊者：它是正面的，不幸福的失去，與幸福的萌現，是同步併行的。

問：睡境幸福的回想，並不清晰，所以並無極樂可言，是這樣嗎？

尊者：三摩地的至福，乃是圓滿清晰的體驗，所以回想起來也是這般。但是睡眠的體驗，又是另一回事。

一九三七年二月二十八日

對話三七三

上午九時十五分至九時三十分，邁索爾的大君單獨訪見尊者於新建造的浴室間。他以頭頂觸及尊者的腳而行禮致敬，說道：「我曾閱讀尊者的生平事蹟，長久以來，渴望前來參訪，但我的環境不容許我輕易如願以償，又考慮到我的職責，也不允許我像其他信徒一樣能夠駐留此處，我來這裡停留的十五分鐘，唯一祈求的是祢的恩典。」

大君離去時，再次向尊者行禮，一如先前。離去後致贈兩件精緻的披肩及捐錢給辦公室。

一九三七年三月十三日

對話三七四

下午四時三十分至五時十五分。特拉凡哥爾（Travancore，印度西南端的舊侯國）的大君與尊者會談。

特拉凡哥爾大君及夫人，搭乘火車，於上午八時抵蒂魯瓦納瑪萊，下午四時十五分，蒞臨道場參訪，民眾隔離於廳堂外，尊者安坐其內。這項會談，使每日來訪的信徒，被誤為一般民眾而排除在外，頗為遺憾。一位退休的地方首長，介紹王室成員給尊者，成員有兩位幕僚、大君的私人秘書、特拉凡哥爾的幾位官員，以及麥拉坡（Mylapore，在泰米爾納德邦）的一位律師等在場。討論由地方首長開端，進行心思、專注、了悟、造物的目的意旨等議題，大君夫人提出幾個問題，表達她的疑惑，尊者適切答覆，大君也參與討論。會談中持坦米爾語及馬拉雅姆語進行。特拉凡哥爾王室參訪時，大君夫人顯得有人文素養，神采奕奕，她以馬拉雅姆語、坦米爾語、英語交談。大部分的問題，都由大君夫人提出。

大君夫人問：造物的目的是什麼？

尊者：其目的意旨在提出問題，探究其答案，最後駐於至上，或萬物之原始源頭，包括真我在內。那個探究將消融於尋求真我之中，而屏棄非真我。對真我的了悟呈現炳然輝耀之後，探究才會停止。

問：這個探究如何開始進行？

尊者：真我對每個人都是直樸平凡的，所以開始探究也是一樣，直樸平凡地進行。

問：一個人就其發展的階段來講，其開始著手處是什麼？

尊者：每個人都有其途徑，如冥思、持咒，若虔誠以之，堅毅而為，將自然引導至真我的探究。

註：筆者並不在場，這些載述，係蒐集尊者一位隨侍的見聞所記。

一九三七年三月二十一日

對話三七五

一位中年訪客，康納達人（Canarese，聚居在卡那塔卡邦及鄰近邦）問：什麼是無為的行動？

尊者：自我消失而不在之後，凡其所為，都是無為的行動（*akarma*）。

對話三七六

一位飽學的泰盧固人譜寫詩頌，讚揚尊者。他朗誦後，詩頌的字紙放置在尊者腳前，行禮致敬。稍後，他請求教示。

尊者：我的教示在《教導精義》這本書冊裡。

問：但口頭上或親自教導，會更有價值。

尊者：若是新鮮事，或迄今尚未知曉的，就應當即席教示，但這裡是要凝定心思、離卻思維。

問：這看起來是不可能的。

尊者：但這確實是每個人生命潔淨與恆在的狀態。

問：我們每天活動的生命中，卻感受不到。

尊者：每天的生命，並無離開那個恆在的狀態。若認為每天的生命是有別於靈性的生命，則就會有這些困難。若能正確瞭解靈性的生命，則其與活動的生命便並無二致。心思能被當作某物，而在尋找中找到它嗎？心思運作的源頭，必須找到，若能獲致，這就是實相。

人無法了知真我，是由於思維的介入干擾。若思維消退，則真我被了知。

問：「百萬之眾，唯獨一人，精誠靈修，終獲成就。」（《薄伽梵歌》7．3）

尊者：「無論何時，騷動的心思走作時，持制之、掌控之。」（《薄伽梵歌》6．26）「以心思觀心思」，《奧義書》如是表述。

問：心思是有限度的附屬物嗎？

尊者：是的。

問：所觀的世界是真實的嗎？

尊者：其為真實的程度，與觀者同。主體、客體及觀知，形成三方。真實則超越此三方。三方有起滅，實相則恆在。
問：這些三方的產生，僅是在時間狀態的層次中。
尊者：是的。若甚至在時間狀態中的事物上，認知真我，則三方將不存在；進一步更說三方並不自外於真我，並且在此時間的狀態中，如是而運作。

一九三七年三月二十二日

對話三七七

一位來自安得拉邦的中年訪客，問：聽說人有其神性，顯然如此，那麼為何人會悲哀呢？
尊者：神性指其基本特質，悲哀是虛幻的狀態。
問：如何克服悲哀？
尊者：了知他內在的神性。
問：如何做到？
尊者：要修練。
問：哪種修練？
尊者：冥想。

問：行冥想時，心思並不穩定。
尊者：修練後，會好的。
問：如何穩定心思？
尊者：使它有力量。
問：如何使它有力量？
尊者：親近聖者，心力會增強。
問：應該再加上祈禱嗎？
尊者：是的。
問：哪一種人不會悲哀？
尊者：他是一位有成就的瑜伽行者，對他而言，就沒有問題。
問：人們提到災難、地震、瘟疫等，證明神並不存在，如何看待他們的論述？
尊者：他們論述的那些，是從哪裡來的？
問：他們說是來自「大自然」。
尊者：某些人說是「大自然」，其他人說是「神」。
問：我們應該為未來不確定的苦難未雨綢繆呢？，還是為靈性的成就，過著生活不穩定的日子呢？

尊者：神會照顧一切。

一九三七年三月二十七日

對話三七八

尊者與一位安得拉邦的訪客對話時，引述：

「勿庸置疑，喔，臂膀強壯的英雄，
心思騷動，難以遏制。
但經由不斷的努力，帕爾塔（Partha，指「阿周那」）
以了無執著而迎戰之、遏制之。」（《薄伽梵歌》6．35）

解釋「無執著」，尊者又引述：

「毫無例外，屏棄
一切我身所渴望萌生的思維念頭，
獨以此心而內攝
來自各方的諸多感知。」（《薄伽梵歌》6．24）

至於修練：

「輕聲精進，他邁抵平靜之境，
持以耐心、堅如磐石的意志；
他的心思安駐在純淨的真我中。
他不起思維。」（《薄伽梵歌》6·25）

又對於真知：

「雖然，心思一再一再遷流變易，
全然騷動，遊蕩四方。
但他一直又一直將之掌控，
帶到獨在的真我裡。」（《薄伽梵歌》6·26）

一九三七年四月二日

對話三七九

一位來自喀拉拉邦的男士問尊者，如何解釋「真我之知」。

尊者以《真我之知》五詩頌中的一則短頌詮釋如下：吉登伯勒姆（Chidambaram，在泰米爾納德邦）是著名的聖地，與聖者南達那有關，他曾誦云，獲致真我之知，何其困難。然而，尊者長期的信徒穆魯葛納的意見是，獲致真知是最容易達到的成就。「瞧！真我之知太容易！」這句，正是這首詩誦的問題所在。

穆魯葛納於是發表高見，力言阿特曼即真我，永遠昭明，就連最無知的人也能輕易獲取。但是開頭的陳述與其後的推論，前後並不一致；因為若真我為眾人之底蘊，而也如此昭明，則根本就無須獲致，所以，這主題自然無法發展下去，於是他將自己所譜寫的前四則頌句，呈上薄伽梵（指拉瑪那）面前，祈請薄伽梵完成讚頌詩句。

尊者認可穆魯葛納陳述的真理，也指出真我雖然昭明，但為何隱密不彰，這是誤認身體等為真我的妄見所致。

問：這個妄見，是如何萌生的？

尊者：由於思維所致。若思維止息，真我將自行輝照。

問：這些思維如何終結？

尊者：找出它們的立基。一切的思維都萌生於「我」之思維；制伏之，則其他思維潰散。抑有甚者，除了了知真我之外，一切的知識，徒然而已。若了知真我，則其他一切，都在了知之中。因此了知真我乃人類基本而唯一的本分。

問：如何制伏「我」之思維？

尊者：若找到它的源頭，則它不會萌生，這就是制伏。

問：哪裡又如何才能找到它？

尊者：事實上，那是意識，在使人行各種不同方式的運作。粹然意識，乃是真我。欲了知真我，則一切所必要者，乃是「止於在」。

問：還有什麼能比這個更容易的方法呢。

尊者：所以，真我之知是最容易獲致的。

對話三八〇

一位歐洲人問：您如何回答這個問題：「你是誰？」

尊者：問你自己這個問題：「我是誰？」

問：請告訴我，您是如何找到的。我自己找不到沒有。「我」是個生理能量的總結，終歸於寂靜。我想知道師父是怎麼找到的。

尊者：它能用邏輯而找到嗎？科學分析是基於心智。

問：根據包斯（J. C. Bose）的說法，一隻蟲和一個人，在自然上，並無分別。

尊者：什麼是自然的事？

問：指那個存在的。

尊者：你怎麼知道那個存在？

問：用我的感知。

尊者：「我的」隱含著你的存在，但你在談別種的存在。你必須存在才能談及「我的感知」。若沒有「我」，則沒有「我的」。

問：我是個可憐的人，前來請問您，您是偉大的師父，這個存在是什麼。「存在」這個字，並沒有特別的意涵。他存在，我存在及其他人存在，那又是什麼？

尊者：認定任何人的存在，就顯示了你自己的存在。「存在」是你生命的本質。

問：任何事物存在，並不為奇。

尊者：你怎麼知道它的存在，而不是你自己的存在？

問：任何事物的存在，又有什麼新鮮事呢？我拿起您的書，其中有一個提問，是人應自問「我是誰？」，而我要知道「你是誰？」我已有自己的答案。若有一人及百萬人都說相同的答案，則有可能是真我。我要正面的回答，而不是玩弄文字。

尊者：若用這樣的方式，你頂多是在可能的範疇內。

問：是的，這是不確定的，甚至神都沒有辦法證明有個絕對的確定性。

尊者：暫時把神放一邊，你自己是什麼？

問：我要對真我能肯定。

尊者：你從別人那邊尋求肯定。每個思維都以「你」而表述，實則那是「我」自身的本色，那是肯定。只有從「我」這邊而來，一點都沒有「你」那邊。所有的一切，都包含在「我」；若要知曉其他事物，則那個真我必須被認定。若主體不在，則其他的事物也不會在。

問：又是這樣，了無新義。當我與拉曼（C. V. Raman）在一起時，他告訴我嗅覺的理論，可以從他的光的理論詮釋之，嗅覺不再用化學術語解說，這樣，就有新義，這就是進步。這就是我說現在我所聽到的說法，都了無新義的意思。

尊者：「我」永不會是新的，它恆在而同然也。

問：您的意思是它不會進步？

尊者：進步是被外馳的心思所認知，若心思內攝，找到真我，則萬物靜止。

問：這種學問……是什麼使它成為這種學問的？

尊者：它們都終結在真我之內，真我是其終極。

此刻是下午五時，尊者起身，離開廳堂，那人離去，前往車站。

對話三八一

包斯先生是孟加拉的工程師，問《真我之知》最後一則頌句的涵義。尊者詮釋如下：

世界被感知，這個感知是表面顯見的，感知需要有個位置，才能有其存在及光，這樣的存在及光，與心思的萌生，同步而行。因此，物質的存在及照明，是心思存在及照明的部分，而後者並非絕對，因為心思有其起滅，心思在真我裡，有其底蘊，那是自明的，亦即其為存在及自身耀明，是昭明朗現的，那是絕對的在，存續於睡醒夢諸境。

這個世界，萬象紛陳，乃心思的運作，心思藉著反射映照之光而亮眼，亦即光自真我的反射映照而來；正如所觀看的圖像在電影放映中，是存在於分散的光，亦即人為加工的光之中，而不是刺目的強光或濃黑深暗中，所以世界萬象僅能在分散的光，亦即真我之光經由無明黑暗的反射映照中，而被人認知。在單純無知的睡夢中，或在了悟真我的粹然光中，世界並不被看見。昧於真我的無明，乃萬物紛陳的根由。

這位工程師說，他僅能用頭腦理解。

尊者：因為現在心智掌控了你，亦即你討論這些事時，你是在心智的掌控下進行。

（稍後又說，獲致了悟，恩典是必要的。）

問：要如何獲得恩典呢？

尊者：恩典就是真我，其無顯現，是因為充斥著無明。若加以修練，則將呈現。

信心、恩典、光、靈性，皆與真我同義。

一九三七年四月五日

對話三八二

一位泰盧固人，外表消沉，知曉哲學，問尊者有關「單分子層」（*manolaya*），尊者說一切皆盡述在《教導精義》裡，這個人手中持有這本書。

問：心思是什麼？

尊者：看它是什麼。

問：它是由思維及其遷異所組成。

尊者：是誰的思維？

問：思維是心思的本質。

尊者：思維是什麼的？

問：是外在的。

尊者：沒錯，那是你的本質嗎？

問：是心思的。

尊者：那你的本質是什麼？

問：粹然意識之光（*Suddha Chaitanya*）。

尊者：那麼你為何要擔心思維及其他呢？

問：得承認心思會變動，而且不穩定。

尊者：但也得說，在同一地方，心思可以內返而融入於真我。這個修鍊極漫長而緩慢，所以必須持續不斷，直到全然融入於真我。

問：我要神的供物，亦即恩典，幫我融入真我。

尊者：恩典始終在你左右。一切你所需要的是，你不要將外馳的心思，與你自己混淆了，而要駐止於真我，那就是供物。

那個人行禮後告退。

對話三八三

史瓦米·洛可沙南達（Swami Lokesananda）是位四處雲遊的苦行者，問尊者：一個此身在世的解脫者，仍有其今世的業報嗎？

尊者：提問者是誰？這個問題，是誰在提起？是那個此身在世的解脫者在問嗎？

問：不，我是尚未解脫者。

尊者：那麼，為何不讓此身在世的解脫者自己問呢？

問：是我有疑惑。

尊者：不錯。是未悟者有疑惑，而不是悟者有疑惑。

問：根據教義並無造物之說，尊者的解說是無誤的，但被其他的學派接受嗎？

尊者：不二一元論的論說有三：

(1)無生論（*Ajatavada*）說，無喪失、無造物、無人困縛、無慕道者、無渴望解脫者、無解脫，這就是至上真理（《蛙氏奧義頌》〔*andukya Karika*〕2．23）。根據此說，只有一，並承認無所論述。

(2)俱生論闡述同步造物。有兩位朋友，同榻而眠，其中一人，夢見偕其友人，往赴貝拿勒斯而返。醒後，他告訴另一友人，他們同赴貝拿勒斯，但另一友人否認之。夢境所述，在此人為真實，但被另一人否認。

(3)漸生論是容易瞭解的，（逐步造物，逐步知曉）。業報被認為是過往的業力等，有今世業報、來世新業、昔世積業。這裡必涉及有個作為及作為者，業報不是針對身體，因為身體並無覺性，業報只能對「我是這副身體」的觀念發生作用。超越「我是這副身體」的觀念之後，其人就成為一個悟者。沒有這個觀念、感知，就沒有所謂作為或作為者，所以悟者沒有業報，這是他的體驗，否則他就不是悟者。然而，未悟者以悟者的身體而認定他，而那個身體是悟者所不認同的，因此，未悟者認為悟者有其行動，因為悟者的身體（有）活動，未悟者因而問道，悟者是否受到今世業報的影響。

經文說，真知是火，燒燬全部的業報。「全部」以兩種方式解釋：(1)包括今世業報，(2)不包括今世業報。在第一種方式：若某人死亡，而留有三個妻子，則可以問：「其中二個叫寡婦，但第三個不是寡婦」嗎？當然，全部都是寡婦，這也適用於今世、來世、昔世三業報。若無作為者存在，則三種業報也就把守不住了。

然則，有第二種解釋，是為了滿足質問者，說全部的業報已燬盡，但留有今世業報猶在。據說，身體是在持續運作這個功能，故有其出生，這就是今世業報。但是，從悟者的角度以觀，只有真我存在，呈現在各式業報中，並無身體或業報可自外於真我，所以任何行動都無法影響他。

問：了無「我是這副身體」的觀念，是屬於悟者的嗎？要是尊者被蚊蟲叮咬，也無感覺嗎？

尊者：悟者有感覺，也有「我是這副身體」的觀念。「我是這副身體」的觀念，悟者、未悟者都有，但意義不同。未悟者認為，只有這副身體是自己，但悟者了知，一切都是真我，或這一切都是至上之知。若有苦在，讓它就這樣，那也是真我的一部分，而真我是圓滿的。現在，關於所謂悟者的行動，並無甚意義。一般言，行動潛伏於其人的心識印記；對未悟者而言，只要心思活躍，則心識印記存續其間；對悟者言，心思是可被推測的，他已然邁越心思。在此事例中，因為他有顯著的活動，也被推論為有其心思，但他的心思並無揣想臆度，不像未悟者一樣。因此，據說悟者之心思是至上之知，至上之知確實與悟者之心思，並無二致。習性不能在這樣的土壤上生長果實，他的心思空無，已經擺脫了習性等。

然而，在悟者的事例中，仍被認定有其今世業報，故習性也被認為必然存在。若習性的存在是在享受，則可以說其行動會產生兩方面的果實，一方面是享受行動的果實（亦即食報），另一方面是行動在心思上留下印記，形成心識殘痕，迨來世再生時，會萌生呈現，然則，悟者的心思，荒蕪空無，無法孕育業報的種子。他的習性，在他享受行動果報的終了時，將自行耗竭淨盡。其實，說他有業報，那僅是從未悟者的立場觀看而已。他只是保持無為，他不覺於他的身體是自外於真我。這樣，對他來講怎麼會有困縛或解脫呢？他是超越二者，他不為業報所拘，不管是現在或以前，對他並無此身在世的解脫，也無此身命終的解脫可言。

問：這樣看來，悟者燬盡其習性，這是最佳的，他可以保持無為，有如樹幹或石頭。

尊者：不，不必然這樣。習性不會影響他。難道是習性自己要保持像樹幹或石頭嗎？他自然而然，與天地同流（*Sahaja*），就是那個境界。

對話三八四

對話的議題轉向潛在習性，尊者說好的習性與壞的習性是彼此相伴的；那個存在，這個才能存在。可能兩者之一，為其主勢，培養良好的習性，但最後仍要以真知而將之蕩滌淨盡。

有人述及神童。尊者論道，在他身上有其前世帶來的強烈之潛能習性。

問：他這種轉述知名聖者的能力，是如何呈現出來的？那僅是習性的種子嗎？

尊者：是的，心識上的印記是習得而獲取的識誌，積留在庫存裡，在有利它的環境下，便呈現出來。其人之心識印記在理解事務上較強烈者，會比心識印記較薄弱或全無之人，在理解方面更為快速。

問：對發明者或創造者，他們都擁有好的習性潛能嗎？

尊者：「太陽底下並無新鮮事。」我們所謂的創造或發明，都只是那些有強烈習性潛能的人在其精思熟慮的導引下，再行發現而已。

問：對牛頓或愛因斯坦等人，也是這樣嗎？

尊者：當然，但心識印記不管如何強烈，若無一顆平靜的心，則無法呈現。每個人都有這樣的體驗，當他絞盡腦汁而一無所得時，一旦當他安靜下來，心念一閃，所要的就來了。心思的平靜，對於追憶所忘懷之事物是必要的。人所稱的天才，是其人在前世極盡努力，獲有知識，以心識印記積存在他生命的倉庫裡，現在，他專注一心，融入於主題，在其凝止之中，潛伏的心識亮點，便躍然而出，當然，這也須要在對它有利的環境下才行。

一九三七年四月六日

對話三八五

范卡達·饒（Venkata Rao）先生，是安得拉邦人，尊者與之對話時，告訴他：「在獲得真知之前，你無法瞭解悟者的境地，問有關伊濕瓦若或其他的事，是沒有意義的。」

「有人問為何濕婆赤身露體，遊蕩於達盧克的森林間[13]，而被仙人的妻子汙染了祂的聖潔，有些《往世書》也記載這個事件，據說濕婆先前救過諸天神，當時宇宙充斥著攪動乳海所製造的哈拉哈拉（halahala）毒液[14]，他可以從致命毒害中拯救世界，引領聖者解脫，但卻也要在幾個婦女間赤身遊蕩。祂們的行為是不能用普通的心智而理解。其人必為悟者，乃能瞭解悟者或伊濕瓦若。」

問：虔愛拜神與真知有何關係？

尊者：那個恆在、無息而自然之狀態是真知，這不就要隱含著對真我的虔誠之愛嗎？這不就是虔愛拜神嗎？

問：拜偶像，似乎不好。在伊斯蘭世界，他們禮拜無形相的神。

尊者：他們對神的概念為何？

問：就是內在性的等等。

尊者：神不也賦予屬性嗎？形相是屬性的一種。若毫無概念，則人無從拜神，神以某種屬性，預先設定其概念。又討論神有無形相，又有什麼意義呢？先找出你自己是否有形相，然後你能瞭解神。

問：我認為，我是沒有形相的。

尊者：好，你睡覺時，沒有形相，但在醒時，你卻認同你的形相。看哪個是你真實的狀態，那是要以無形相的探究，才能瞭解的。若你以你的真知，而知道真我是無形相的，則難道你不承認真知的意涵等同於神，而知道祂也是無形相的嗎？

問：但這裡有神的世界。

尊者：這個世界是怎麼呈現的？我們又是怎麼了？知道這個，你就會知道神，你就會知道祂是不是濕婆，或毘濕婆，或諸神合體。

問：瓦崑特[15]在至福極境中，亦即在超越的真我裡嗎？

尊者：若不在你裡面，則瓦崑特或至福極境會在哪裡呢？

問：瓦崑特會不由自主呈現出來。

尊者：難道這個世界是自己自願呈現出來的嗎？

問：（默然）

尊者：那個自明的「我」，卻昧於真我，四處要去知道非真我，何其荒謬！

問：這是數論派瑜伽（*Shankhya Yoga*）的論述，它是其他諸瑜伽之頂峰，這又如何能瞭解，而開始著手修練呢？難道不是虔愛拜神，先行於數論派嗎？

尊者：上主克里虛那不是以數論派，而在《薄伽梵歌》中開始論述嗎？

問：是的，現在我瞭解了。

對話三八六

問：在羅摩克里虛那的《生平》(*Life*)一書中，據說有一尊神像羅摩拉爾(Ramlal)活靈活現的，這是真的嗎？

尊者：你能解釋這副人身為什麼活靈活現嗎？神像的行止移動，會比這副人身更神奇嗎？

問：心思狀態本身不會移動。

尊者：這身軀體是一具屍體嗎？若屍體會走動，那你可能要說那真是神奇。是這樣嗎？

對話三八七

有三位訪客短暫參問，其中最年長者問：造物論在《奧義書》中，持一論說，但在《往世書》中，又持另一論說，到底哪個論說為真？

尊者：有許多論說都在表述造物有其原因，並假設有個造物者，使人得以尋繹其原因；其所強調的要點，是屬於理論的意義，而非造物的過程。又，造物是為某些人所感知，若無主體，則無客體，那個客體不會前來向你說它存在，而毋寧是你在說它存在。因此，客體乃主體所製造，客體無法自外於主體而存在。找出你是什麼，然後你就會知道這個世界是什麼，那就是這些理論的目標。

問：個體靈僅是一個小微粒，而造物是如此龐鉅，我們如何能推測揣度呢？

尊者：小微粒而言及大造物，有何牴觸？

對話三八八

稍後，尊者繼續說：在經書裡及科學論述中，有許多造物理論。它們達到最後的結論了嗎？它們不能。據說，至上之知是至精微而極精微、至廣大而極廣大。極微（*Anu*）是一粒原子，是無限微小，其終止於微妙之感知，那個微妙，就是精微之體，亦即心思，而邁越心思就是真我。最廣大的事物，也是概念性的，而概念又屬心思層次，超越心思層次，則是真我，所以，真我乃是至微而極微。

造物理論何其多，但這些論述都向外擴衍，沒有止盡，因為時間與空間是無限度的。然而，其為論說，僅是在心思層上。觀看那個心思，而超越時間與空間，則能了悟真我。

持科學或邏輯而解釋造物，可滿足其人，但其說之終局何在呢？這種論說，被稱為逐步造物（漸生論），另一方面感知造物（俱生論）是俱時同步或驟然造物（*yugapad srishti*）。若無觀者存在，則所觀之物不存，找到那個觀者，則造物論諸說，悉囊括在內。為什麼要向外看，而不斷解釋現象呢？那是沒完沒了的。

對話三八九

關於致贈給尊者的禮物。

尊者：為何他們要帶禮物來呢？我要這些東西嗎？甚至我若拒絕，他們就將禮物丟給我，為了什麼呢？我若接受，我一定要迎合他們的願望。這就好像對一隻魚，垂餌以釣之，是垂釣者想要餵食那隻魚嗎？不，是他想要那隻魚作為他的食物。

史瓦米．洛可沙南達是雲遊苦行僧，問：真知與靈性之知的意義為何？

尊者：這些詞語，根據上下文的內容，有其不同的釋義。

真知＝全然之知（*samanya jnana*）或粹然意識。

靈性之知＝屬性之知（*visesha jnana*）。

屬性之知可能是(1)世界的（相對知識）及(2)超越的（真我的了知）。

對屬性之知而言，心思有其必要，可以將絕對意識的粹然潔淨，加以修飾，所以靈性之知呈現在心智及以相對知識組構的身層中（指識身層），就此例而言，真知乃遍在一切，貫穿靈性之知、感覺之知（*samjnana*）、意識之知（*prajnana*）、昧於真我之無知（*ajnana*）、思維之勢能（*mati*）、穩定質性（*dhirti*）等這些不同的知之狀態（參閱《他氏奧義書》第三章）；或者在「全然滿足於所知及靈性之知」時[16]，則所知是指非直接認知，而靈性之知是直接認知。

問：至上之知與伊濕瓦若（神）的關係為何？

尊者：涉及在這個塵世間，則至上之知被稱為伊濕瓦若。

問：能夠像羅摩克里虛那樣，向伊濕瓦若講話嗎？

尊者：我們能夠彼此交談，為何我們不能一樣向神講話呢？

問：那麼，為何沒有發生在我們身上？

尊者：這須要內心純淨、心力堅強以及修練冥想。

問：若上述的狀況都有了，神就顯現了嗎？

尊者：這樣的顯現，與你自己生命的實相一樣真實。換言之，在醒境時，你認同你的身體，則你看到粗質物象。在夢境時，當你在精微身裡或在心思層面，則你所觀看的，屬於精微象。在無夢之睡境裡，你毫無身分認同，則你一無所看見。所看見的物象與觀者的狀態，息息相關。同樣的道理，也是用於對神的觀視。經由長期修煉，而冥想於神的物象，則神像便呈現於夢境，可能不久也會顯現在醒境。

問：有了知神的那個境地嗎？

尊者：數年前，一度聽說有某件事。有位聖者，名叫南德奧（Namdev）[17]。他能看見神祇毘瑟巴（Vithoba），並與之晤對、遊戲，就像我們與別人一樣。他通常花很多時間，在神廟裡跟毘瑟巴嬉戲。

有一次，眾多聖者聚首，其中有一位享譽盛名的詩聖，名叫伊那德奧（Jnandev）。他要陶匠聖者古拉．康巴爾（Gora Kumbhar），以測試陶壺聲音的精練專業，對與會的聖者測知誰是由合格的烘焙土所造。古拉．康巴爾便持木條，輕敲每位聖者的頭（戲謔的）。當要敲南德奧的頭時，他抗議而生氣了。眾聖者皆笑而發噓聲，南德奧盛怒之餘，跑去廟裡找毘瑟巴。毘瑟巴說，聖者們知道最清楚。這樣的答覆，令南德奧不勝惶恐不安。

南德奧說：「祢是神，我跟祢對話遊戲，人比神還能獲有更多的東西嗎？」

毘瑟巴堅持說：「聖者知道。」

南德奧：「請告訴我，還有什麼比祢更真實的東西？」

毘瑟巴：「我跟你很熟了，我的建言，無意要影響你。你不妨到森林裡去看一位乞丐聖者，就會知道真相。」

因此，南德奧在毘瑟巴的建議下，找到一位這樣的聖者。這位聖者，在南德奧看起來不怎麼神聖，他赤身露體，髒兮兮的，躺在地上，腳還搭在林伽的聖石上。南德奧心想，他怎麼會是個聖者？

這位聖者見南德奧，便微笑問道：「是毘瑟巴派你來的嗎？」

這一問，令南德奧大為驚奇，現在相信他一定是位大人物，因此，南德奧問他：「聽說你是聖者，為何你要褻瀆林伽聖石呢？」

這位聖者回答：「實在說，我太老了，也太虛弱了，沒有辦法做對的事情，請你幫忙把我的腳抬移到沒有林伽的地方。」

南德奧於是抬移聖者的腳，放在沒有林伽的地方。但是，每當腳一放下，腳底下便有林伽出現，不管腳落在哪裡，林伽便在那裡。最後，南德奧將腳放在自己身上，他也化身成林伽聖石了。這時，南德奧瞭解到神是無所不在的，也學到了真理，於是離去。

他回到家後，好幾天不到廟裡。現在毘瑟巴在他家裡找到南德奧，便問他：「為什麼不到廟裡參見神呢？」

南德奧說：「還有哪裡沒有神的呢？」

這個故事的寓意很清楚：神的異象觀視，其位階遠低於了悟真我的層次。

對話三九〇

問：我讀了尊者的著作後，才知道審究是了悟真我的途徑。

尊者：是的，那就是探究。

問：如何行使？

尊者：審問者必須承認他自己的存在，「我在」即是了悟，尋線而探索，直到了悟，就是探究與了悟，一也。

問：這是很難掌握的，我應該冥想什麼？

尊者：冥想則需要某物，以便在上面冥想，但探究是只有主體，而無客體。冥想與探究在這方面是不同的。

問：冥想不是了悟的有效行法嗎？

尊者：冥想是專注在某物，其目標是保持排除紛紜的思維，而固定在單一思維，而那個單一思維在了悟之前，也必須泯滅。但了悟並不是獲得某個新的東西，它已然存在那裡，只是被一道思緒之幕遮蔽，我們一切的努力，是直接朝向這個遮幕，然後了悟便顯現。若對真誠的尋道者告以行冥想，許多人可能帶著冥想的建言，滿意的離去，但其中某些人可能回頭會問：「那個冥想於某物的我，到底是誰？」這樣的人，必須被告以這是要找到真我的，那就是最終的，那就是探究。

問：若無冥想，而只有探究，就足夠了嗎？

尊者：探究既是過程，也是目標。「我在」是目標，也是最終的實相，努力掌握之，便是探究。
當它自行發生，自然而然，那就是了悟。

對話三九一

同一位雲遊的苦行者，史瓦米·洛可沙南達，問關於三摩地。

尊者答覆：

(1)掌握實相，就是三摩地。

(2)著力於掌握實相，就是有分別三摩地（*Savikalpa smadhi*）。

(3)融於實相，而保持無覺於世界，就是無分別三摩地。

(4)融於不知，而保持無覺於世界，就是睡眠。（頭部下彎，但並非入定於三摩地。）

(5)保持在原始、純淨、自然境地，而了無著力，就是俱生無分別三摩地。

問：聽說，人若入定於無分別三摩地，時間長達二十一天，必須捨棄肉身。

尊者：三摩地意謂超越「我是這副身體」的觀念感知。不認同身體為真我，乃是先決的總結論。
又，聽說有人入定於無分別三摩地，時間長達一千年或更久。

有分別三摩地	**外在**	心思在一物上，而跳至另一物，固守在其背後的實相，俾保持穩定。外在現象，起源於單一實相，尋找此一實相，而固守之。	這四種有分別三摩地，都須著力為之。
	內在	心思被愛欲、憤怒等影響，看它們從何處萌生，看它們是如何形成，掌握它們的源頭。一切思維的狀況，都萌生於內在的實相，而呈現其自身，掌握那個實相。	
無分別三摩地	**外在**	融入於現象的底蘊之唯一實相，而保持無覺於遷流的呈現。這個境地，比喻為無波浪的海洋，海面凝止而寧靜。	這些無分別三摩地，無須著力為之；其被了知為無波痕海洋之外在的三摩地，及穩定火焰之內在的三摩地，二者一也。此境稱為俱生無分別三摩地。
	內在	融入於最深處的存在，那是一之實相，一切思維，自此而起，並且保持無覺於一切萬物。這個境地，比喻為不受空氣流動干擾的火焰，火燃極為穩定。	

對話三九二

史瓦米·洛可沙南達繼續問另一系列的議題。

問：他們說，亢達里尼必須在了悟之前躍升而起，這樣的覺醒會使身體發熱，是這樣嗎？

尊者：瑜伽士稱它為亢達里尼能量，在虔愛信徒而言，是形相神的心思（*vritti*），在真知信徒而言，是至上之知形相修飾後的心思，二者同旨，對了悟而言，它是先行的預備狀態。聽說，所產生的感覺是發熱的。

問：據說，亢達里尼是一條蛇的形狀，但心思不會是這樣。

尊者：據說，真知法門的亢達里尼是本心，被描述為在靈脈（*nadis*）的、或蛇狀的、或蓮花苞網狀的各種形式。

問：本心與身體上的心臟相同嗎？

尊者：不同，《薄伽梵歌》定義本心為「我」之思維的源頭。

問：但我讀過的書說是在胸腔右邊。

尊者：這些都是在協助人去擬想。有的書述及六個脈輪，還有其他許多中心（*laksh yas*），有內在的及外在的。本心被描述為諸中心之一，但不必然是這樣，它僅是「我」之思維的源頭，這是終極真理。

問：我們可以說它是生命內在機制（*antahkarans*）的源頭嗎？

尊者：生命內在機制，分有五類：真知、心思、心智、記憶、自我。有人說僅是後面四種的源頭，也有人說兩種，即心思及自我的源頭；但也有人說，內在機制其運作，有不同的呈現，故有不同的名稱，而本心是生命內在機制的源頭。

這副身體，並無覺性，真我是恆在而自耀明，介於二者之間，萌生一個狀況，其名為自我，有不同的稱呼：心思、心智、記憶、自我、能量、生命勢流等。尋找你的源頭，這個尋找便會自動帶你到本心，生命內在機制只是一個概念，用來解釋這個精微身而已，而肉身軀體是以地、水、火、風、空等元素組構，是無覺性的，真我乃純淨而自耀明，故能自證；二者之關聯，建立在所認定的五元素所組構的精微層面，以及真我之反射映照這兩方面上。在此情況下，精微身與心思同一意涵，兼具覺性與無覺性，亦即是意識的反映（*abhasa*），藉著純淨質性的運作，便在心思與感知上，呈現純淨面；藉著躁動質性的運作，便在生命氣息及肢體上，呈現躁動面；藉著昏闇質性的運作，便在身體的全面現象上，呈現昏闇面等。

問：但心思被指為也有這三種質性。

尊者：是的，心思在純淨質性上有其純淨，在躁動質性上有其躁動，在昏闇質性上也有其昏闇等等。粹然純淨是十分純的，混雜純淨（*misra*）是純淨質性結合其他質性，但純淨質性對其他兩種質性，有其主勢性。

稍後，尊者繼續說：哲學上不同派別的複雜論述，據稱可以釐清議論，而揭示真理，但事實上，他們製造了困惑，而困惑本來就不存在的。要瞭解任何事物，則必須有個真我，那個至我，至為昭明。為何不駐於真我呢？何須解說那個非真我呢？我極為幸運，我並沒有接觸到那些哲學論述，我若陷入其中，則我不知今在何處。我的前世潛能，直接帶我到探究「我是誰」，這實在是無比的幸運！

一九三七年四月十一日

對話三九三

問：《覺醒的印度》期刊三月份號中有一篇聖德瑞莎（St. Theresa）靈性體驗的短文，說她虔誠奉祀聖母瑪利亞時，神像樣貌栩然靈現在她的目睹中，她乃沐浴在幸福感裡，這樣的現象與神靈附身（*shaktipata*）是一樣嗎？

尊者：神像靈現顯示冥想的深度，神靈附身乃心思內攝之先行。心思在專注的過程中，有心思自身的陰影，在適當時機會變成栩然顯現，於是諸多疑問及答案都在這裡。這都是由於心思的力量或冥想的深度所致。但是舉凡外在的，皆屬短暫而會變異，這種現象可能帶來一時的喜悅，但無法產生安然穩在的平靜，這種平靜唯有在掃除無明之後，才能獲致。

對話三九四

問：心思如何凝止？

尊者：持以心思，注意看那個心思，或者將心思固定在真我裡，把心思帶到真我的掌控下。

問：瑜伽的行程，有達到這個終點嗎？

尊者：唯有探究才能夠做到。

對話三九五

問：如何獲致圓滿的至上之知？對俗務纏身的在家居士而言，修行的最佳途徑是什麼？

尊者：你說到圓滿，你能自外於圓滿嗎？若你自外於它，則它是圓滿的嗎？若你與它無分別，則怎麼會有此提問呢？了知至上之知乃是圓滿的，而你與它並無分別，這是最終的成果，領會這個，你就知道你不是在家居士，或任何有局限的人身。

問：什麼是真理正見？

尊者：圓滿至上之知的知見，將會自動釋明其他諸事。

一九三七年四月十二日

對話三九六

康格里浦（Gongrijp）太太是荷蘭籍女士，熱誠的通神學會成員，在爪哇工作甚久，現在居住於馬德拉斯的阿德爾市（Adyar），來此短暫參訪。她問道：通神學會談到渴望再生（*tanha*），那是什麼原因？

尊者：渴望再生是希望再生後能夠了結持續性的出生。那個靈現在即將滅失，它必在身亡之後，引發再生，俾能存活其靈。遺忘你生命真實的本質，就是當下的死亡，對生命真實的本質之憶念就是再生，而此真實本質能終結延續的生世。你的真實本質，乃永恆的生命。

問：我對 *tanha* 的解讀是「執著於生命」，亦即對永恆生命的欲望。

尊者：沒錯，是這樣。這個欲望是如何萌生的？因為現況是令人難以承受的。為什麼？因為那不是你生命真實的本質，若現況是你真實的本質，則不會興起欲望來干擾你。現況與你真實的本質，其差別為何呢？就真相言，你乃是靈性，然而這個靈性誤視粗質身體為它自己，而身體是由心思投射而來，心思又起源於靈性，若錯誤認同止息，則將會帶來平靜、永恆，以及難以形容的幸福。

問：生命是指這副身體，再生是再形成另一個身體。

尊者：僅是身體的更換，並無實益。繫附在這副身體的自我，又移到另一個身體而繫附著，這樣又如何能令人滿意呢？

又，生命是什麼？生命是個存在，而那個存在就是你的真我，那就是生命的恆在，不然的話，你能想像你可曾有個片刻不是你嗎？

那個生命現在被這副身體設限而制約了，於是你誤將那個身體視為是你的存在，實則你生命的存在是無設限、無制約的。身體繫附著你，是由於你心思上的投射，你被「我是這副身體」的觀念感知所影響，若這些觀念感知止息，你就是純粹的你之真我。

你出生之前，你在哪裡？又是如何出生的呢？睡覺時，你在哪裡呢？那個眠境你又如何呢？當時你並無身體，也是存在著。那是自我萌生，然後投射身體的心思也萌生，於是導致了「我是這副身體」的感知。因為身體在這裡，你便說身體出生、身體將亡，而將此觀念轉嫁到真我，你便說你出生，你將亡，事實上，睡覺時，你並無身體而如如其在，現在你有身體也如如其在。真我無須要身體而能存在，但身體不能離卻真我而能存在。

「我是這副身體」的思維感知，乃是無明。身體不能自外於真我，此即是真知，這是真知與無明的不同。

這副身體是一個心思的投射，這個心思就是自我，而自我起於真我，所以身體之思維是從真我所離逸而出，這副身體或其出生，是誰的？不是真我、靈性的。那是非真我在想像自身的分離。只要有分離感存在，就會有令人苦惱的思維，一旦重獲原始的源頭，則分離的感知，便告終結，就有平靜。

想想看，一塊石頭向上拋擲會如何？石頭離開某源頭向上投射，然後下落，保持墜行，直到重返至其出發的源頭處，那裡是它靜止的地方。同理，海洋的水，蒸發為水氣，積蓄成雲，風吹而移動，雲蘊結為雨水，灑落在山坡，滾入於溪流，復成江河而入海，那是其發源處，乃平靜之所在。因此你看，一旦有逸出源頭的分離感，就會有騷動，直到沒有分離感，才會有平靜。這跟你的情況一樣，現在你將身體認定是你自己，你認為你與那個靈性，亦即真正的真我，是分離的。你必須重拾你的源頭，俾終結錯誤的身見，然後你就會快樂。

黃金本身，並非飾物，但飾物的內容，除了黃金之外，並無他物。不管飾物的形狀為何，各式各樣如何不同，其唯一真實者叫做黃金。將自已視為身體，而欲尋獲幸福，則猶如乘騎在鱷魚背上，試圖渡過溪流。身見是由於心思走作而外馳，持此身見而往，只有深陷在無休止的糾葛中，永無寧日。尋找你的源頭，融入於真我，保持獨在。

再生意謂不滿意此生現況，渴望出生於滿意的狀態。以身體而出生，並不影響於真我，身體滅失後，真我依然其在。不滿意是由於誤以朽滅的身體為恆在的真我。身體必然附隨著自我，若自我誅滅，則永恒的真我，滿幅輝躍而朗現。身體是十字架，耶穌是人子，乃是自我或「我是這副身體」的觀念，當他被釘在十字架上，他便以輝耀的真我，亦即耶穌、神之子而復活！「若你要活著，放棄這個生命。」[18]

對話三九七

問：恐懼是由於慮及生命可能不存在而引生的，其與身體有關。人睡覺時，並無知覺於身體，而人不恐懼，反而渴求睡眠，但他又害怕死亡。這兩種想法有何區別？

尊者：當心思活動而不安於睡眠、死亡等各自的狀態時，則會有渴望睡眠或恐懼死亡，那個心思知道，睡眠後身體會再起而存續，這是因為睡眠並不伴隨著恐懼，而享有對身體無知覺的快樂。然而，在另一方面，那個心思不能確知所說的死亡之後，身體是否會再起，故恐懼之。

一九三七年四月十四日

對話三九八

丹德帕尼（Dandapani）是住在道場的信徒，現在在北印度旅行，寄來一則《現代心理評論》

（*Modern Psychological Review*）的摘錄，述及本心發動的中心在身上的右邊，而非在左邊，但就身體的器官言，則位於左邊。於是在這個議題上展開對話。

尊者：瑜伽法門談到六個脈輪，每個脈輪必須加以修練而邁抵之、超越之，直到抵達頂輪，那裡有甘露，得以不朽。瑜伽行者說：從腰椎的神經叢部位啟動，進入到靈脈；對此，真知法門信徒說：靈脈啟動於本心。這兩個法門似乎有牴觸的論述，調和為一項隱約不宣的信條，此即是瑜伽的靈脈是起於脊椎底部，而真知的靈脈是源自本心，真相是必須進入那個靈脈，持瑜伽而修練，其行先下沉，然後上升，周流上下，真到邁抵目標，而持真知修行，則直入中心。

問：能量的聲音（*para*），是指能量在心思上的聲音（*pasyanti*）等，接續在後面嗎？

尊者：你談到的聲音（*vak*）區分為(1)能量的聲音、(2)能量心思上的聲音、(3)感官上剛發生聲音之際（*madhyama*）、(4)表達的聲音（*vaikhari*）。聲音是能量的響聲；另一方面在心思則是光的形相（*tejorupa*）或心智能量（*chit sakti*）。能量是未顯化的源頭之表現。

瑜伽行者認定，最高至境在頂輪或千瓣蓮花，有某些瑜伽行者認為還有更高更複雜的至境，例如十萬瓣或千萬瓣蓮花，目前暫捨此不論，他們指出經文所述之意旨是，生命能量從頭骨的囟門進入身體，這種流程已是分離的狀態，瑜伽必須逆向而行，完成合一，因此，我們必須修練瑜伽，聚積能量，進入囪門，俾成就合一；對此，真知法門信徒認為，瑜伽所假設身體的存在，已經是分離了真我，故瑜伽教師勉人要修練瑜伽，以期合一。事實上，身體存在於心思裡，頭腦有其位置，藉著另一個源頭而來的光而運作，這也是瑜伽行者自己在囪門理論所承認的事，持真知法門之人，進一步辯稱，若光是借來的，其源頭必在本來固有之處，宜直探此源頭，而不應依賴於外借的源頭上。正如一個鐵球，其與火紅鐵塊，乃是兩個分別的物況；若火紅鐵塊冷卻後，則必須再加火熾熱，始能結合另一鐵塊，因此，分離而別出的因素，必然也是結合為一體的要素。

若有反映的物象，則必有其源頭及附屬物，如太陽及反映太陽的一盆水；若要除去此反映，則可在水面遮覆之，此在瑜伽上是進入囪門；或者抽乾盆內的水，此在修持上稱為苦行，換言之，思維或頭腦活動，必須止息，這就是真知法門。

然而，這些論述都假設一個前提——生命個體與真我或至上之知分離，但我們是分離的嗎？「不！」悟者如是說。自我只是誤將非真我視為真我，舉例而言，無色的水晶以彩色物體作為背景，若撤走背景，則水晶散發原本的粹然晶瑩，真我與認知機制都是這樣。只是這樣的事例並不十分適切，因為自我的起源是真我，而且不像例中的背景物能與水晶分離。既然自我的源頭是真我，自我必須回溯之，融入於這個源頭。

自我之中央及其核心，稱為本心，其與真我無異。

有人問：瑜伽行者修練至心輪而了悟本心，是否就是真知行者以不同的方式而獲致本心？

尊者：心輪與本心並不相同，若兩者相同，那麼瑜伽行者為何還要進一步到達頂輪？又，提此問題是由於我們的分離意識所致，實則，我們從未離開過本心。在抵達心輪之前，或越過心輪之後，人都只是在本心中，不管你明白與否，人從未離卻那個中心，修練瑜伽或行探究，人總是在本心中。

問：我們的修行，應如何為之？

尊者：對修行者而言，修行是指修成真人（*siddha*）的自然狀態。自然（*sahaja*）是生命原始的境地，所以修行就是移除了悟永恆真理路上的障礙。

問：心思專注是修行的方式之一嗎？

尊者：專注是不思及一物，在另一方面，專注是對我們生命本質的觀念之思維障礙，加以排除，我們一切的努力，只為直接揭除無明的遮蔽。要遏制思維，目前顯得困難，另一方面，在思維不斷叢生的狀況下，要收攝思維，更是不易。什麼事需要思維呢？只有真我而已。思維之所以能運作，只因有其目標物，但目標物並不存在，又如何萌生這些思維的呢？習慣使我們相信，停止思維是困難的，若能發現這個錯誤，人將不會愚蠢到用不必要的思維而自導自演。

問：恩典不是比修練更有效益嗎？

尊者：上師不過是協助你消除無明。他將開悟交給你嗎？

問：我們是無明的。

尊者：就因為你說你是無明的，你才是有智慧的。一個瘋子會說他自己發瘋嗎？上師的恩典就好像伸手援助你，助你離出水中，使你較容易除去無明。

問：恩典可以像藥物一樣，治療無明的疾病嗎？

尊者：藥物是做什麼的？不過是協助病人恢復其原本的健康狀況，這裡說的上師，恩典、神等又是什麼？上師握著你的手，在你耳際低語嗎？你認為他跟你一樣，因為你有身體，你就認為他也有身體，他應該做些什麼動作，讓你可以具體感受到，其實，他的工作是內在性的，這樣又如何能獲得上師呢？內在性的神，以其恩典而懷慈悲，對虔誠的信徒，根據信徒的層次，顯化為人物，信徒總是認為他是一個人，想要與他建立在身體形相上的關係。但是，作為神或真我化身的上師，是從內在運作的，協助人們看見他自己行事的錯誤，引導他走上正確的道路，真到他了悟內在的真我。在了悟之後，這個門徒覺知到，「以前，我總是如此憂愁，我畢竟是真我，跟以前並無不同，不受任何事物影響。以前憂愁的他，在哪裡呢？他不在了，也看不見了。」
我們現在該怎麼做？只有致力於師父的教示，在你的內在下功夫；上師既是外在，也是內在，他製造一個情境，使你返內，並預設一個內在狀態，引你入內，到達中心。因為他從外在，推你入內，又從內在運作牽引，俾你能固守在中心。

睡覺時，你守著內在的中心，醒來後，你的心思向外馳逐，想這個那個及其他，必須加以遏制，這需要有個中間者，在內外兩方面運作，才有可能制止之。他可以認同身體嗎？我們總認為，這個世界可以用我們的努力而征服之，但當我們一再在外在受挫，便被迫驅向內在，我們就感覺到「喔喔，有一股力量高過人類。」這個至上大力的存在，必須被認知。那個自我，像一隻強而有力的大象，無法加以控制，除非遇見猛獅，在此事例言，就是上師，其雙目極度盯視，便使大象顫抖而死亡，在適當的時機，我們將會知道，我們生命的榮光在於我們的不存在。「上主，祢是我的庇護。」然後那個師父觀察，「這個人是否在合適的狀態，得以接受引導」，因之而指引之。

問：自身臣服是什麼？

尊者：這與自我控制相同，要有效控制，必須掃除心識印記，因為其中隱含了自我的運作。自我唯有在認知至上大力之後，才能伏首歸順，這樣的認知，就是征服、就是歸順、就是自身控制。否則，自我依然自大，就像神廟塔樓雕刻的人像，神情堅苦，看起來它的姿勢是雙肩支撐著這座塔樓。若無那個至上大力，則自我無法存在，但自我總認為那是它自己獨力而為。

問：頑抗不馴的心思，如何控制？

尊者：尋繹其源頭，俾能消泯心思，或者全然征服，二者之一，都能制伏。

問：但心思在我們試圖掌控中卻溜走了。

尊者：所以要如如而在，不要思及之，當你驀然回神，就要把它帶回來，朝向內在，這就夠了。沒有人能不勞而獲。心思掌控得宜，並非天生自然之事，成功的少數者，皆得力於他們的堅毅不拔、百折不回。

火車上的乘客，自己愚蠢，上車還把行李頂在頭上。讓他將行李卸下，他會發現火車到站時，行李也同樣到站，同理，讓我們不要以作為者自居，只是順從至上大力的引領。

問：史瓦米．維韋卡南達[19]說，靈性上師能夠移轉靈性實體給門徒。

尊者：有什麼實體可以移轉呢？移轉意謂滅除門徒身分的感知，師父是做這檔事的，移轉的意思是說，一個人某個時候是這個樣子，另一個時候他變成另一個樣子。

問：恩典不是上師的禮物嗎？

尊者：神、恩典、上師，其義一也，皆屬永恆而內在的。真我不是已然在生命的內在裡了嗎？是因為上師的慈視而賜予的嗎？若一個上師認為是他賜予的，則他就不值得稱為上師。書上說，有許多種類的點化，他們也說上師以火、水、咒語、真言等儀式點化門徒，稱這種奇妙的儀行為開光或靈性點化，好像經過上師的這道過程，門徒的靈性就成熟了。若尋得其人，而其人之個體，無可尋見，如斯者是上師，如斯者乃達克希那穆提。他做了什麼呢？他默然無語，門徒來到他面前，他始終靜默，而門徒的諸多疑惑，杳然消散，此意謂著他們的個體身分，蕩然無存，那就是真知的狀態，任何言語，不與之焉。無聲無息的靜默，是最強而有力的運作狀態。不論經文如何浩瀚、如何強調，其靈效終究會落空，但上師寧謐而寂靜，瀰漫一切，他的靜默，較之所有經文的總匯，更為廣鉅而渾然有力。這些問題所以萌生，是因為在這裡太久了，聽得太多了，也十分努力了，但仍一無所穫。靈效的運作是內在性的，不是彰顯的，其實，上師始終在你的內在裡。詩聖塔俞瑪那瓦說：「喔，上主，從出世以來，一直與我同在，永不棄絕我，最後拯救我！」這就是了悟的體驗。

《薄伽梵歌》以不同的方式載述：「我們兩個，不僅現在如此，而且無始以來，一直如此。」

問：上師沒有一個具體的形相嗎？

尊者：具體是什麼意思？因為你以這副身體，視為你生命的真實存在，你便提此問題。找出你是否為這副身體。

《薄伽梵歌》說：「不能夠瞭解上主克里虛那是超越的本質者，乃是愚昧之人，被無明所誣。」（9：2）

師父乃起而驅除無明，正如塔俞瑪那瓦所說，他以人身示現，正如偽裝成鹿以便誘捕其他野鹿，為了消除人們的無明。他以身體而示現，俾驅除我們這些無明之人懷著「我是這副身體」的觀念感知。

一九三七年四月十五日

對話三九九

包斯先生是孟加拉的工程師，讀過《喬荼波陀頌》（*Gaudapada Karikas*）及羅達克里虛南（Sri S. Radhakrishnan）的《印度哲學》（*Indian Philosophy*），提問如下：夢境的體會與醒時的體會，有實質的不同嗎？

尊者：因為你認為夢時造境較之醒時狀態短暫，故說不同，但這種不同，僅是表象，而非實相。

問：醒境是獨立於既存的諸物之外嗎？

尊者：若是這樣，物之存在必須沒有觀者，也就是說諸物必須能告訴你它的存在，但它能做到嗎？例如有一頭牛在你前面走過，牠會說牠在走動嗎？我看是你自己在說「一頭牛在走動」，那個物之存在，是因為有個觀者在觀知它們。

問：喬荼波陀[20]在《蛙氏奧義頌》說，從實相絕對的立場，兩境沒有不同。

尊者：當然沒有。

問：我相信尊者也這樣說。羅達克里希南在他的《印度哲書》中說，商羯羅在其《梵經注》中，對兩境有其區別，這是事實嗎？若是事實，那又是什麼？從絕對的觀點，怎麼會有區別呢？只要存有心思，不管狀態為何，就會有分別，但從真我、非二元的至上之知來說，怎麼會有區別呢？

尊者：夢境是那個在醒境的人所說的，其實，從絕對的立場，醒、夢兩境，俱為不真實。

問：在純粹不二一元論的論述領域內，演化、造物，顯現等，有其地位嗎？顯現論（*virarta*）認為，至上之知顯化為世界，而又未遺忘其本質，有如草繩顯現為蛇。

尊者：證明宇宙的非真實，確實有些不同的論說。夢境的例子，是其中之一，醒夢睡境，在經文裡都有精微論述，俾能揭示三境底蘊的實相，這個意旨必須明澈在目。

現在他們說世界是不真實的，那個不真實，究竟到了什麼程度呢？這就好像一個不孕母親的兒子，或者天空中的一朵花，僅是詞語陳述而已，而不是參照事實。然則，世界是一個事實，而非僅僅是一個詞語，答案是這種世界不真實的論說，是加諸在真實上面而已，有如在昏暗中，看見蛇呈現在蜷曲的草繩上面。

但是，在這裡，只要有個朋友出來指說，那是草繩，則蛇的妄見也就滅息了。不過即使知道世界不為真實，但那個世界之為事實，依然持續著，怎麼會這樣呢？又是同理，雖然已知幻影之水的道理，但那個幻影之水的呈現，仍然持續在目。這個世界的呈現也是這樣，雖然知道其為不真實，但世界仍然繼續呈現著。

然則，幻影中的水，無法用來解渴，一旦人領悟到幻影之為無用，就會捨棄它，而不再苦苦追求，以便獲得水。

問：世界的呈現不是這樣的，甚至一再宣示世界是屬妄見，人又不得不在世界中滿足其需求，這又如何說世界是不真實的妄見呢？

尊者：這就正如人在夢境中，以造夢而滿足其夢中的需求，有物而有需求，就有滿足。造夢的意涵與在醒境一樣，皆不認為是真實的。

因此，我們看到這些事例，都有其各自的要旨，以建立其階段性的非真實論述。了悟的聖者，最後宣稱，一再重復而呈現的狀態、醒境的世界，與夢境的世界一樣為不真實，而在醒的世界裡有夢的世界在。

問：商羯羅與喬荼波陀的哲理論述不同，這是博學的羅達克里希南教授要我們接受的嗎？

尊者：其所不同，只在於我們的想像。

問：羅達克里希南寫道：「喬荼波陀的著述充斥著這樣的觀念：困縛與解脫、生命個體與世界等，皆非實相。有位刻薄的評論家論道，這個論述簡直在說，不真實的靈魂設法從不真實的至善境中逃出，而這個行為本身，同樣不真實。若說不變的實相，在變動的宇宙中，表述其自身，而不喪失其本質，是一個謎，這是一回事；但說屏棄整個變動的幻相宇宙，則又是另一回事。若我們一定要玩生命的遊戲，我們不能這樣而相信玩遊戲是一種表演，而所有的獎品都是空的。沒有哲學能夠持有這樣不一致的論述，而本身又自圓其說。對這個論述最大的批判是，我們必須擁有自身的各種事物，然其存在及價值，我們卻在論理上持續否認它。這僅顯示，有些東西是包含這個世界，又超越這個世界，但這並不表示世界是一場夢。」

尊者：正如前述，整個哲學的大旨，在指出那個底蘊的實相，不論是醒夢睡諸境，還是生命個體、世界、神。這裡有三個可能的觀點：

一、相對實相（*Vyavaharika*）：人看世間萬物，推測有個造物者，而認為自己是主體，這些化約為三個基本現象：世界、生命個體、神。人知道造物主存在，設法接近祂，以便獲得永生。若有人因此解脫生死之困縛，則應有他人接踵其後，致力於自身解脫。他多多少少承認，有個「一」之實相是萬象之底蘊。萬象是由於幻相的運作而呈現，而幻相乃神之能量大力，或實相的運作，因此，不同生命個體、萬物等之存在，並無抵觸不二一元論的觀點。

二、幻覺實相（*Pratibhasika*）：世界、生命個體、神，僅是觀者所認知而已，它們無法獨立於觀者之外，因此，只有一個生命個體靈而已，存在於其個體或神，如此而已，其餘僅是虛構。

三、絕對實相（*Paramarthika*）：亦即無生論（*ajatavada*）不承認有第二個。既無實相也無無實相、無尋求也無獲得、無困縛也無解脫等。

問題是，為何所有的經文都說上主是造物者？你是神的造物，而你怎能製造那個造物主而且又怎能辯說世界、生命個體及神，都只是心思上的概念而已？

答案如下：你在醒境時，知道你的父親辭世多年，但在夢境中你看到他，認知他是你的父親，因為他而有你，他留下遺產給你。在這裡，造物者是在所造之物中。又，在夢境中，你是國王，你參與王國的行政運作，一旦你醒來，夢中諸事，頓然泯滅，只留下一個單獨的個人，而他們都到哪裡去了呢？一切都因你，其他類似的事例，亦持同理。

問：就上述的相對實相而言，幻相是如何進來的？

尊者：幻相只是神的能量大力，或者是實相的運作。

問：為何變得活躍？

尊者：這個問題，又是怎麼萌生的呢？你在祂的領域之內，難道你站在那個宇宙活動之外，而提出這個問題嗎？那個相同的力量提出質疑，以便所有的疑惑，最後能夠止息。

問：夢境不像醒境世界一樣，具有目的性，因為在夢中，我們有很多需求，並未被滿足。

尊者：這並不正確，夢境中也會口渴與飢餓，在醒境中，你飲水充足，或有足夠食物，可供翌日食用，但當你在夢中飢餓時，這些食物無法幫助你；夢中飢餓，必須以夢中食物才能解除。夢中的需求，必須由夢中所造之物來滿足。

問：我們是在醒時，回想我們的夢境，而不是在夢時，回想醒境。

尊者：又不正確，在夢境中你所認定的你，就是現在講話的你。

問：但是除開了醒境之外，我們在夢中並不知道我們在做夢。

尊者：做夢是醒與睡的結合，由於醒境的心識印記，我們在當下能記得夢境種種。心識印記不是存乎夢境而呈現於醒境這樣的逆向運作。所以，我們並不同時覺知於夢醒兩境。每個人仍然回想在夢境中的種種怪異情事。人，對他是在做夢或者清醒，感到奇怪。他力稱而斷定他是醒的。然則，當他真的醒悟之後，他會發現醒境不過是一場夢而已。

對話四〇〇

在另一個場合的對話中，尊者說：「行冥想時，異象只是平添其遐想而已，別無他為。」

一九三七年四月十六日

對話四〇一

克里虛那穆提（Krishnamrti）先生是安得拉邦人，問道：持苦行（*tapas*）時，我們應把目光放在什麼物體上？我們的心思應注於我們的發聲。

尊者：苦行是為了什麼？

問：為了了悟真我。

尊者：沒錯。苦行取決於其人資質的能力。人總是需要一個形相，俾以冥思。但這是不夠的，因為我們能夠始終盯住一個想像物嗎？所以想像物必須以咒語而執行，持咒除了注目在想像物之外，還能將心思固定在想像物上，這些努力的成果是心思專注，臻及目標，他成為他所想的。有些人滿意於想像物的名稱，每個形相物皆有其名字，那個名字表示神的本質，持續不斷於持咒，得以驅除其他的思維，而使心思固定下來，這就是苦行，而心注一處是苦行所必須的。

問苦行是什麼，是為了解為什麼要苦行。為達此目的，形相是必須要的。

問：肉體的刻苦砥礪，不也是苦行嗎？

尊者：可能有人因此而有這樣的苦行，這都是由於無執著所致。

問：我看過有人苦行，是高舉手臂，終其一生。

尊者：那是無執著。

問：為什麼人要為了達到那個目標，而折磨自己的身體呢？

尊者：你認為那是折磨，但那個誓願，對某人而言，是一種成就及喜悅。

持行冥想，可以是外在或內在，或內外兼具。持咒比外在更重要，他持續不斷，直到自然而然。開始持咒時，須著力為之，然後持續與之，直到持咒自發而行，迨至自然狀態，則稱為了悟。

持咒也可在活動中進行，那個「在」，就是「一」之實相，得以一個名相、一句咒語真言、探究等代表之，最終這些將會消融於獨然的「一」之實相。虔愛拜神、探究、持咒等，只是外在的努力，用以去除非真我的另一個名目而已。當下，那個非實相，縈懷不去，但實相是我們生命的本質，我們執意留在非實相裡，亦即留在頭腦與世俗活動中，這些一旦止息，則真相自顯。我們努力將之驅除，這只能以念及實相才辦得到。雖然實相是我們的本質，但看起來好像是我們在念及實相。這樣做就是在掃除障礙，俾顯露我們真正的存在，因此冥想或探究，就是回歸到我們真實的本質。

問：我們的努力，可確保成功嗎？

尊者：了悟的狀態，是我們生命的本質，並不是有什麼新穎的東西，要去獲取，若是新穎的，必不能永恒，因此，無須懷疑其人在真我上的得失為何。

對話四〇二

談到頭腦及本心時，尊者回憶起一則陳年往事：

有一次慕尼力辯頭腦是最重要的中心，但尊者重申，本心更重要，兩人對話時，有些人在場旁觀。數日後，尊者接到一封信函，內載一則英文短詩，述及這場對話，信函出自一位尚未上大學的少年，名叫阿魯那佳拉（N. S. Aranachala）。

函中的詩頌，有其創意，極為優異，說尊者、慕尼及與會人士等，代表著本心、頭腦及身體等，正如對應於太陽、月亮、地球。光自太陽而發出，照在月亮而反射，乃輝映在地球上，同理，意識自本心而萌出，頭腦乃運行，而護持著身體。尊者的教導也可在《拉瑪那之歌》[21]裡找到，本心是最重要的中心，自此而生命活力及光，映照在頭腦，頭腦乃能運作；在本心，包攝著隱微的習氣，習氣在頭腦中綻放花果，極度擴衍增廣，此對應於電影放映中的每個情節階段，這就是世界被說成如同一部電影。

尊者補充道：若頭腦內的習性，被本心取而代之，習性有如被斬首而滅絕，則其人的轉世，也在此終結了嗎？並非如此，真我在習性之側，昭然護衛著，亦即習性在本心的畛域內，就好像一個守財奴護著他身上的珍貴財產（財寶），不敢越雷池半步，因此習性之位處，即是真我之所在，此處亦是本心，而非頭腦。（頭腦是唯一上演習性之戲的劇院，而習性由本心的溫室生長而來。）

一九三七年四月十七日

對話四〇三

有些參考資料摘自《現代心理評論》，述及有什麼樣的工具得以測知本心中心點，也論及有什麼適切的題目可以記錄靈修上的體驗，當有人在談論這個議題時，尊者說：「《了悟真我》

書中敘及我的意外事件，當時我失去知覺，而突然有意外死亡的徵狀，我始終有覺知，我可以感覺心臟停止跳動，但同步活動的本心中心點並未受損，這樣的狀況，持續約十五分鐘。」

信徒問道：「若門徒有幸將手置於尊者的胸膛，他們是否能感覺本心的中心點位於右邊？」尊者說是的。（維斯瓦納沙．艾耶〔Viswanatha Iyer〕、納拉雅那．雷迪〔Narayana Reddi〕等人說過，他們曾將置手於尊者胸部，而感覺尊者的本心中心點在右邊。）

這時，一位信徒精準地說道，若可以用手就能感覺本心中心點的位置，則精密的科學儀器也必定測量得到。

問：據說本心在右邊、在左邊或中央，說法不一，我們又如何能冥想於本心上呢？

尊者：你就是本心，這是事實。冥想經由你、是你的、在你的內在，不管你身在何處，冥想持續行之，它不可能自外於你，所以你是冥想的中心，那就是本心。

但是就身體而言，乃指其位置，你知悉你就是本心，雖然你是渾然全身，但你承認有個中心存在，你的所有思維皆從此出，而又消沉於此，甚至肢體被切除，你依然存在，只不過感知器官殘障，所以必須承認有個中心，稱之為本心。本心不只是中心，而是真我，本心是真我的另一個名稱。

當你認同有觸感的物質某物，則疑惑萌生，經文敘述本心是一百零一條靈脈之源頭，在

《瓦西斯塔瑜伽經》中，王后秀妲拉所說的，亢達里尼包攝著一百零一條靈脈，各靈脈彼此融為一體。

本心不是行冥想的概念或對象，卻是冥想之主位，而真我始終獨然其在。你看到身體在本心，世界也在其中。離卻本心之外，並無一物。所以一切的努力，只在定其位而已。

一九三七年四月十八日

對話四〇四

一位訪客問道：固守在冥想（*nishta*）是何義？視線在眉心是怎麼樣子？

尊者：我們是如何看見這些東西的？藉著光，看見東西，你的問題等於在問，如何看見光。

問：在眉心的位置，其義為何？

尊者：這就好像在說「不要用你的眼睛看。」

問：規律呼吸，是為了什麼？

尊者：只是為了控制心思。

數分鐘後，尊者又說：心思藉著光及物而運作，若物不在，此光猶在。

問：但我們要能知道有這樣的光。

尊者：若無光，則不可能有視覺或認知。你睡覺時，能認知事物嗎？我們的認知涉及現況的光。光是觀看的先決要件，在日常生活中稀鬆平常，在各種光之中，陽光是最重要的，因此他們談到百萬個太陽的光輝。

問：我們用手指，按在眼皮上，仍有光在。

另一位提問者：觀看這樣的光，有何用處？

尊者：我們很少這樣觀看，也忘了光這個目標，但這種修練，有助於人的注意力不馳逐於外物。有東西被看見或光被照到，是因為有個主體存在。這東西是否被看見，並不會影響到主體。若這個光（也就是認知的主體或意識）能被看見，那麼沒有東西會被看見。唯粹然之光，亦即意識獨然在焉。

問：那麼，為什麼規律呼吸是必要的？

尊者：控制或規律呼吸，僅是在控制心思，使其不奔馳。

問：那僅是為了控制心思嗎？

尊者：只看見光是不夠的，心思也要單純運作，就好像象鼻及其鏈條的事例。

問：人須費時多久，才能獲得天界許願寶石（*Chintamani*）？

尊者：天界許願寶石，載述於《瓦西斯塔瑜伽經》，其意涵是指真我的真實本質，故事是這樣說的：有個人，以苦行砥礪，俾能獲得天界許願寶石。有一天，一顆寶石神奇落在他手上，他心想這顆不是寶石，因為他的努力時間太短，用力也太少，不應獲得寶石。他便將寶石丟棄一旁，繼續苦行。後來，另一位修行者，在他面前放置一顆晶亮的小圓石，石面切割精緻。他見此圓石，深受吸引，但又發現這顆圓石無法實現他先前的願望。真我類似如此，存乎我們內在而固有，不應向外找尋。

還有，有個看守大象的人常常嘲笑大象。有一次，他發生意外跌倒了，但大象並沒有當場踩死他，放他一馬。後來，看守大象的人到森林挖了個大洞，殺死了大象。

王后秀妲拉用這個故事，向國王希吉德瓦耶說明國王犯下的錯誤。國王在統治王國時，若心無執著而滅盡自我，則能了悟真我，但國王不出此圖，卻跑到森林裡，照課表修持苦行，歷經十八年的苦行後，仍然沒有進展，他是自作自受。後來秀妲拉勸他捨棄自我，俾了悟真我，他依其言而力行，終獲解脫。

從秀妲拉的故事裡，清楚得知，帶著自我的無執著是無用的，沒有自我而雖有萬物，則毫無關涉，不當一回事。

一九三七年四月十九日

對話四〇五

一位可敬的傳統人士，問有關「曼陀羅壇城」[22]。

尊者：它有其深義。壇城裡，有神聖標誌的四十三個角形，壇城的禮拜是作為專注心思的行法，心思習慣向外馳逐，必須加以遏制，使其返內。心思的習性，得以聖名與形相而安定之，因為外物有其名與相，這樣的名與相，在心思概念上以圖案標誌化，得使心思不外馳而安駐於自身。神像、真言、壇城，都是用來資助心思處於內攝的情境，使其更有能力一心專注，俾日後自然而然邁抵至境。

一九三七年四月二十日

對話四〇六

柯恩先生是道場居民信徒，多日思索《涅槃》（*Nirvana*）一書，這本書是一位傑出的通神學會成員撰寫的。作者在書中稱，每天晚上就寢後，都朝抵涅槃。他又宣稱，在光之汪洋中，亦即涅槃，他看見他的師父及通神學會其他的師父，以耀明之光而顯現。他問尊者，怎麼會這樣？不二一元論的教義是，涅槃的體驗，與生命之在的粹然意識，是相同的。

尊者：涅槃是圓滿。在圓滿至境裡，沒有主體，也沒有客體，亦即一無所見、所感、所知。見與知，都是心思的運作，在涅槃裡，只有幸福的粹然意識之「我在」，別無一物。

問：為何一位傑出的通神學會領袖，自稱有高階的天眼通靈力，卻對《涅槃》的作者，大為嘉許，說《涅槃》有正確而生動的敘述？又為何通神學會對「服侍」的觀念，如此沉迷？

尊者：嗯，通神學會諸相關同性質的活動，在使人無私而準備朝向至高的真理方面，這是良好的。服侍正如祈禱、苦行，以及以神之名而作為等，皆朝向了悟真我的至高目標。

問：但這還要多久？又為何人們已準備獲致絕對的真知，卻又固守在相對的知識上。

尊者：每件事情的發生，皆有其時機。人若準備獲致絕對的真知，便會多多少少聽到真知，而遵循真知。他將了知那個真我之知，乃一切諸德之最，而終止其道旅。

又有人問及無分別三摩地之內在與外在的區別。

尊者：外在三摩地是固守在實相，同時觀照世界，而不從內在起應。這有如無波之洋的靜止狀態。內在三摩地，還包括身體意識之滅失而全然無存。

問：身體意識的滅失，是成就俱生三摩地的先決要件嗎？

尊者：身體意識是什麼？分析之，這一定有個身體，又有個意識限制之，然後結合成身體意識。這樣的身體意識，也一定存在於另外一個絕對而不受影響的意識裡，掌握那個，就是三摩地，其為存在，而無身體意識，蓋意識超越之；若有身體意識，其亦存在，因此它如如其在。至於身體意識已滅失或尚存，又有何干呢？當其滅失，則是內在性的三摩地；當其尚存，則是外在性的三摩地，就這樣了。

一個人必須入定於六個三摩地[23]之一，以便容易獲致俱生三摩地。

問：心思甚至連一秒鐘都無法沉入於那個境地。

尊者：強烈堅信我是真我，超越心思及現象，這是必要的。

問：雖然如此，但試圖入定於那個境地，心思證明是個限制。

尊者：若心思有其活動，又有什麼關係呢？它只是在底蘊的真我上活動而已，只要掌握真我便是，縱然心思有其活動。

問：我不能進入到那麼深。

尊者：講這樣是不對的，若不在真我裡，你又會在哪裡呢？你要去哪裡呢？一切所務要的，是對「你是真我」要持堅定的信念，務要這樣說，而不要有任何動作，對你擲下遮幕。

問：是的，就是這樣。

尊者：那樣就意味著，你的信念是虛弱的。

問：我瞭解這個「我」是人造的，而我試圖要了知的那個真實的「我」，這樣是沒有什麼助益的，因為那個人造的「我」在採取行動，想要了知另一個。

尊者：《寶鬘辨》清楚敘述，識身層的人造之「我」，是一個投射，經由其中，必須看到「我」的真諦。

對話四〇七

問：聖德瑞莎及其他人，看見聖母瑪利亞，栩栩如生的異象，那是外在的，有人在他的內心上看見所信奉的神之異象，那是內在的。這兩種情況，在程度上有分別嗎？

尊者：二者皆顯示，其人有強烈的冥想。二者皆佳，皆有其進展。在程度上，無分軒輊。一人有神的概念，取其心思上的想象而感覺之，另一人想像神的概念，而在想象上感覺之，二者的感覺，皆是內在的。

一九三七年四月二十一日

對話四〇八

關於本心中心點的位置，是在人體的右邊。

尊者：我一直說本心中心點在右邊，雖然有某些專家學者以生理學的教導是在另一邊而駁斥。我之所言，是來自我的體驗，當我在家裡出神入定時，我便知道了。那個意外事件，記載在《了悟真我》書中，我有清晰的印象及體驗。突然之間，一道閃光劃過身體，抹滅了世界的景象；閃光劃過一圈後，世界的景象，完全滅失，我感覺到身體左邊的器官停止運作，我能瞭解身體好像是一具屍體，血流的循環運行，已經停止，身體呈暗藍色而僵固不動，維斯德瓦·夏斯特里（Vasudeva Sastri）抱住我的身體，哭泣我的死亡，但我不能言語。這段時間，我始終感覺本心中心點在右邊，運作如常，這樣的狀況，持續約十五或二十分鐘；然後，有個某物從身體的右邊至左邊，迅疾迸射而出，好像火箭突爆，衝向天空，這時血流回復運行，身體乃恢復正常狀態。然後，我要維斯德瓦·夏斯特里跟我同行，返回住處。

《奧義書》說，在一百零一個靈脈中，本心是其終點，而有七萬二千個支脈，自靈脈而出，流貫全身，本心因此是身體的中心。說它是中心，是因為我們習慣認為我們在身體裡，事實上，身體及其他一切，都只是在那個中心裡而已。

對話四〇九

有位中年男子，在尊者面前伏身行禮，請求賜福平安。數分鐘後，尊者回想起一件偶發的往事而說道：這個人是我唯一打他巴掌的人，事情約在三十年前。

當時尊者居住在穆萊帕爾·蒂爾塔（Mulaippal Tirtha，蒂爾塔是水池的意思）附近，賈達·史瓦米（Jada Swami）也住在附近〔瑪瑪拉圖·古海（Mamarathu Giuhai）〕。尊者遇見這個當年才八歲左右的男孩，很愛跟大家開玩笑，包括尊者在內。

有一天，男孩去找尊者，說賈達．史瓦米要一個水桶，還沒得到尊者允許，他就拿走了水桶，當時隨侍巴拉尼·史瓦來（Palani Swami）不在場，尊者便尾隨其後，直到賈達·史瓦米的住處，尊者還沒有抵達住處，那個男孩就告訴賈達·史瓦米說，婆羅門史瓦米（指尊者）送他一個水桶，賈達·史瓦米感到納悶，稍後尊者來到住處，知悉此事，便舉手要向男孩打個巴掌，但其實心裡不想打他。尊者在內心交戰一番後，決定給那個頑童一個巴掌，於是尊者打了下去。

對話四一〇

有一則女詩聖（Avvai）的坦米爾文頌句，寫生命元氣抒發對胃的想法，其意涵如下：「喔，胃啊！和你融洽相處，何其困難！若沒有食物，你餓不得，若有許多食物，你也不能拿多一點，保存起來。你只在你想要的時候，拿你所要的。因此對我而言，你是個麻煩者，令我不得安寧。」

尊者修改這則頌句，變成胃對生命元氣的抒發：「喔，元氣啊！你帶給我的麻煩何其多，你總不讓我休息，一直在我這裡填塞著食物，沒了又來，和你融洽相處，何其困難！」說著說著，尊者笑了，尊者常說，大家要他吃的東西，比他身體健康所需要的還多。

一九三七年五月二十一日

對話四一一

尊者談及婆羅門階級間的結婚典禮時說：到聖地朝聖之旅的儀行（*Kasiyatra*），其涵義是，新郎將成為無執著之人（*vairagi-purusha*），因此那是正當的，他得到一位純潔的女子，迎向一個家室的生活；接著是，一位無執著之人將會是良好的家長。

對話四一二

某次，天氣寒冽，尊者趺坐在山丘的洞窖裡，双手環抱於胸前，以禦寒冷，幾位安得拉邦的訪客前來，其中有個人剖開椰子，將冰冷的椰子汁往尊者的頭上倒，作為供獻（*abhisheka*），尊者大吃一驚。

對話四一三

一位訪客問：我持聖名咒語，約一小時餘，就進入像睡眠的狀態，醒來後，想起持咒中斷，我又重新持咒。

尊者：「像睡著一樣」，這是正確的，那是自然狀態，因為現在你和自我連結，你便認為自然狀態好像是某物而被持行中斷了。你要一再反覆修練，直到你瞭解你的自然狀態，那時你會發現持咒等，都是外來的，你的生命和自然狀態持續自動在運行。現在你的質疑，是你的錯誤認同所致。

持咒是意謂固守在一個思維，以排除其他一切思維，這是持咒的意義，得以引領至冥想，終止於了悟真我。

對話四一四

蘇巴拉邁爾是位信徒，曾譜寫幾首短詩，內容趣味盎然，有些是敘及孩童的。

尊者：神成為孩童，反之亦然。這意謂孩童的心識印記，潛伏未發，故有渾然的純真，若成人的心識印記，根除淨盡，則再度成為孩童，如神之在。

詩的作者說：孩童創造「家」的氛圍。

尊者：是的，孩童總是在「家」裡，我們也在那裡，但卻夢想我們在家的外面。

我把〈達克希那穆提讚頌〉文中的「年輕」（*yuva*）這個字，譯成「孩童」（*bala*），似乎是適當的。

重生，就是再次成為孩子，人在獲致真知之前，必須重生，亦即回復其自然的狀態。

對話四一五

尊者在一部坦米爾文辭典的序文上，閱及幾段詩頌，頌揚坦米爾語文的偉大。尊者以風趣的口吻，釋明其中附錄在參考的文字。有三個測驗，確立濕婆教派優於耆那教派。

第一個測驗是，蒂魯伊南拿桑姆班達（Tirujnanasambandar）覲見國王，治療潘迪亞（Pandya）國王的病，王后憂心國王年幼，僅十二歲，蒂魯伊南拿桑姆班達於是譜寫詩頌，使王后安心，詩頌說國王雖年幼，但勝過一大群數不盡的耆那教徒。尊者在吟誦這則詩頌時，語塞而哽，無法再讀下去。第二個測驗是，有火在燃燒，但棕櫚葉草蓆，完好無恙。第三個測驗是，棕櫚葉草蓆抵擋著蒂魯維達肯河水的流勢。

尊者也述及伊濕瓦若神的故事：化身為年老的長者而行乞、化身為年輕人而取食，也化身為孩童而拯救女信徒等，都在瞬間而為。

尊者又指出，像小孩子、瘋子、靈等字眼，都是描述悟者的狀態，而其中孩童優於其他。

對話四一六

尊者說《康巴羅摩衍那》（*Kamba Ramayana*）[24]是由一萬二千則詩頌組成，蟻垤仙人的《羅摩衍那》有二萬四千則詩頌，康巴的著作僅能為專家學者瞭解，而非一般大眾，詩人杜勒西達斯（Tulasidas）曾聽過一位坦米爾聖人用印地語向他誦讀《康巴羅摩衍那》，後來，杜勒西達斯寫了他著名的《羅摩功行錄》。

對話四一七

美赫巴巴（Meher Baba）[25]於一九三七年出版《完美的師父》（*The Perfect Master*）一書，敘及一則事件。一位輪船公司主管指示移民局官員，在其不情願的狀況下，允許巴巴及一行人在紐約登岸，同行人之一前去向巴巴致謝時，巴巴卻消失不見，遍尋不著。這事件記錄在書中，讓人覺得有奇蹟發生在巴巴身上。有人誦讀給尊者聽。

尊者說：是的，是的，那是什麼？

問：那是奇蹟嗎？

尊者：可能，但是移民局官員難道不知道，要服從上級的指令嗎？這件事總會有了結。至於巴巴的同行人找不到他，嗯，可能有一些原因。

對話四一八

問及尊者是否讀過《康巴羅摩衍那》，尊者說：「沒有，我沒有讀過什麼東西，我所學習的，僅限於我十四歲之前的東西。

從那個時候以後，我就不想再閱讀、唸書了。大家很好奇我怎麼談《薄伽梵歌》等書，這是我耳聞而來的，我從未讀過《薄伽梵歌》或涉獵相關註釋的書，但當我聽到一則偈頌，我就明白箇中涵義，便說了出來，就這樣而已。我引述的一些經文頌句，也類似如此，自然而然，脫口而出，我懂字句及心智背後的那個真理，為何還要投注心思閱讀、理解、覆述其中的頌句呢？這些頌句的意旨，是在認識那個真理而已，既然已經掌握了意旨，就不須要進一步閱讀了。」

有個人說，要是尊者還想讀書，那麼今天就沒有聖者了。

尊者說：「可能我在前世，已經完成閱讀了，我也已十分滿足了，所以現在我身上沒有殘存的心識習性，朝向那個方向在運作。」

對話四一九

大普迦節（Mahapuja）（一九三七年六月三日）前一週，訪客雲集，包括尊者的一些親戚，其中有位年長的婦女，她是蘇比爾（Subbier）的遺孀，一八九六年八月，尊者離家出走時，曾住在她的家裡。

尊者一見到她，便勾起往日的回憶。尊者記得在節慶的場合，她要他幫忙製作一些甜點，他猶豫了一會兒，最後婉拒，因為要幫忙的話，他必須更換衣服，而當時他沒別的衣服，僅有一條纏腰布，這樣很害羞。他的叔父及這位女士便斥責他。叔父的妻子謙遜而親切地說：「果然不錯，難怪一位命中註定會有這樣至高境界的人，當時是不做卑微的工作。」

尊者說：「當時我的一次拒穿纏腰布，現在的我已經付出代價，得永遠穿纏腰布。」

那位女士還記得，當時尊者一連頭痛了好幾天。

尊者：「是的，沒錯！那是在我離開馬杜賴前的一個月，那不是頭痛，而是當時我的身心有說不出的痛苦，而我強力壓抑，但從外在的徵狀看，我說是頭痛，我還記得你為了我的頭痛非常擔憂，你每天用軟膏塗在我的額頭，我身心的痛苦，一直到離開馬杜賴後，來到這個地方，才停止下來。」

一九三七年六月四日

對話四二〇

一位律師，來自古達羅爾（Cuaddalore，泰米爾納德邦東部城市），引述如下：「既非太陽照耀，也非月亮、星辰發光。那裡又如何能火焰耀明呢？這一切的耀明，都只是祂的光輝朗照。以祂的光，輝照一切。」他問道：「「以祂的光」是何義？這個輝照，都是祂的緣故嗎？或者在祂的光之中？

尊者：只有祂。祂及祂的光，同一也，並沒有個個體在感知他物，因為感知者及被感知物，都只是祂而已。太陽、月亮等輝照，是怎麼的？是它們來到你面前，向你說它們在輝照，或者它們以外的某物在這樣說嗎？

問：當然，我說它們在輝照。

尊者：所以，它們在輝照是你說的。又，知道它們在輝照，則意識是必要的，那個意識，就是你的真我，或者就是你。所以你或你的意識，跟祂及祂的光，是同一個，藉著這個，其他一切輝照。

問：那個光，就是陽光嗎？

尊者：不，陽光並無覺性。你是覺知於陽光。陽光使物得以感知，而驅除黑暗。意識是光，不僅使之光亮，也使黑暗得以感知，黑暗在陽光下，不能存在，但黑暗得在意識之光裡，保持其在。同理，這個意識，乃是純粹之知，知識與無明，均在其內而朗現。

問：若神是一切，則為何生命個體因為自己的行動而遭受苦難？他的行動，不是祂驅使而推動的嗎？難道這樣，生命個體要受苦難嗎？

尊者：這樣的邏輯，似乎僅適用於生命個體遭受苦難時，但並非也適用在享受歡樂時。若堅信神是一切，無時不全然，則也沒有苦難可言。

問：苦難何時才能止息？

尊者：直到生命個體性喪失為止。若善行與惡行都是祂的，為何你要認為享樂與受苦，有你單獨的份兒呢？祂有善與惡之行，也就會有享樂與受苦。這暫且置之一旁，不要將苦難加到你自己身上來。

對話四二一

康猶‧史瓦米（Kunju Swami）是道場居民信徒，敘述一九二三年，道場遭盜賊潛入之後，尊者的談話[26]。

幾位信徒問道，為何容許盜賊騷擾修行者呢？為何修行者無法保護自己及他的隨侍呢？

尊者表示，諸仙人中，像眾友仙人能隨其意願，複製整個宇宙。他的生世，也是在羅剎魔王羅波那（Ravana）的時期，魔王時常騷擾悉多、羅摩等人。難道眾友仙人不能用他的靈力，摧毀魔王嗎？雖然有能力做到，但他保持平靜。為什麼？聖者對所發生的諸多事情，瞭然於心，但事過境遷，心中不留絲毫痕跡；甚一場大洪水，對他們都是小事一樁，他們萬事不掛在心上。

一九三七年六月七日

對話四二二

范卡達·饒博士，來自貢土爾（Guntur，在安得拉邦），問道：若上師要求他的門徒做違反倫理道德的事，而門徒已尊奉他為上師，想取悅於他，但個人的道德感，又使門徒裏足不前。在這種情形下，門徒應該怎麼辦？

尊者：（沒有回應）

問：我應再說清楚一點，上師要門徒做小偷，但門徒不遵從。上師說：「我是在測驗你，看你是否全然臣服，或者你還保留你的個體性。現在，已清楚是這樣了。」上師用這種方式指示門徒，這是對的嗎？

尊者：（還是沒有回應）

另一位信徒說：對某些人，我不願下判斷，但我一直懷疑，他們是否值得被稱為上師。他們看來是假冒的，若他們真的是上師，就不會這樣指示門徒。

尊者：但是，這個人說「是為了測試」。

提問者又問：上師這樣的指示，門徒要去做嗎？

尊者：你原先的陳述，在你的問題中，已內含了答案。

兩位提問者，齊聲問道：那個指示的行動，是不能同意的。難道可以做嗎？

尊者：那個問題，可能與那個上師有關，他必須對這個情況負責。

對話四二三

一位年輕人問：我一直設法培養意志力，但都不成功。我應該如何著手？

尊者：（沒有回答）

問：我來這裡，已有三年了。尊者說要有堅強的心力，意志力是必要的，因此，我一直要培養意志力，但從未成功。

尊者：（沒有回答）

問：在這些年來，我遇到四次或五次的挫折，令我相當苦惱，我想再嘗試，但失敗的恐懼籠罩著我，導致我自己沒有信心，這又顯然註定我再次努力的失敗。事實上，成功就一路順遂，失敗就挫折連連。因此，我這樣提問。

尊者：（沒有回答）

問：要成功，則意志力是必要的嗎？意志力能確保成功，也能排除失敗嗎？

尊者：（沒有回答）

問：我設法獲得意志力，這幾年來，我發現自己，總是在原地踏步，從未進展。

尊者：（沒有回答）

問：獲得意志力的方法為何？

尊者：你對意志力的觀念，是藉以確保成功；然而對意志力的瞭解，應是藉以強化心力，俾在面對人生的成敗時，皆能保持平靜，而不是把意志力與成功劃上等號。為什麼人心總是以成功為念呢？成功引生驕傲，阻礙靈性成長，失敗從另一個角度來看，反而是幸運，因為使人憬悟到自己的局限，準備自身臣服，而自身臣服，無異是福祉永在的保證；因此，人應設法鎮定平靜，俾面對人生任何難題，這就是意志力。又，人生事務的成敗，緣於今世業報的結果，其與意志力無關，有人可能投身於高貴的志業而一再失敗，有人可能馳騁於平庸的職場而成功連連，這並不意味著，成功者有其意志力，而失敗者無。

問：《真理啟示》書裡，不是說世界是心思的產物嗎？

尊者：是的。

問：順著這個理路來，難道不是心思愈強而有力，則愈能掌控世界嗎？

尊者：心思於外在的活動中，呈現世界，這樣的活動，浪費了心思的力量，它的力量被外在活動所吸引，而自身受制。

問：有個傻子無法從一數到十，腦袋顯然不及會思考的人靈光，那麼傻子比較優嗎？

尊者：誰說他是個傻子，那是你的心思在走作而這樣說。

問：擺脫思維後，才能獲得意志力嗎？

尊者：毋寧要固守在單一的思維上，最後，這個單一的思維，也消泯不見，留下粹然的意識在後面。專注有助於這樣。

問：所以，經由引導心思而使心思專注，才能獲致意志力。個體的人格與此無關。

尊者：個體人格是外在活動的根本原因，必須消沉下來，俾獲至善。

對話四二四

一位博學的人士在與尊者的一次對話中，問及個體原靈（*Purusha*，本我、神我）與萬物原質（*Prakriti*，原物、自性）。

尊者：原靈及原質，僅是那個至上之「一」的歧出。因為學者們有根深蒂固的二元性感知，故持以揣度之。相同的話語，《薄伽梵歌》說，至上神性之在（*Purushottama*），超越原靈及原質而存在。

問：至上靈脈（*para nadi*）、中間靈脈（*sushumna nadi*）、本心，分別是什麼？

尊者：中脈融入於至上，一般的理解是，心是身體器官，在胸腔的左邊，《現代心理評論》述及臟器的心在左邊，但是，本心在胸腔的右邊。《聖經》說：「智慧人的心居右，愚昧人的心居左。」[27]《瓦西斯塔瑜伽經》說，有兩個心，一個是意識的（*samvit*），一個是血管構成的。

問：心輪是什麼？

尊者：心輪是位於心臟後面的脈輪，不是意識。《拉麗塔·千聖名》（*Lalita Sahasranama*）[28]說：「朝向位於心輪的核心禮敬」，接著有另一個咒語說：「在本心輪裡。」（*Hrit*）[29]，因此可以清楚得知，心輪與本心輪是不同的。

對話四二五

尊者：意志力或任何力量，都是憑藉修練而獲得的。

問：成功不是依靠上師的恩典嗎？

尊者：是這樣的，沒錯，若不是由於上師的恩典，你會有修練嗎？成果來自於修練，水到而渠成。《解脫之精粹》有頌句云：「喔！上師，祢始終與我同在。祢觀察我好幾世了，祢諭命我的生命行程，直到我解脫。」當有某個際遇出現，真我便化身為外在的上師，否則祂始終存於你的內在，行應為之事。

一九三七年六月十二日

對話四二六

達斯先生來自阿拉哈巴大學，問：我們一般所攝取的食物，會增進或減弱我們的靈性嗎？也就是說，食物對靈性有好或壞的影響嗎？

尊者：是的。純淨的食物，適量攝取，有助於靈性的成長。

問：對在家居士而言，生活中什麼行為，對其靈性最有助益？

尊者：靜心冥想或虔愛奉獻，二者相同。

問：奉持神之名，是什麼意思？下面這兩種觀念，如何調和？

(1)《聖經》說：「不要徒然奉持神之名。」

(2)印度教經文諭示，人要不時安享在神之名。

尊者：人不應形式上、表面化奉持神的名字，而毫無感情。奉神之名，人務必要向祂臣服，呼喚祂時，絲毫沒有保留自己。這樣的臣服之後，神就會與你同在，堅定不渝。

問：有什麼基本的方法可以測試人的靈性成就呢？因為有些傳聞說，這樣的人都表現得瘋瘋癲癲的。

尊者：悟者的心，僅能被另一個悟者所知曉。唯有悟者才能瞭解悟者。雖然如此，但悟者平靜的心，絪緼為寧謐的氛圍，瀰漫其間，是尋道者瞭解其崇偉的唯一途徑。他的言語、行動力或外表，都不足以徵其崇偉，因為這些都超越普通人的理解。

問：人有其自由意志嗎？或者人一生的每一事件，都已然註定，而事先命定？

尊者：自由意志涉及生命個體，在此領域內，握有主勢，只要有個體存在，則就有自由意志，所有的經文論述，都建立在這個基礎上，皆勸人以自由意志，朝向正確的方向。找出是誰在關切自由意志或命運，然後駐於其內，就能超越自由意志與命運二者，這是討論此類問題的唯一意義，這些問題，到底是誰提起？找出來後，然後平靜而安之。

問：我們的心智及感情，就像肉身一樣，因身體的出生而有成長；在肉身死亡之後，心智及感情會消融不見或存留下來？

尊者：在思考死亡後會發生什麼事之前，先想想看你睡覺時，會有什麼事。睡眠是兩個醒境時段的中間空檔，在那個空檔中，這些都存留嗎？

問：是的，都存留。

尊者：對死亡而言，這些現象，也是一樣。這些現象代表身體意識而已，並無其他。若你是這副身體，這些現象就一直抓著你；若你不是這副身體，這些現象，不致影響你。那個當時在睡眠的人，也是這個現在在講話的人。你睡覺時，並沒有身體，現在你就有了身體嗎？把它找出來，問題便迎刃而解。

同理，那個出生的，必定會死亡，那個出生的是誰？是你被出生嗎？若你說是，那麼你講的那個出生是指誰呢？那是這副身體被出生，也是這副身體在死亡。這樣的生與死，怎會影響到永恆的真我呢？

想想看，並探究是誰在提起這些問題，然後你就會明白。

對話四二七

問：據說宇宙是由光與聲音組成，這兩個組構物也存在肉身裡嗎？它們能夠被身體器官，亦即眼睛及耳朵，而看見與聽聞嗎？或是僅能由主觀性而體驗。

尊者：光及聲音對應在怛特羅術語上的粒點與精微音，也對應在吠檀多用語上的心思與生命勢流（life-current）。它們是粗質的、精微的及超越的。器官能感知粗質層面，但無法感知其他層面，精微層面能以推論而得知。超越層面，僅能以超越而得知。

問：印度教接受生命個體轉世之說，在身體死亡與下一世出生的中間，是怎麼回事？

尊者：要解答這個問題，可從你睡眠狀況推論得知。你睡覺時發生了什麼事？

問：我不明白。

尊者：但那時你是存在的，因此，這就表示存在是超越知與不知，根據你現在的所知，你當時是全然不知的，但你睡覺時，並不會這樣說，而你依然同樣的存在。你雖然不知道，並不能排除你存在的事實。

問：行冥想時，有主體性或其他的體驗徵兆，這是表示修行者朝向了悟真我的進展嗎？

尊者：逸思雜念，愈能免除，而心注一處，愈益堅定，則可視為進展的指標。

問：為了了悟真我，是否必須出家？

尊者：出家是捨棄一個人的個體性，並不等於削頭髮、披袈裟。某人可能是在家居士，但他不自認為是在家居士，那麼他就真的出家。反之，有人可能著袈裟，雲遊四方，而且也自認為是出家人，那麼他還不是真的出家。自認為出家，便摧毀了出家的真諦。人看這世界；有感官知覺出現，就表示有觀看的人與觀看的對象存在。觀者對有形的物體並不熟悉；觀者存在於真我，在其內在深處，但人不將注意轉向顯著的觀者，只是一味分析觀看的對象，當心思愈向外擴延，了悟真我則愈形困難、複雜。人務要朝向觀者，才能了悟那個真我。

問：所以這等於綜合現象，找到其底蘊的實相。

尊者：為何你還在考慮現象呢？只是看那個觀者是誰而已。綜合現象，表示運用心思在他處尋找，這不是了悟的方式。

問：我要排除非真我，以便真我能被了知。我應如何為之？非真我的特徵是什麼呢？

尊者：有個人在說，必須排除非真我。他是誰？

問：我的意思是這個人。當我從加爾各答到馬德拉斯旅行，我必須知道馬德拉斯，否則我會因為不知道，而提早在中途站下車。這裡就必須有個標誌及行車表，才能指引旅途。但是，尋找真我時，其指引是什麼？

尊者：途徑是沒有問題的，你知道你距離馬德拉斯有多遠了，但你能告訴我，你要知道距離真我有多遠，然後你才能尋找嗎？

問：我不知道。

尊者：你曾經與真我分離嗎？你有可能與它分離嗎？難到不是這些物象都外在於你，而那個真我是最密切親近的嗎？你要去哪裡獲得真我呢？

問：現在我已逸離真我，我必須追蹤我的腳步，以便得到它。

尊者：多遠了？是誰在說你離開了它？難道有兩個我嗎？

問：據說，真我是生命個體的狀態，正如飾物樣式是黃金的型態。

尊者：當人用飾物來談論，而忽略了其本質是黃金，他就被告知那是黃金。但其人的本質是意識，而用狀態來說他自己，那是你離卻了真我，而以真我的狀態來說你自己嗎？

問：難道不可以想像黃金，而說黃金已變成了飾物嗎？

尊者：作為無覺性之物，黃金不會這樣說，但人有覺性，其運作也不會離卻意識，真我乃粹然意識，然而人認同身體，將之視為自己，但那個無覺性的身體不會自己說「我是身體」。某些人會這樣說，但無垠的真我不會如是說。那麼此外還有誰會這樣說呢？有個虛假的「我」，在粹然意識與無覺性的身體之間萌生，而想像自己是有局限的身體。找到這個，它就會以幻相而消泯，而那個幻相就是自我，或者心思，或者個體性。所有的經文，都在這個萌生的幻相上論述，其斷滅而廓清，乃宗旨所在。現在的情況，僅是虛幻而已。除幻（自虛幻中醒悟）就是目標，別無其他。

問：據說，心思只是一團思維。

尊者：因為心思以單一的「我」之思維，作為其根本而運作，並無獨立的真正實體之存在。

問：思維不是從心思上投射出來嗎？

尊者：就此而論，心思與「我」之思維，或者自我，是同一個意義。

一九三七年十二月十五日

對話四二八

尊者從商羯羅的名著《吉祥幸福之波》（*Shivananda Lahari*）選取幾段偈頌，敘述虔愛奉獻：

(1) 虔愛奉獻是什麼？

「一如土壇樹（*ankola*）的果實，悅然從樹上而落，或鐵片欣然吸往磁鐵，諸多思維萌生後，消泯於原本的起源，這就是虔愛奉獻。思維的本來源頭，即是上主伊濕瓦若的聖腳，祂的聖腳之愛，形成虔愛奉獻。」（六一頌）

(2) 虔愛奉獻的果實：

「虔愛的濃雲密布，在上主聖腳的超越天空中，傾盆降下幸福的雨水，灌注在心思之湖裡，充沛豐盈；此時，無休止而奔波的生命個體，乃有了真正的價值實現。」（七六頌）

(3) 虔愛奉獻施於何處？

「奉獻於諸神，其本身有其源頭及歸宿，能致生相同源頭及歸宿的果實。為了永恆的幸福，

我們的奉獻必須朝向其源頭，其名為幸福永在的上主之聖腳。」（八三頌）

(4)虔愛奉獻是體驗之事，而非言語：

「邏輯或辯論，有何實益呢？就像瓶瓶罐罐與布塊衣料（*ghatapatas*，辯士喜愛的舉例）能營救身在危機中的你嗎？為何要浪費時間在他們身上而參與辯論呢？停止嘵舌，停止言語帶來的痛苦，只有一心在上主的聖腳，欣飲甘露。」（六頌）

(5)虔愛奉獻的果實，即是不滅：

「看見此人一心堅守在上主的聖腳，死神想起昔日遇見仙人瑪肯迪雅（Markandeya）的慘痛經驗時，便逃之夭夭了。

所有的神祇，皆只敬拜濕婆，將其戴有榮冠的頭首，頂禮於濕婆之聖腳，這樣不由自主的禮拜，對濕婆是極其自然的。

女神解脫！祂的屬從，始終是祂的部分。」（六五頌）

(6)「若唯有奉獻，則生命個體的任何狀況，皆不能影響他。論肉體有何不同，在上主的聖腳下，心思無復存在，只有幸福洋溢！」（一〇頌）

(7)虔愛奉獻，永不受傷：

「無論何時、無論如何，只要心思消融於至上，這是瑜伽（合一）！這是幸福！或者是瑜伽

聖者，或者是福報斯臨！」（一二頌）

(8)行動瑜伽也是虔愛奉獻：

「以鮮花或外物供品禮拜神，是引生麻煩的，只有一束心馨在濕婆聖腳下，保持平靜。不知道這個簡單的事情，而四處奔走，何其愚昧！何其貧乏！」（九頌）

(9)行動瑜伽終結其人的生死流轉：

「不論信徒處於其人生規劃的階段為何，他一念及濕婆，便解除信徒生死輪轉的重擔，並將其負荷，擔在祂的身上。」（一一頌）

(10)虔愛奉獻即是真知：

「心思融入於濕婆的聖腳，而蕩然無存，就是虔愛奉獻。無明滅盡！真知！解脫！」（九一頌）

一九三七年十二月十六日

對話四二九

有幾位來自班加羅爾的婦女，其中一人問道：從我們的觀點看，世界由不同的萬物組成，我們如何能克服這些不同，而瞭解萬物其「一」的本質？

尊者：不同是由於行事作為的感知所致。若斷其根苗，則果實亦滅。所以，滅除行事作為的感知，則不同的差異自會泯滅，而基本的實相，自然表現出來。為了滅除行事作為的感知，務必要找出是誰在作為，向內探究，則那個作為的感知，就會泯除。探究是其行法。

一九三七年十二月二十二日

對話四三〇

一個馬拉地人問道：我已閱讀過很多了悟真我的書，也持行咒語、普迦儀行等，但我始終不滿意，祈請尊者惠予指引。

尊者：你所要尋求獲得的是什麼？每個人都在尋求幸福，每天睡夢中，每個人都有這一份幸福，將睡夢中的那份幸福的狀態，帶到醒境來，這就是了。

問：我聽不懂。這是怎麼辦到的？

尊者：真我探究是方法。

問：這似乎不易採行，因為不可捉摸。若我不適宜這個探究的行法，我該怎麼做？

尊者：這個指引，就是個人採行對自己有助益的行法。

一九三七年十二月二十五日

對話四三一

一個泰盧固人站起來提問道：據說若能全然掃除習性，則心思潔淨，這也是終極的狀態。但要是可以獲得什麼，這樣不就是二元的狀態嗎？

尊者：先讓心思澄淨，以後再提這樣的問題，到時自有答案。

一九三七年十二月二十六日

對話四三二

一個安得拉邦的訪客問：睡眠是什麼？

尊者：怎麼了？你每天都在體驗睡眠。

問：我想要正確瞭解睡眠，以便與三摩地區別。

尊者：當你是醒時，你怎能知道什麼是睡眠呢？應該是去睡覺，然後在睡夢中找到答案。

問：但我不能用這種方式得知。

尊者：這個問題，必須在睡夢中提問。

問：但在那個時候，我無法提問。

尊者：所以，那就是睡眠。

稍後，尊者外出一會兒，返回時，那個人又問：了悟真我的悟者，在進食與行動上，看起來像其他的人一樣，悟者在做夢與睡眠，也都跟別人有相似的體驗嗎？

尊者：為何你要去知道悟者的狀態呢？你知道了以後，又能有什麼心得呢？你必須先知道自己真實的狀態。

你認為這個你是誰呢？顯然是這副身體。

問：是的。

尊者：同理，你將有形的身體視為悟者，於是你將他的行動加在那副身體上，因此你會有這些問題。悟者本人不會問做夢或睡眠的狀態，他對自己毫無疑惑，疑惑在你。你必須認知自己觀念錯誤。悟者不是身體，是真我。

睡眠、做夢、三摩地等，都是未悟者的狀態。真我在此之外，這個答案，也是先前你提問的答覆。

問：我想知道無可撼動的至上之知（*sthita prajnata*）是什麼狀態？

尊者：經文不是為悟者而存在，悟者並無疑惑須釐清。疑惑因未悟者而存有，經文只是為了未悟者而撰述。

問：睡眠是在無知的狀態中，據說三摩地也是這樣。

尊者：真知是超越知與無知，在那境地，沒有問題存在，那是真我。

對話四三三

湯瑪斯先生是牛津大學梵文學教授，在特里萬得琅（Trivandrum，喀拉拉邦的首府）主持東方會議（Oriental Conference），往赴加爾各答途中，來訪尊者。他年高德劭，天庭寬闊，溫文爾雅。他對東方文學很有興趣，特別喜好梵文，也耳聞坦米爾文的豐富。他想知道《薄伽梵歌》的英譯版，哪一本最好。廳堂裡聚集許多人，有人開始發表意見，有的說蒂博特（Thibaut）的版本、摩訶迪瓦·夏斯特里（Mahadeva Sastri）的、德朗格（Telang）的，尊者提及布魯克斯（F. T. Brooks）的版本。湯瑪斯先生希望翻譯採韻文的體例，因為他認為韻文是含有精粹（*rasa*）的優質表述。他說，精粹也是平靜。

尊者：是的，至上之知僅是精粹。

問：*rasa* 也有幸福的涵義。

尊者：幸福（*rasa*）、喜福（*ananda*）、平靜，都是同為至福（Bliss）的名稱。

這位教授曾出席格蘭特·杜夫在巴黎的哲學會議的演講場合，稍後，他手中持有一本書是米斯博士撰寫的《法》(*Dharma*)。看到這本書，他便問尊者對種姓制度的看法。

尊者：種性制度涉及身體，但與真我無涉。真我是幸福的，要瞭解幸福，人必須瞭解真我，無須憂慮種性制度等。

問：「我」之感知(*ahamkar*)也稱為真我。

尊者：「我」之感知是局限的，真我超越之。

問：英語諸多文獻涉及東方哲學與宗教，有許多不同的派別闡述。羅摩奴闍是其中有名的代表，拉達克里希南(Radhakrishnan)教授提倡不二一元論系統，他重視體驗，而非明證，商羯羅則顯示有其高階的心靈對話討論，朝向直接感知的議題，這位教授語及心靈感知，有別於感官感知。

尊者：推論一個人的存在，無須其他證明。身體的五感與心思皆起於自我，因此要證明與真我有關，不能用五感與心思當作證據。真我是五感與心思的底蘊，感知與心思無法獨立於真我之外而存在。所以人的存在，乃是不證自明的。幸福即真我，就因為真我的愛，一切都變得可親可愛。

問：愛是以二元為要件，真我如何成為愛？

尊者：愛與真我，並無不同。對一個物的愛，是低層次的，不可能持久，但真我即愛，換言之，神即是愛。

問：這也是基督教的觀念。

他又問尊者：獲致目標，哪一種行法最佳？派坦伽利是最好的嗎？

尊者：瑜伽是從改變下手，抑制心思，為人人接受。這也是一切行法的目標。選擇行法，係取決於其人是否適合。對每個人而言，目標都是相同的，但對於目標，賦予不同的名稱，僅是使人們在修持的預備行程上，有所適應，俾邁抵目標。其實，虔愛、瑜伽、真知等都一樣。真我之冥思，稱為虔愛。

問：尊者主張不二一元論嗎？

尊者：二元與一元是相對的名詞，皆在二元對立的感知上，真我乃如如其在，非一元，也非二元。「我就是那個我在」，單純的在，就是真我。

問：這不是幻相理論。

尊者：心思是幻相。實相在心思之外，只要有心思運作，就一定有二元、幻相等。然一旦超越之，則實相輝照。雖然說成輝照，但真我之自耀明，其本身就是真我。

問：這就是存在、意識、幸福。

尊者：存在、意識、幸福，是用來表示至上並非有別於非真實、並非有別於無覺性、並非有別於不幸福。因為我們處在現象世界，我們便以存在、意識、幸福，而說真我。

問：「我」適用在生命個體，也適用在至上之知上，毋寧是不幸的。

尊者：這是由於不同的有限附屬物。身體的有限性，涉及生命個體的「我」，但宇宙的有限性，涉及至上之知的「我」。除去有限的附屬物，「我」便純粹而單一。

問：尊者施與點化儀式（*diksha*）嗎？

尊者：靜默是最佳而最有力的點化儀式。達克希那穆提行之。觸摸、注視等，皆屬低階層次。靜默的點化，能轉變人心。其實，沒有上師，也沒有門徒。未悟者將真我局限在他的身體，所以他以上師的身體視為上師。但上師豈會認為他的身體是真我？他是超越身體的，真我與他，並無分別，因此，未悟者無法瞭解上師與門徒的真正身分立場。

問：彼此之間，沒有分別嗎？

尊者：從現象世界的立場看，是有分別的，但從真實的立場看，是沒有分別的。

教授表示感謝，並希望在訪談尊者之後，能讀懂尊者的著述。

尊者：只要還存有心思，那麼冥思神或咒語與冥想內觀，皆得以持行。但也應隨著心思止息，其持行亦告終止。這些都是預備性的修持，俾於最後廓清思維，凝止其心。

問：濕婆經典派設定三個基本體，作為永恆存在，此說與吠檀多理論有牴觸嗎？

尊者：這三個基本體是，生命個體、神及困縛。這三體在各宗教間是常見的，只要心思在運作，則三體就是真的。其實，三體為心思的產物，人之心思萌生，就會設定神。神與真我，並無不同，真我物化，則作為神。上師亦然。

教授在晚間返回廳堂，問有關善行。他進而質疑，為何至上之知說成存在、意識、幸福，而不說是神。

尊者：存在，超越在與不在。意識，超越意識與非意識。幸福，超越快樂與非快樂。這是什麼意思？若不是在或不在，也必須承認有個「在」而已，試以真知比較之，其義是超越知與無知，然而真知不是無知，而是知。存在、意識、幸福，諸義亦然。

問：這是偏向於一個方面。

教授語及「真我—探究」之後，就要離去，他說他不再麻煩尊者，雖然尚有些疑義要釐清。現在他聽完尊者的話後，須要詳加審思，心注於一。

一位來自邁索爾的法官問道：冥思神明與冥想內觀是由於心思的走作而持行。止息其走作，則可稱為了知。現在是，如何在沒有冥思神明及冥想內觀的前提下，而能了知？

尊者：冥思神明及冥想內觀，都是預備性修持，這些修持將會朝向所想要的無為。

問：據說，就體驗而言，本心在右邊，但肉體上，是在左邊。

尊者：就靈性的體驗，是這樣說的。

問：那是靈的心嗎？

尊者：是的。

問：如何知道是在右邊？

尊者：由體驗而知。

問：那個應驗，有其徵象嗎？

尊者：指著你自己，然後看看有什麼徵象。

一九三七年十二月二十八日

對話四三四

因為時值聖誕假期，有許多訪客，不分遠近，蜂擁齊至道場。有一組人，坐在地板上，其中有兩位發問：您懂英文嗎？

同一人又急著問：您了悟您的真我嗎？

尊者微笑，說：請繼續說。

問：您體驗過無分別三摩地嗎？

提問者被要求把問題問完。

問：您能憑自己的意志，入定於無分別三摩地嗎？聖者影響其周遭環境，不是很重要嗎？

另一位訪客問：尊者能協助我們了悟真理嗎？

尊者：協助始終在這裡。

問：這樣，就不須要提問了，但我感覺不到任何協助。

尊者：臣服，然後你就會感覺到。

問：我總是在您的腳下，尊者能給我們教導，俾以遵行嗎？否則，我與您相距六百哩之遙，如何得到協助呢？

尊者：上師是內在性的。

問：上師是必須要的，以便指引我瞭解。

尊者：上師是內在性的。

問：我要一個看得見的上師。

尊者：那個可看得見的上師說，上師是內在性的。

問：我能憑著上師的慈悲，而將自己交出去嗎？

尊者：是的，人若未能交出自己，則教導是必要的。

問：行冥想，不須要特定的時間嗎？

尊者：冥想取決於其人心思的力量，就算在工作時，也不能停止冥想。只能在特定時間冥想，是對新手而言。

問：上師會將手放在我頭上，以確定他的協助嗎？他的允諾，若能實現，我會感到安慰。

尊者：若你認為協助並沒有來到，你是不是要提告，而要求保證金。（笑）

問：我可以向前靠近一點嗎？（為了獲得祝福。）

尊者：這樣的疑惑，不應在你心中萌生。這有牴觸剛才你說的臣服。上師始終存在你的身上。

問：先行努力，然後臣服。

尊者：是的，在適當的時機，會全然臣服。

問：教導是須要有老師嗎？

尊者：是的，若你要學習任何新的東西。但在這裡，你必須無學習。

問：但老師仍有必要。

尊者：你已經得到你在別處所尋求的了，所以老師是不必要的。

問：對尋道者言，了悟之人有什麼用處？

尊者：是的，他協助你除去未了悟的妄見。

問：所以，請告訴我如何做到。
尊者：修持的行法，是用來解除個人的妄見。
問：請解除我的妄見，告訴我什麼行法可以遵循。
尊者：現在你在哪裡？你應該往何處去？
問：我知道「我在」，但我不知道我所在的是什麼。
尊者：有兩個「我」嗎？
問：這話是在迴避問題。
尊者：是誰在這樣說？有一個是「在」的，又另外有一個不知道他是什麼的嗎？
問：我在，但不知道是什麼或者怎麼了。
尊者：「我」始終在那裡。
問：那個「我」，經歷任何轉變的狀態嗎？就說是死亡吧。
尊者：是誰在觀照那個轉變。
問：你似乎在談真知法門。這是真知法門。
尊者：是的，它是。
問：但臣服是虔愛法門。

尊者：二者相同。
稍後，那個人繼續說：這樣我可以下結論：我是意識，除了我的臨在之外，並無一事發生。
尊者：以推理而得到結論是一回事，信服此結論，又是另一回事。
另一人又說：我應等待三個月，然後看看協助是否會來到。現在，能請您保證嗎？
尊者：這是一個已經臣服的人會講的話嗎？
有四位訪客告退，那個人又繼續說：請實現您的諾言。（笑聲）
他又說：神給我足夠的麵包及奶油，我很快樂。此外，我要心的平靜，這是我的祈求。

一九三七年十二月二十九日

對話四三五

兩位女士與兩位男士從斯里蘭卡來訪道場。
問：您了知神嗎？若已了知神，神的形相為何？
尊者：那裡看見神的人是誰？若人能認識自己，這問題才有意義。
問：我並不認識自己。
尊者：這個「我」有別於你說的真我嗎？這個「我」知道真我嗎？

問：我以認同這副身體，而知道真我。若真我有別於身體，那就請尊者告訴我如何知道分離於身體的真我。他（指尊者）已了知神，他能夠指導我才對。

尊者：為何真我要分離於身體呢？讓身體如如其是。

問：靈魂脫離身體後，能透視所有的身體嗎？

尊者：還有別的嗎？你的身體存在嗎？想想看你睡覺時，當時你不知道你的身體，但是你還是依然同樣的人。你是經由這個睡境或其他的靈體，才能感知世界嗎？然而，睡覺時，你也不能否認你的存在，這裡必定有個主體在觀看世界，而這個主體，也是有局限的。若這個主體是無限的，那麼在無限的真我之外，還有其他什麼存在嗎？

問：神有局限嗎？

尊者：且將神放在一旁，你睡覺時，你的真我，有何限制呢？

問：那時，死亡必是最高的境地。

尊者：是的，現在我即活在死亡中，那些對無限的真我，加以限制的人，即是自設這樣的限制，而在行自我了斷。

問：您說專注於真我，如何做到？

尊者：若能解決這個，則其他一切，都能解決。

問：您說「知道你自己」，如何知道真我？

尊者：現在你知道，你是這副身體。

問：王者瑜伽是經由身體、感官等而了知，尊者是主張經由思維而了知，這是真知法門。

尊者：若無身體，你又如何能思維呢？

問：神不思維嗎？

尊者：為何你一開始就問道：「你所看到的神，是什麼形相？」

問：神必定是經由感知而感覺到。

尊者：你沒有感覺到神嗎？

問：每個人都時常感覺到神嗎？

尊者：是的。

問：那麼，了悟是什麼？

尊者：了悟是排除你認為尚未了悟的妄見。

問：我還是不明白。

他們迅速拍照後，便離去。

對話四三六

問：維斯瓦盧帕（*vishvarupa*，視全宇宙為神）是什麼？

尊者：這是將世界當作真我或神來看，《薄伽梵歌》載，神被說成萬事萬物，也就是整個宇宙。因此，如何能了知或觀視祂呢？雖然不能目睹，但是能否認真我嗎？真理是什麼？

問：所以說，有些人看到祂，這是錯誤的。

尊者：這跟你一樣真實。《薄伽梵歌》開始說：「人沒有出生。」（2．20）但在第四章說：「無數出生為人身，你的及我的，業已發生，我知道，但你不知道。」（《薄伽梵歌》4．5）這兩則陳述，何者為真呢？經文教義取決於聽聞者的理解。若第二章涵蓋整個真理，則為何還有諸多篇章，接續其後呢？《聖經》裡，神說：「還沒有亞伯拉罕，就有我在了。」神不是說「我曾在」，而是說「我在」。

對話四三七

尊者：人們讀到一段文字，談維韋卡南達問羅摩克里虛那，「您看見神嗎？」現在，大家也仿傚維韋卡南達，開始問我，「您已了知神嗎？」我問了悟是什麼。

了悟表示圓滿，當你是有限的，你的感知，也是有限的，你的所知，也因此是有限的。這些不圓滿的知識，有什麼用呢？

在觀看全宇宙為神之時，阿周那被告以要依其所欲想而觀看，而非看在他面前所呈現的。那個「看」，怎麼會是真的呢？

一九三七年十二月三十日

對話四三八

一位訪客問：對一個像我這樣的初學者，哪一種法門較合適，是禮拜有特定形相的神，或是冥想於「我是至上之知」？

尊者：答案在問題裡面，問題本身顯示，它是禮拜有特定形相的神。

問：在醒夢兩境時，感覺有「我」，但在睡境時，沒有感覺，為何這樣？

尊者：若是這樣，「我」在睡境時，就不存在了嗎？

問：因為在醒夢兩境中，是有心思的狀態，但在另一境，卻無此狀態。

一九三八年一月三日

對話四三九

問：羅摩問：「至上之知純粹潔淨，為何幻相會從祂萌生，又遮蔽祂？」瓦西斯塔答覆：「若心思粹然潔淨，了無執著，那麼這個問題不會萌生。」當然，在不二一元論的哲理中，生命個體、伊濕瓦若、幻相皆不存在；人融入於真我，習性蕩然無存，沒有空間可以提此問題。

尊者：答案取決於尋道者的資質能力。《薄伽梵歌》第二章載述，無人出生或死亡，但在第四章裡，上主克里虛那說，祂和阿周那已經有無數的出生，祂皆知悉，但阿周那不知。這兩種說法，哪一個是真的？二者皆正確，但觀點不同。現在的問題是，生命個體如何能從真我萌生而出？我的回答是，當你認識自己真實的存在，你就不會提出這個問題了。為何人認為自己與真我是分離的呢？他在未出生之前，或死亡之後，又是如何呢？為什麼要浪費時間，討論這種問題呢？在熟睡時，你的身體形相是什麼呢？為什麼你要認為你自己是個生命個體呢？

問：在熟睡時，我的身體形相是精微的。

尊者：其為結果，亦是原因；其為樹木，亦是種子。整個樹木包含在種子裡，種子後來長成樹木，樹木的擴展，必有其底蘊，那個底蘊，我們稱之為幻（*maya*，虛而能幻化）。其實，既無種子，也無樹木，只有存在而已。

問：一切習性全然滅盡、心思滅絕、了悟真我，這些都互有交錯倚伏。

尊者：這些是不同的表述，其義相同。這些說法根據個人成長階段，而有所差異。無執著與了悟，皆指同一件事。他們也說，「修練、無執著」。為何要修練？因為心思的運作方式，沉止而浮起，又再沉止而浮起等，反覆進行。

問：無始以來的習性，使人行事舛誤。若沒有真知，則此習性無法剷除，但似乎很難了悟真知，只有贖罪可行，但也又不能消除所有的業報，何況罪多得贖不完！能怎麼辦呢？萬事都困難，也辦不到。親近聖者似乎是拔除苦厄的唯一辦法。

尊者：我們要做的是什麼呢？實相只是「一」而已，要怎麼了悟呢？因此，了悟只是一種幻想而已。修練似乎是必要的，但是誰在修練呢？找到那個修練者，則修行及相關事宜，皆告消泯。

又，了悟若非當下存在，而是新獲得的，則有何用處呢？所謂永恆，必然是永久而在，那個新得到的，能夠永恆嗎？

體會當下的臨在，聖者過去如此，現在也如此。因此，悟者說，看起來好像是新得到的。一旦揭除無明的遮蔽，則了悟顯現。看起像是新了悟的，其實，那不是新的。

問：行動、虔愛、瑜伽、真知及其相關所屬，僅是困惑人心，遵行長者之言，似乎是唯一正確的事。我應該掌握什麼？請告訴我，我不能在先知的經典及相關的經書上，游移不定，何況經籍浩瀚無窮。請指導我。

尊者：（沒有回答）

對話四四〇

問：請不要用邏輯、學術用語，教導我真我的幸福之道，唯有上師的恩典是存在的。

尊者：對你所要求的，你要有清楚的觀念。是誰在尋求而獲得什麼？然後再問行法。

問：幸福偶然呈現，但我無法描述。有時輝照耀明，但那是真的嗎？如果是真的，要怎麼使幸福永存呢？行法必須是簡單的。請清楚說明，但莫用邏輯、學術論述或深奧的詞語。

尊者：（沒有回答）

另一位訪客問：請告訴我，所有行法中，哪種最有實效？是拜神、上師恩典，還是心思專注。

尊者：一個行法導至另一個行法，每一個行法，都朝向另一個修行階段，這些行法乃形成整個體系，神、上師、真我，並無差異，其為一而同然也。因此，並無行法的選擇。

對話四四一

潘納羅爾先生是印度民政部門的高階官員，來自阿拉哈巴，偕其富有文化素養的妻子，及退休法官布里吉那拉雅（Brijinarayan）一同前來參訪一週。在他們離去的前一晚上，希望能澄清一些疑惑。

問：我們曾敬奉一位聖者為上師，他教導我們持「哈里」(Hari)的聖名，並稱如此便已足夠，無須修持專注心思，所以我們依教而行。不久上師仙逝，我們不知所措，有如汪洋中的無舵之舟，在憂愁不安之中漂蕩，試圖找尋安全的指引。我們讀您的書，耳聞您，深切盼望來此，兩年的渴望，今天終於實現。

來此之後，我知道尊者教導「真我—探究」，這是真知法門的行法，但別的師父教我們的是虔愛法門，我們該怎麼辦？應放棄舊的，採行新的法門嗎？我們要根據所遇見的師父，而一再改變修行的法門嗎？這樣改來改去，我們能進步嗎？請開示，並加惠我們。

尊者告訴這位人士，參閱下列這篇文章，載於九月份《景象》期刊，係位於坎杭加德（Kanhangad）的阿南達道場（Anandashram）[30]所發行。

聖·南德奧所教導的聖名之哲理

名（Name）充塞整個宇宙。誰能知道下至地獄有多深，上窮天庭有多高呢？無明之人，歷經八百四十萬劫的物種生死，仍不知萬物之精華本質。名屬不滅，形相無窮，名乃一切。名本身即是形相，形相本身即是名，二者不分軒輊。神顯化，而有名與形。因此諸吠陀聖典，立名載述。請注意，咒語無法超越名。若有認為可超越者，乃無明之人。名即是克夏瓦[31]，此獨為上主的虔愛信徒所知悉。

神乃遍在一切之本質，唯有了知「我」之人，乃能洞曉。人若不能辨認出自身之名，則無法理解遍在之名。當人認識自己，便會發現名充塞一切。

不論藉由求知識、行冥想或持苦行，人都無法了知名。人要先臣服於上師的腳下，學習認識那個自己內在的「我」是誰。找到「我」的源頭後，將你的個體融入於那個一，那是真我之在，了無二元。

名瀰漫於三界，其名即是至上之知，在此並無二元萌生。

一九三八年一月八日

對話四四二

尊者詮釋自己的詩頌時，論道：太陽輝照宇宙，阿魯那佳拉的太陽，耀眼眩目，宇宙為之掩映其間，而光輝燦爛猶在焉。然而，這無法以現在的狀況而體悟，只有本心之蓮花綻放之時，才能體悟。普通的蓮花，在肉眼可見的陽光下開展花葉，但精微的本心，只在諸太陽中的太陽前，顯現而出。祈願阿魯那佳拉，使我的本心朗現而出，俾祂的無垠耀明，獨然輝照。

尊者繼續論道：鏡子映照物體，物體不為真實，而物體不能自外於鏡子。同理，世界乃心思之反映，若無心思存在，則世界不存。問題是：若世界是個反映物，則必有一真實之物，被知曉為世界，以便在心思上反映。這等於承認，有個物象宇宙之存在。但在真實上論，並非如此。

因此，展開做夢之說。夢時無物存在，然而當時那個物，又是如何創造的？則必須承認有某些心識印記存在，稱之為習性，習性在心思裡，是怎麼回事？答案是，習性極精微，正如整棵樹蘊藏在種子裡，而習性包含在心思裡。

然而，又有一問題提起：若種子為樹所生產之物，則此物必一度存在，俾能再生產而出。所以，世界也必然存在一陣子，對此問題，答案是：非也。這裡一定有好多次的生滅，以累積印記，然後呈現於此時現況，而現況的我，必在先前業已存在。要找到答案的直接方法是，探尋世界是否存在。若承認世界存在，則勢必要承認有個觀者，那就是我自己。讓我問自己，以便知道世界與觀者的關係。當我找到真我，而以真我如如其在時，便沒有世界以之觀看，這時，實相又是什麼？只有觀者而已，而絕非世界。

如是的真理，人們卻又繼續以世界的實況為基礎而爭論，對於這個世界，誰又能要求他接受正確的見解呢？

《瓦西斯塔瑜伽經》明確定義「解脫」為屏棄妄見，以「在」而存焉。

對話四四三

客問：以鏡子為例而說明，只是論及視覺而已。但還有其他感官知覺感知這個世界。這樣的話，能說世界是不真實的嗎？

尊者：電影的銀幕上，有個人目睹銀幕上的整個世界，同在這個銀幕上，其主體及客體背後的真實，又是什麼呢？虛幻的人，看著虛幻的世界。

問：但我在看這場電影。

尊者：沒錯。你以及這世界，就跟電影中的人和電影中的那個世界，同樣真實。

對話四四四

一位律師訪客問：心思經由感官覺察世界；當感官運作時，人則不由自主感覺世界的存在。行動瑜伽有助於獲得純粹的覺知嗎？

尊者：心思經由感官而覺知這世界的存在，它是心思的運作方式。在真我之畛域內，觀者看著其心思及其感知，並無離卻於真我。那個觀看的發動者，如如其在，不為行動所影響，而愈益純淨，直到他了悟到真我為止。

一九三八年一月九日

對話四四五

尊者在詮釋〈永結真我的婚姻花環〉詩頌[32]的一則頌句時說，靜默是最上乘的教導，這個靜默是指師父、門徒、修行者。有三位出家人拜訪尊者，其對談如下：

問：若保持安靜，人如何行動呢？行動瑜伽的範圍在哪裡？

尊者：先瞭解這個行動是什麼，這是誰的行動，誰是行動的作為者。深入分析而探究其實相，人便不得不以真我，而安止其在，但其行動，照常進行。

問：我若不採取行動，行動怎麼會發生呢？

尊者：是誰在問這個問題？是真我或其他的在問？真我關切行動嗎？

問：不，不是。

尊者：所以，很清楚的是，真我不關切行動，因此不會提此問題。

問：我同意。

另一位問：了悟之人的境界為何？他沒有行動嗎？

尊者：這個問題正表示，了悟之人並不是個質問者。為何你關切別人？你的責任是看顧自己，而不是質問別人。

問：但經文將了悟者視為理想的人物。

尊者：確實。了悟者是典範，而你應該了悟真我，雖然已有經文描述，但你對悟者的瞭解，仍取決你的資質能力。你認為自己能力有限，但經文說，了悟的境地並無局限。因此，瞭解其境地唯一的方法是，了知真我，並體驗其境地。其後若有問題，自會有答案。

另一位訪客問：《教導精義》的開卷頌句是，在覺性與無覺性之間，有其區別。

尊者：《教導精義》是從聽聞者的立場而說。在無覺性裡，並無真理。一個整體性的意識，獨然遍滿一切。

一九三八年一月二十四日

對話四四六

格蘭特·杜夫先生在廳堂。尊者談到幾本書籍，包括《摩訶瑜伽》（*Maha Yoga*），也說到要是杜夫先生讀過《存在觀視註解》（*Sat Darsana Bhashya*）[33]的話，會驚訝其內容與《摩訶瑜伽》很不同。兩書都宣稱在闡述尊者的教義，但論述有別，《摩訶瑜伽》誠然在批判另一書。

有人引述《存在觀視註解》的見解而說道，自我喪失之後，生命個體依然存在。

尊者評論道，那要做什麼呢？《奧義書》說：「至上之知的了知者，成為至上之知。」在此同時，至上之知的了知者，不只一位，某些人便問：「他們都相同嗎？他們不是分別的嗎？」問的人都只看到身體而已，他們不看那個了悟。就至上之知的了知者之了悟而言，彼此並無不同，這是真理。但是站在身體的角度而提問，則回應必然是「是的，他們是不同的。」這就是引起困惑的原因。

杜夫先生：佛教徒否認這個世界，印度教思想承認世界存在，但非真實，我這樣說對嗎？

尊者：不同的見解，來自不同角度的觀察。

問：他們說至上大力或勢能創造了世界。非真實之知，是由於幻相的呈現而來的嗎？

尊者：所有的論述，皆承認至上大力的造物。造物者的本質是什麼？祂必然與祂的創造物，是協同一致的。亦即造物者的本質，與其所造之物，是同一本質。

問：幻相有程度上的差異嗎？

尊者：幻相本身就是虛幻的。沒有幻相的人，才能覺察幻相。這個人的存在，可能淪為幻相嗎？

那麼，這個人能談論虛幻的程度嗎？
電影放映的銀幕上，有些場景，上下浮沉。火顯示焚燬建物成灰燼，水似乎破損瓶罐，但投射圖像的銀幕，仍無燒燬，或依然乾淨，為什麼？
因為圖像是不真實的，而銀幕是真實的。
映照物在鏡子上穿梭過往，但鏡子絕不會受到映照其上之物的品質及數量，而有影響。同理，世界是在唯一實相之上的現象。但實相絕不會受到世界任何的狀態，而有影響。實相，唯一而在。
有關幻相的討論，是由於不同的觀點所致。改變你的觀點，來到真知的視角，你將會發現宇宙僅是至上之知而已。現在處於這個世界，你觀世界如是現象而超越之，世界現象將為之消泯無存，唯有實相獨在而輝照。

對話四四七

尊者說，有位聖者名叫南摩·濕瓦雅（Namah Shivaya），曾經住在阿魯那佳拉，他一定經歷過相當的困厄，因為他曾吟唱一首歌：「神藉由嚴酷的考驗，向信徒證實。洗滌衣服之人，在石板上擊打衣服，而不是撕裂衣服，藉以除去汙垢。」

一九三八年一月二十五日

對話四四八

一位音樂家進入廳堂，開始吟唱蒂亞格拉賈（Tyagaraja）[34]所譜寫的泰盧固語讚歌，其中歌詞有：「找到聲音的源頭，那是超凡的。深入其內，有如採掘珍珠之人，潛入水底，採掘珍珠。」然後，又吟唱另一首：「人能掌控心思，則苦行何用呢？捨棄『我是這副身體』的觀念，而體悟到『我不是』，『祢是一切。』」

這首歌翻譯給杜夫先生聽，杜夫先生問：有必要修練控制呼吸嗎？若無此修練會怎樣？

尊者：修練呼吸控制僅是對深入其內有助益，但藉由控制心思，亦可深入其內。控制心思，則呼吸自然受制，無須設法控制呼吸；控制心思，便為已足。呼吸控制是針對無法直接控制心思的人而建議的行法。

Naham－我不是這個——對應於呼氣

Koham－我是誰（找尋這個我）——對應於吸氣

Soham－我是祂（真我獨在）——對應於屏氣

這些都呼吸控制行法的運作。

又有三個公式：

Na－*Aham*（不是—我）

Ka－*Aham*（誰—我）

Sa－*Aham*（祂—我）

移除字首的前面部分，掌握共通而相同的部分，那就是*Aham*——「我」，乃整體之大旨。

稍後，尊者語及這些讚歌，說道：蒂亞格拉賈說得極好，心思必須加以掌控，但問題是，「心思是什麼？」他在另一則頌句答說：它是「我是這副身體」的觀念；下個問題，便是如何有效控制。他再度答說，「藉由全然臣服，體悟到祂才是一切，而我不是。」整首讚歌精美而紮實，他也提到其他行法，例如呼吸控制。

一九三八年一月三十一日

對話四四九

杜夫先生離去後，有人談及他參訪道場諸事。尊者論道：「某種至上大力，牽引著世界上各角落的人士，來到這裡。」一位訪客適時說道：「那個至上大力，與尊者並無分別。」尊者立即說道：「當初牽引我來這裡的那個力量是什麼？相同的力量，也牽引著其他的人。」

尊者心情愉悅，講述下列故事：

一、有位國王，其王后極為虔誠，她是上主羅摩的信徒，渴望國王也能像她一樣，成為信徒。有天晚上，她發現國王在睡覺時喃喃自語，她湊耳傾聽，聽到國王正在覆誦著「羅摩」，有如持咒般。她很高興，隔天便令其臣屬，準備盛宴。國王在盛宴中，問王后何以故。王后說明整個事情，並說盛宴是感激神實現了她長久以來的願望。然而，國王卻因此惱怒，認為自己的虔誠不應該被揭示出來。旁邊有人說，這樣是背棄了神，國王認為他自己不值得神的眷愛，於是自殺了。這則故事是說，人不應將內心的虔誠對外公開張揚。我們可以這樣想，國王只要向王后說，不要因此大張旗鼓，兩人便可快樂過日子。

二、索恩達拉地波迪·阿爾瓦（Thondaradipodi Alwar）[35]：一個歡喜置身在諸信徒之中的人。有個信徒（姑以「信徒」為其名）擁有一塊土地，種植羅勒，每天編織花環，供奉廟裡的神，他單身未婚，行事正直，頗受尊敬。有一天，有一對以賣淫維生的姊妹經過他的花園，坐在樹下，其中一位說：「我討厭我的人生，我每天都在玷辱自己的身心，而那個男子好令人羨慕。」另一位回應說：「你怎麼知道他的內心呢？可能沒有他的外表那麼好。身體可能強力壓抑，但內心在迷亂騷動中。況且控制習性，不像控制身體的外表那麼容易。」

「行動就是內心的表徵，他的生活方式顯示他有純潔的心。」

「不盡然。他的內心尚待證明。」

這時，姊姊要妹妹證明男子內心的純潔，妹妹接受了，願僅著一件外衣，單獨一人在此，姊姊便回家，留下妹妹衣著單薄，繼續徘徊在樹下，顯得悲傷又卑遜。這位信徒注意到她，過一會兒，走過來接近她，問她到底發生了什麼事，何必情緒如此低落。她說她是為了前世的生命而感到悲傷，渴望今世過著純潔而高貴的生活，並希望他能接納她在花園裡做卑微的工作，或者服侍他。他建議她回家，過著正常的生活，但她堅持不肯，於是他只好留她在花園裡澆灌羅勒等植物。她歡喜接受，便在園裡工作。

有一天，夜晚下雨，這位女子站在信徒所居茅屋的屋簷下，衣裳淋濕，因寒冷而顫抖，信徒問她，何以如此可憐，她說她的住處，不能蔽雨，所以找到這個屋簷下躲雨，等雨停便回去。他要她進來屋內，又告訴她更換淋濕的衣服，她因為沒有乾衣服可穿，他便主動拿出自己的衣服給她穿。她穿上後，請求能按摩他的腳，他同意了，最後，兩人擁抱在一起。

翌日，她回家，她吃好的食物，也有漂亮的衣服，一直在園裡工作。

她通常都在自己的家裡，住了一段時間後，不久，這位男子前來造訪她，最後兩人同居，但男子仍未忘記園裡的植物，以及每天給神供奉花環。

由於男子生活改變，於是傳出了醜聞，神決心要回復他往日的潔行，於是化身假扮成他，有其聖潔信徒的模樣，出現在這位妓女面前，私下給她一件珍貴的禮物，那是神的踝飾珍品。

她欣喜接受，藏匿在她的枕頭底下，那個假扮成信徒的神，便消失化無。整個過程，都被屋裡的傭人看到。

神的踝飾珍品，在廟裡遺失不見了，廟裡信眾向有關當局報案。有關當局懸重賞給呈報線索的人，傭人通報線索給警察，警察找到飾物，於是逮捕了妓女，但妓女說飾物是那位男子信徒給的，當警察正要粗暴拘押這位信徒的時候，突然一陣神奇的聲音傳來，喝道：「是我做的，放這個人走！」

在場的國王及眾人，大為驚訝，都伏地拜在這個人面前，釋放了他。他從此過著良好又高貴的生活。

四、卡都維里·悉達爾（Kaduveli Sidhar）是位清苦自勵的隱士，頗負盛名，他以樹上落下的乾葉過日子，城裡的國王耳聞於他，見過他，但不明其底細為何，乃懸賞給能證明他是值得尊崇的人。有一位富有的高級妓女願意嘗試證明，於是她移住在隱士附近，假裝要服侍他，細心留給他印度薄餅以及他自己摘下的乾葉，以供食用；然後，她又準備其他可口的食物及乾葉給他；最後，他吃她供應的所有美味餐點，兩人關係至為親密，也生了小孩。她將整件事情向國王報告。國王問她可否將兩人的事情公諸大眾，她同意，並建議辦一場她表演的舞會，廣邀民眾。民眾聚集前來，她到會場之前，先給小孩吃了瀉藥，隱士聖者只好留在家裡照顧小孩。

舞會正熱烈進行中，小孩在家哭泣找媽媽，父親帶著小孩，前來會場，她正興高彩烈跳著舞，他無法接近她，她看到了隱士聖者及小孩，正當她要接近他們的時候，她設法在舞蹈中踢腳，以便鬆開她一個踝飾的鈕釦，她在輕緩舉腿之際，隱士聖者就將踝飾的鈕釦扣住，眾人見狀，尖叫而大笑，但是隱士聖者無動無衷，為了證明他是值得尊敬的，他唱了一首坦米爾的歌，大意是：「為了成功！讓我的憤怒遠離而去。當思緒在狂奔之時，我化解之。我日夜沉睡，但對於我的真我，了了分明，若此事為真，則祈願這塊石頭，裂解為二，粉碎四處。」

即刻，石頭（神像）崩解，轟然聲響，民眾至為驚愕。

尊者繼續說：因此，他證明自己是個並無偏離的悟者。我們也不應被悟者外在的表現而產生誤解，《吠檀多寶鬘》（*Vedantachudamani*）第一百八十一頌句的涵義是：

存身在世的解脫者，由於今世的業報，而外觀似乎陷入無明，或者擁有智慧，然其生命粹然潔淨，有如虛空靈氣之自身清明，不管被烏雲遮蔽，或者雲層被氣流澄清，他始終陶醉在真我裡，好像一位可愛的妻子，與其丈夫獨處而歡樂。雖然她從別人那邊獲得財物（依她的今世業報，決定其獲得財富的方式），以照料丈夫；他雖然保持沉默，有如文盲，但其沉靜無語，隱含著吠陀典籍上言語的二元性。他的靜默，乃是了悟非二元之至上表達，畢竟此為吠陀之真實內涵。雖然他教導門徒，但他不以教師自居，因為他深信教師與門徒全屬幻相，而他仍持續口授教導。在另一方面，若他所言，前後不一致，有如瘋子，那是因為他的體驗難以表達，好像擁抱中的愛人之言語呢喃。若他所言，豐富而流暢，有如演說家，則表示他已調和他的體驗，因為他是恆定不動之非二元的那個「一」，心中了無等待實現的企圖。雖然他呈現哀傷，與常人無異，此乃表示他在了悟之前，控制感官得宜，正確流露愛與憐憫，而這些都是至上存在之工具及顯化。當他對世界的奇幻怪事，感到興趣時，他僅是對附著其上的無明，深感可笑。若他似乎縱情於性之歡愉，他必然以之為享受固有的真我之幸福，此真我區分為個人之真我，及宇宙之真我，而他在結合中表現歡愉，以重拾真我原始的本質。這些行動，應視為神性在人文層面上的呈現，這樣，對於他的存身在世時，已然解脫，毫無置疑。他的存身，只有裨益於這個世界。

尊者告誡在場的聽聞者，莫以悟者的外在行事而錯誤非難，又引述帕力治（Parikshit）[36]的故事，說：

他是個流產的胎兒，母親悲慟，請求上主克里虛那救活他。諸聖仙人始終不解克里虛那要如何救活這個小孩，因為他是被阿希瓦塔瑪（Asvatthama）的箭射死的。上主克里虛那說：「若有一位具有永恆生命的苦行者觸摸他，小孩便能重拾生命。」甚至蘇卡都不敢觸摸小孩。克里虛那看諸聖仙人都不敢觸摸小孩，便前去觸摸，而說道：「若我是位具有永恆生命的苦行者，祈願這個小孩重拾生命。」觸摸之後，那個小孩有了呼吸，後來長大成年，成為國王帕力治。

看，克里虛那，被一萬六千個牧牛女環伺著，他是何等的一位梵行的苦修者！這就是存身在世解脫之奧祕！一位在世的解脫者，其視萬物，都不離真我。

然而，若有人執意企圖展現神通，那麼他只有被一腳踢開的份兒。

一九三八年二月三日

對話四五〇

烏瑪黛薇（Umadevi）女士是波蘭人，皈依印度教，問尊者：我一度與尊者對話時，談及看見濕婆的異象，我在喬烏爾塔拉姆（Courtallam，泰米爾納德邦的城鎮）時，也有類似的經驗。這些異象，為時短暫，但感覺很幸福，我想知道如何能使其長久。若無濕婆，我環視周遭，了無生命可言。我每憶及祂，感覺很快樂。請告訴我，如何使祂的異象，能對我持續恆在。

尊者：你談及濕婆異象，異象畢竟是個客體，這就隱含著有個主體。異象的價值與觀者的價值相同，（亦即，異象的本質，其與觀者，皆位於相同的層次上。）能夠顯現，就表示也能消失。凡所起者，亦將滅失。異象不會恆久，然濕婆恆久。

眼看見濕婆的異象，表示有眼睛在看，心智在觀看的背後，而觀者在心智及觀看的背後，最後是意識，位於觀者之基底。這個異象，不會是人所想像的那樣真實，因為它不是最親近而具有內在性的，也非直接第一手的。它是幾個連續層次而來的結果。但在這裡，只有意識，不動如山，那是恆在的，那是濕婆，那是真我。

異象隱含有個觀者，觀者無法否認真我的存在，真我之為意識，無一片刻不存在，而觀者也無法分離於意識而存在。觀者無法看自己，則他可以因為不能以眼觀其自身而直接感知，這樣就來否認他的存在嗎？不！直接感知的意義不在於看見，乃在於「（存）在」。存在即是了知，因此，所謂「我是那個我在」，「我在」即是濕婆，除卻祂之外，並無一物。萬物皆有其「在」存乎濕婆，蓋其為濕婆也。

因此，探究「我是誰」，深入其內，駐於真我，那是濕婆，那是存在，勿再盼望濕婆的異象一再出現，你眼觀物體，這與眼觀濕婆，有何區別呢？祂是主客體合一。若無濕婆，你無法存在，祂始終在此時此地。若你認為你尚未了知祂，那是錯誤的，這就是了知濕婆的障礙。屏棄這種觀念，了知就在這裡。

問：是的，但我如何能儘快有這種見識？

尊者：這就是了知的障礙。生命個體能夠沒有濕婆而存在嗎？甚至現在當下，祂就是你了，並沒有涉及到時間的問題。若有未了知的片刻時間，則會萌生對了知的疑問。但是，其為如如其在也，你不能沒有祂而存在，祂已然被了知，也曾被了知，甚至永不會不被了知。臣服於祂，遵行其旨意，不論祂是否顯現，只是等待祂的歡心，若你要祂從你所願，則非臣服，而是加諸命令於祂。你不可以要求神順從你意，而又自認為你已臣服。祂知道什麼是最佳、何時及如何處置。將一切全盤交付給祂，讓祂承擔，你不再有顧慮了，所有的顧慮都是祂的，這樣才是臣服，也是虔愛。

或者，探究這些問題是誰提起的，深入本心，駐於真我。這兩種方式，皆可供修行者採行。

尊者又說：沒有生命之存在是無意識的，而因此非濕婆也。不僅僅他是濕婆，而且他能覺知或不覺知其他一切，只是，他在單純的無明之中，認為他看見的宇宙萬象紛陳，若他觀其自身之真我，則他就不覺於他與宇宙是分隔的；其實是，他的個體和其他的實體，雖然始終有其形相，但已泯然不別了。此時，濕婆被視為宇宙。但觀者並未觀及背景之所在。想想看，人只見其衣服，而不及於織成衣服的棉料；或者只看銀幕上的圖像，而不觀及圖像背景的銀幕；或者人閱讀紙張上的文字，而不閱及所書寫的紙張。因此萬物是意識及形相，但一般人只見宇宙諸物，而不見及在這些形相內的濕婆。濕婆是存在，承當這些形相，而意識看形相，亦即說濕婆是背景，是主體與客體兩者之基底。又，濕婆在靜中與濕婆在動中，或者濕婆與至上大力，或者上主與宇宙，無論指述者為何，其為意識而已，不分靜與動。誰是沒有意識的呢？因此，是誰沒有了知呢？質疑了知或渴望了知的問題，又是如何萌生的呢？假若「我」是不被直接感知的，則我便說濕婆也非直接感知的。

這些問題的萌生，是因為你將真我設限在這副身體，因此只有內在與外在、主體與客體的觀念。物象並無其本身固有的價值，縱使其能永久存留，它們無法令人實質滿足。烏瑪（Uma）有濕婆在其左右，二者合為阿達那伊斯瓦若（Ardhanariswara，濕婆的另名）的形相；但她要知道濕婆的真實本質，於是修持苦行，在她的冥想中，看見彩光，她心想：「這不是濕婆，因為彩光在我的視域範圍內，我比這個彩光還廣大。」她持續苦行，思維空無，一片靜止，於是她領悟：存在即是濕婆，存乎其本質內。

此時，穆魯葛納[37]引述詩聖阿帕爾的頌句：「除去我的黑暗，給我光，祢的恩典必僅透過我而運作。」

尊者則述及詩聖曼尼卡瓦伽喀的偈頌：「人無法看見神，而又保留其個體性。觀者與被觀者，合為一個在，既無認知者，也無認知及被認知者，全都消融在一個至上濕婆而已！」

一九三八年二月四日

對話四五一

蘇亞那拉耶拿·夏斯特里（*S. S.* Suryanarayana Sastri）是馬德拉斯大學哲學系副教授，今晚抵道場，他說讀到薩瑪對《真我之知》的看法，雖已明白，但有一項疑問。此疑問是：世界怎能是一種想像或思維呢？思維是心思的運作，心思位於頭腦，頭腦在人身的骨骼內，而人身是宇宙中渺小的部分，所以，宇宙怎能包含在頭腦的細胞內呢？

尊者：只要心思被認為是上述的實體，則必有疑惑。但是心思是什麼呢？讓我們想想看，人在睡醒後，看世界，那是在「我」之思維萌生之後，頭部檯起，心思開始行動。那個世界是什麼呢？是物象，在空間中開展。是誰在囊括這些物象呢？是心思。難道不是心思在囊括著空間，而心思本身，就是虛空的空間（*akasa*）嗎？心思乃心之靈氣（*manakasha*），被超凡之靈氣（*chidakasa*）所涵納。因此心思乃靈氣之原素，成為知之原素，以抽象性的靈氣而認定之。若認定其為靈氣，則所提問的質疑，其矛盾現象，不難化解。純淨的心思是靈氣。其躁動及昏闇面是在粗質諸物上運作。因此，整個宇宙，只是心思而已。又，看看一個在做夢的人。他進入房間，關起門來就寢。當他睡覺時，無人進入房間，他閉目而寢。也無睹於任何物體，然而，當他在做夢時，他看到整個區域，有人居住而活動，他也在其中之一。這種活動情景是從房門進入的嗎？那只是在他的腦中展開擴衍出來的而已。那個情景是在睡眠者的頭腦裡嗎？或者是在夢中之人的頭腦裡呢？那是在睡眠者的頭腦裡，這個頭腦的微小細胞，怎能容納這麼廣大的鄉鎮區域呢？這就解釋一項屢述的見解：整個宇宙不過是思維或思緒流而已。

有位學者問：我感覺牙痛，那也只是思維念頭嗎？

尊者：是的。

問：那麼，為何我無法認為那不是牙痛，而因此療癒了牙痛呢？

尊者：若全神貫注在其它思維，則那個人不覺其牙痛。他在睡夢中，就不感覺牙痛。

問：但牙痛依然是同樣的痛。

尊者：這就是人認定世界的真實性，其信念相當固定，不易擺脫；也就是這個原因，世界是以其個人自己所認定的信念為真，而無能逾乎此，使之成為更真實。

問：現在正值中日戰爭，若此事僅是想像，則尊者能否想像相反的一面，而終止戰爭？

尊者：提問者心中的尊者，與中日戰爭一樣，俱為一種思維。（笑聲）

一九三八年二月七日

對話四五二

達爾（Dhar）先生是印度民政部門高階官員，偕同妻子來訪，兩人年輕，頗有修養而聰明，但抵道場時生病了，達爾太太想知道，行冥想時，如何使之穩定。

尊者：冥想是什麼？在於排除思維。目前的困境是由於思維，而且就是這些思維本身。屏除這些思維，就是幸福，也是冥想。

問：如何屏除思維？

尊者：思維是有思維者而存在。以思維者的真我，而如如其在，便是終結思維。

問：至上之知乃是圓滿，為何製造苦難，使我們受苦，而又要獲致至上之知呢？

尊者：提起這個問題的人在哪裡呢？他在宇宙中，也在造物裡，他在造物的範疇內，又如何能提問呢？若要提問，他必須越過造物的範疇而觀看。

一九三八年二月八日

對話四五三

有三位女士來此短暫參訪，赫斯特（Hearst）夫人來自紐西蘭，克雷格（Craig）夫人、阿利森（Allison）夫人來自倫敦。其中一人問：致力於世界和平，最佳的辦法是什麼？

尊者：世界是什麼？和平是什麼？是誰在致力於世界和平？你入睡時，世界消失無存，你醒來後，你的心思投射你的世界，故世界僅是觀念而已，並無其他。和平是紛擾的不存在，而紛擾是生命個體萌生的思維，其中有自我從粹然的意識萌發而出。帶來世界和平，意謂擺脫思維，而以粹然的意識安駐之。人若能安止於自身的平靜，則到處皆是和平。

問：那個人的所作所為，假設是錯誤的，但卻拯救了另一個人，則請問那個人應該逕自為之，或應避免而不為？

尊者：對或錯是什麼呢？評定某件事為對，另一事為錯，並無準則，個人及環境的性質不同，見解自亦有別，這些又都是觀念，並無其他。不必慮及這些，只要擺脫思維。若你守在對的方面，則對的事將散布在這個世界。

問：行冥想時，應想到什麼？

尊者：冥想是什麼？是排除思維，你被思維的湧現起伏所困擾。掌握第一個思維，俾掃除其他的思維。持續不斷練習，以增強心力，持行於冥想。

根據修練者進展的程度，冥想的階段，自亦有別。若其人適於冥想，他得直接掌握思維者，使思維者自然消沉於其源頭，這個源頭叫做純粹的意識。

若其人不能真接掌握思維者，則他必須冥想於神，在適當的時機，充分純淨之後，那個固守在神的思維者，沒入於絕對的存在。

其中一位女士，對此答覆，不甚滿意。請示尊者進一步闡明。

尊者：只看到別人的錯誤，乃是自己本身的錯誤。對與錯的區分而判別，就是過失的緣由。一個人的過失，呈現在外在，而另一人因為無明，便將此過失加之其人。最佳的情況是，人能不起分別心。你睡覺時，也會看到對或錯嗎？你睡覺時，是不存在的嗎？甚至你在醒境時，也要平靜止息，一如睡眠，以真我而駐止之，如如其是，不為你周遭的事物所汙染。

抑有甚者，不管你如何勸告他們，聽聞者總不願自行修正。你自正己身，保持沉默。你的沉默比你的言語或行動，更有力量，這就是意志力的開展，然後，世界變成天堂，存乎你的內在。

問：若人退回到他自己，則為何還要有這個世界？

尊者：世界在哪裡呢？人退回其自己，又是退到哪裡去呢？難道人搭乘飛機，飛去天空之外嗎？

那是撤退嗎？

事實是，世界僅是個觀念。你說你在世界裡面，或世界是在你裡面呢？

問：我在這個世界裡面，我是世界的一部分。

尊者：這就錯了。若世界是存在的，而與你是分開的，那麼世界會前來向你說它存在嗎？不是這樣的，是你看見它存在。你在醒時看見它，但你在睡時並沒有看見。若世界是與你分開而存在，世界一定會這樣告訴你，而你在睡時，也覺知它的存在。

問：我在醒來時，才能覺知。

尊者：你是覺知你自己，然後才覺知世界，或者你是覺知世界，然後才覺知你自己，或者你同時覺知二者？

問：我必須說同時。

尊者：你在覺知你自己之前，你是存在或不存在的？你認為你在覺知之前或覺知之時，你一直都是持續存在的嗎？

問：是的。

尊者：若你始終是存在於自己，為何睡覺時，你並無覺知於世界，假設世界是與你的真我分開的話。

問：我也覺知於我自己及世界。

尊者：所以，你覺知於你自己，這到底是誰在覺知於誰？有兩個我嗎？

問：不。

尊者：所以你看，這就是錯誤的想法，以為覺知有其流往的行程。那個真我，始終是覺知的，當真我自認為是觀者，它就看物象，而這樣主體與客體的建立，乃是世界的肇造，而主體與客體，皆是粹然意識內的造物。你看電影中的圖像，在銀幕上移動，當你注意在看圖像，你就無覺知於銀幕，但若無銀幕在圖像的背後，你就不能看到圖像，這個世界代表著圖像，而粹然意識代表著銀幕，意識是純粹潔淨的，與真我同，其為永恆不變。擺脫主體與客體，讓粹然意識，獨然其在。

問：但是，為何純淨的至上之知要成為伊濕瓦若，並且顯化為宇宙，若祂無意如此的話？

尊者：至上之知或伊濕瓦若，有這樣告訴你嗎？你說至上之知或伊濕瓦若等，但你睡覺時，你也沒有這樣說。只有你在醒境時，你才說到至上之知、伊濕瓦若及宇宙。這個醒境，是主體與客體的二元對立情況，這是由於思維萌生所致。因此，這些都是你的思維所造。

問：但是世界在我睡覺時是存在的，雖然我未覺知於它。

尊者：你如何證明其為存在。

問：別人覺知於它。

尊者：你睡覺時，別人這樣告訴你嗎？或者在你的睡夢中，你覺知於別人看到世界？

問：不，但神始終是覺知的。

尊者：且將神放一邊，談你自己，你並不知道神，你只是想像著祂，祂是與你分開的嗎？祂是粹然意識，自此而諸多觀念形成，你就是那個意識。

一九三八年二月十日

對話四五四

達爾太太：尊者建議修持探究，甚至人在外工作時亦然，結果可以了悟真我，而其呼吸必須停住；若呼吸必須停住，則工作如何進行呢？換言之，人在工作時，呼吸如何能停住呢？

尊者：這是手段與目的互相混淆的情況。誰是那個探究者？就是那個修持者，而不是悟者。探究意味著，那個探究者認為自己與那個探究是分離的。

只要尚有二元對立存在，則探究必須持續進行，直至個體性消失，而真我被了知為唯一永恆的存在（包括探究與探究者二者）。

真相是真我乃不變動而無間斷的覺知。探究於對象物，是在發現真我之本質乃是覺知。只要還有分離感，則必須持續練習探究。

一旦有了悟，則無須再行探究，問題也不會萌生，難道覺知本身會想問是誰在覺知嗎？覺知是始終潔淨而單純。

探究者覺查自身的個體性。他的探究不會阻礙個人的覺知；外在的工作活動，也不會干預這樣的覺知。工作看似是外在的活動，但卻不離真我。如果工作不會妨礙個人的覺知，那工作怎麼會妨礙無間斷的真我之明覺嗎？何況真我的明覺是唯一無二的，也不是分離於工作的個人。

對話四五五

達爾太太：我是造物的一部分而依附其中，我尚未能獨立出來之前，我是無法解除心中的疑惑。但我請教尊者，難道祂不回答我的問題嗎？

尊者：是的，尊者這樣說：「成為獨立，而自行解惑，這是你要做的事。」又，你現在在何處而提此問題呢？你在世界裡面嗎？或者世界在你裡面？雖然你不否認你的存在，但你睡覺時，你並無感知於世界。世界是在你醒後才呈現。所以，到底世界在哪裡呢？很清楚的，世界是你的思維，思維是你的投射。「我」先創起，然後世界繼起，世界是「我」所創造，而「我」萌生於真我。若能解決「我」之創起，則能解決世界創造的疑惑。所以我說找到你的真我。

還有，世界會跑來問你說，為何「我」存在？「我」是如何被創造的嗎？那是你在問這些問題。提問者必須立足於世界與提問者自己之間的關係上。他必須承認世界是他的想像。是誰在想像？讓他先找到「我」，然後是真我。

況且，所有科學與神學的論述，皆無法見解一致，這種紛歧而繁雜的理論，正清楚顯示尋求造物的解釋是徒勞的。其解釋皆屬心思或心智上的運作而已，並無其他。只是諸說皆能成理，不過是從各自的觀點論述而已。實則，在了悟的境地裡，並無造物可言。人若觀知真我，則並無世界可觀知。因此，觀知真我，而體認並無造物。

達爾太太臥病，無法到廳堂，心中不悅，消息傳到尊者。

尊者：嗯，這可使她常保持臨在，比身在廳堂而想東想西還好。

一九三八年二月十一日

對話四五六

下列短文〈接觸聖者〉，載於《景象》期刊（阿南達道場發行），在尊者面前朗讀：

危險

「盡一切的辦法，尋找與聖者們為伴，但莫無限期的與他們共處。諺語云：『同行相嫉』，適用於此。」史瓦米·倫德斯在《景象》的文章，如此記述。

「靈性的成長，無疑都建立在合宜的人際關係上。因此，尋道者欲尋求真理，以聖者們為伴是必要的，但莫理解為，尋道者必須永遠固守著他們。」

「他們相伍為伴短暫時間後，可能引發他的靈感，指引他覺醒，而駐於實相之意識。但他宜在他們的覺光與靈魂減弱或消失之前，離開他們。」

可能變成笑柄

「許多事例，筆者知之甚稔，有許多人也曾耳聞或閱悉，持續與聖者們同伴共處後，尋道者的熱誠不但減弱，而且對他們轉成嘲笑或懷疑。修行的聖者們之墮落，對尋道者的信心、純潔及渴望，有難以估量的傷害。」

「一株小樹，生長在巍峨的巨樹樹蔭下，無法挺拔有力而生姿，若同一株小樹，植栽於廣闊的大地，暴露在風雪、嚴寒、燠熱等氣候不定的嚴酷環境中，必定能汲取地下及天上的養份，長成一棵茁壯的大樹。」

阻礙成長

「這個樹木的比喻，說明了尋道者受聖者外在人格的吸引，鎮日與聖者相處，而導致其生命成長受阻的不良情況。這裡，首先是他獨特的靈性發展之可能性，自由表述的開創力受到阻礙，使他無法培養成長的基本素質，例如無畏、自立、堅忍等。那個至高的指引而能掌控其心思、言語及身體者，應是他內在強大的靈性；他將自己臣服於這個靈性，使其自身能成就靈性的極致，乃是他的目標。立足於自己的雙腳，憑藉著自身的力量與經驗，奮鬥而成長，最後將自己交付給神，而以自己的力量帶來真實的解脫與平靜。」

「但諸上所述，又不應解為與了知神的聖者靈魂為伴，並不崇偉或具實效。對加速靈性進展的靈魂（尋道者）而言，親炙聖者是最有效的方法。事實上，聖者的恩典，對修行者具有珍貴的裨益。若無恩典，則修行者有如一隻籠中鳥，對著鳥籠的柵欄徒然振翅，想獲自由。聖者乃是拯救者及解放者。印度教的概念是，聖者乃神的極致化身，所以，榮耀他，從他的周遭吸收稀有的利益，以坦誠純潔的心服侍他，傾聽其教示，勉行於見賢思齊，獲致你尋找的真理之圓滿知識。但是，莫一味執著於聖者其人，而喪失了你首度親炙他而得來的靈性禮物。」

尊者聽完後，保持沉默，有人詢及親炙聖者，是否有害。尊者引述一則坦米爾文的頌句，說親近上師，應一直到死時解脫。

尊者又說：「存在的靈魂（*Satpurusha*）在哪裡？他是內在的。」然後，引述一則頌句：「喔，師父！在我的過去世中，是誰存在於我生命的內在裡。是誰將之顯化為人身，只有講述我聽懂的話語，而引導我。」

一九三八年二月十二日

對話四五七

據說，羅絲塔·富比士（Rosita Forbes）夫人[38]現在在印度。尊者說：「探險家探新尋奇、發現新土地，在經歷冒險中，追求快樂，這些事情，攝人心魄，驚險震撼，但是，快樂在哪裡能找到呢？只有往內在，外在的世界中找不到快樂。」

一九三八年二月十三日

對話四五八

尊者說：「雖然所教示者為非二元的觀念，但行動中沒有一元的。人若不找到師父，並接受其教導，那麼他要怎麼學習不二二元論呢？那不是二元嗎？就是這個意思。」

一九三八年二月十四日

對話四五九

引述亞歷山大·塞爾柯克（Alexander Selkirk）[39]的獨白之餘，尊者說：「獨處的幸福，不必身處於僻靜地，也可以在繁忙的市集中而存有。幸福不在隱居裡或喧囂中，幸福在真我裡。」

一九三八年二月十七日

對話四六〇

黎明時，太陽萌露之前，尊者看著月亮，論道：「看月亮及天空的朵雲，燦爛無比，並無分別，月亮看起來，僅似微點雲朵，悟者的心思，好像陽光出現前的這個月亮，如如其在，不自輝照。」

一九三八年二月十八日

對話四六一

尊者檢視今天的來函信件，讀到一封，內容如下：

一位婆羅門身分的男孩，居家勞作，他當晚就寢，一如往常，在睡夢中，他哭號起來，醒來後說，他感覺他生命的元氣從嘴巴及鼻孔離開身體，所以他哭泣；不久他發現他死了，靈魂被帶到瓦崑特，那裡有毘濕奴神及環伺在旁的諸神及信徒，以及額頭上有標誌的大祭司們。毘濕奴說：「這個人應該是明天兩點鐘，才帶過來，為什麼現在就帶來這裡？」那個男孩在醒後，敘述這段他的經歷。翌日，他在兩點鐘離世。

一九三八年二月十九日

對話四六二

達爾太太急切想要問一些問題，希望得到尊者的協助。她接近尊者，十分躊躇，輕聲道出她的問題：我試圖在專注時，突然感到心悸，又呼吸急促，我的思維於是湧現奔出，心思變成無法駕馭。我在健康良好的情況下，通常能順利專注於呼吸，在深層專注中，呼吸也平穩勻稱。我長期渴望能在尊者身邊，能有順利進展的冥想修持，所以我費了許多工夫，來到這裡。但我病倒了，無法行冥想，感到沮喪。雖然遇到短暫的呼吸困難，但我仍決心力持我心思的專注。雖然有部分成功，但仍不滿意。我要離別道場的時間愈近了，想到這裡，我的沮喪感也愈加重。在這裡，我看到許多人在廳堂裡，都很平靜，但我卻無福有此平靜，這實在令我心情很低落。

尊者：「我無法專注」這種念頭，就是障礙。為何要萌生這樣的思維呢？

問：人能一天二十四個小時都不起思維嗎？我應該不行冥想，而保持這樣嗎？

尊者：「小時」是什麼？它只是概念。你的每個問題，都是被思緒驅使著。

你生命的本質是平靜與幸福的，思維是了知的障礙，人之行冥想或專注其心，是在排除障礙，而非獲得真我。有人能離卻真我而存在嗎？不！真我的真正本質，被稱為平靜。

若你找不到那個平靜，則「找不到」只是個思維，是真我的外來物。人修持冥想，只是在擺脫各種外來的幻想念頭。所以思維一萌生，必須加以剷除。無論何時，思維一起，莫被它牽引而去。當你忘記真我，你就要覺知於身體。但你能忘記真我嗎？存在於真我，你又如何能忘記它呢？若是忘記，則必有兩個我，一個忘記另一個，這是荒謬的。真我不是沮喪的，不是不圓滿的，它始終是快樂的，與此背離的感覺僅是思維的作用，但實際上它是沒有力量的。擺脫這些思維，為什麼要執著於冥想呢？存在於真我就是了，人而如如其在，始終是了知的，他只是擺脫思維而已。

你認為你身體的健康狀況，不允許你行冥想。這種沮喪的念頭，必須追蹤其起因。起因是誤認身體為真我。病症不是真我的，是身體的。但身體不會前來告訴你說，它有這些病症，那是你在說沮喪。為什麼會這樣？是因為誤認為你自己就是身體。身體本身，僅是一種思維。以真實的你而如如其在，沒有理由沮喪。

達爾太太被人喚請離席，於是告退。但問題仍持續討論下去。

問：尊者的答覆使人無法追問下去，不是因為我們心已平靜，而是因為我們無力在這個論點上論述，但我們終究不滿意，因為要使身體的疾患遠離，必須是心思的疾患先遠離，而二者的疾患之遠離，必先有思維之遠離。若不加努力，思維是不會遠離的，以現況薄弱的心力，縱使想要努力，總是使不上勁。這個心思，需要恩典以增強力量，而恩典之顯示，也只有在臣服之後。所以，一切的問題，等於在有意或無意的要求尊者的恩典。

尊者：（微笑）是的。

問：臣服是屬虔愛法門，但尊者為人熟悉的是探究真我，因此聽者感到困惑。

尊者：臣服能有實效，是在於其人以全然之知而臣服。這種知，來自探究，而終於臣服。

問：至上存在之知，乃是在尋求個人我之超越，這是真知，則這樣還需要臣服嗎？

尊者：不錯。真知與臣服並無不同。

問：這樣的話，提問者又如何能滿意呢？能選擇的不外是親近聖者，或是虔愛拜神。

尊者：（微笑）是的。

一九三八年二月二十一日

對話四六三

在對話中，尊者感謝巴拉尼史瓦米（Palanisami）及阿耶史瓦米（Ayyaswami）兩位前任隨侍的服侍。

尊者說他們在園地裡，立起兩個簡陋的平台，他和巴拉尼史瓦米，時常坐在上面，平台很舒適，是用稻草和竹蓆編造的，比這裡的沙發還舒服。

通常每天晚上，巴拉尼史瓦米從克茲那索爾（Kizhnathoor，尊者居處附近的小鎮）穿過一排帶刺的梨樹，帶回行乞的食物。雖然尊者反對，但巴拉尼史瓦米仍堅持如此。他了無貪念，也無任何執著。他曾在某個海峽仲裁機構工作，賺了些錢，存放在城裡一個友人處，若有急需則前去提用，家鄉也有人提供他舒適的生活環境，但他拒絕，只願常伴尊者，直到老死。

阿耶史瓦米曾在南非幫一位歐洲人工作，他整潔、勤快、能力好，甚至能同時管理十個道場，也毫無執著、貪念。他對巴拉尼史瓦米很忠誠，甚至也很喜歡巴拉尼史瓦米這個人。阿耶史瓦米辨事能力強，出類拔萃。

巴拉尼史瓦米先到維魯巴沙洞屋拜謁尊者，後來到柯瓦盧爾（Kovilur，在蒂魯瓦納瑪萊東北方的城鎮）研讀幾段坦米爾經文，然後回到史勘德道場。他死於一九二二年一月，服侍尊者長達二十九年[40]。他用坦米爾文，編寫三十六則偈頌，內容饒富深義，而又熱情洋溢。

尊者朗讀這些頌句，並略加解說其涵義。

一九三八年三月五日

對話四六四

有人朗讀《阿魯那佳拉的榮耀》（*Arunachala Mahatmya*）中一段文字，述及一位跛足的聖者，因阿魯那佳拉的恩典，而使跛腳痊癒。尊者於是敘述一段他當年在古魯墓廟時，看見一個人也有類似情況的故事。

有個人叫庫普．艾耶（Kuppu Iyer），雙腿不良於行，他用臀部移動，往赴維塔瓦蘭（Vettavalam，在蒂魯瓦納瑪萊東南方的城鎮），途中突然出現一位老人，對他厲聲喝道：「站起來走路！為什麼要用屁股移動呢？」庫普．艾耶大為驚愕，一時忘我，於是不由自主站了起來，用腳走路了。他走了一小段路，回頭要看那個老人，但不見有人。大家很驚訝他能夠走路，於是他便將此事告訴他們。城裡的任何老人，都能見證他的雙腳痊癒又恢復能走路了。

又，一位讀女校的女學生在路上遇劫，被人強奪珠寶。突然有一位老人出現，救了那女生，並護送她回家，然後，那位老人消失不見。

這種神祕的事情，經常發生在蒂魯瓦納瑪萊一帶。

一九三八年三月六日

對話四六五

尊者向一位高等法院的退休法官，解釋《教導精義》裡的幾個論點：

一、冥想應保持不間斷，形成勢流，若能無間斷，則稱為三摩地或亢達里尼能量。

二、心思可能沉潛而融於真我裡，必要時心思將再萌生。心思萌生後，人會發現自己一如往昔。因為在這個狀態，心思的習性以潛伏的狀態而在有利它的狀況下呈現。

三、心思的活動，得以全然滅盡，這與上述的心思不同，蓋心思已滅，則無執著，永不再起。其人在歷經三摩地之後，雖眼觀世界，但所觀的世界係以其本質而看待，亦即以「一」之真實而看待。世界真實之存在，僅能在三摩地中了知，當時如此，今亦如此；若非如此，則不可能是實相或始終臨在之存有。先前三摩地之境，也就是現在此地之境。掌握這個狀態，那是你生命存在的自然本境。三摩地的修練，必須能朝向這樣的狀態才行，若非如此，其人有如一塊木頭，則無分別三摩地，究有何用？他必須有時出定，而能面對世界。若他在自然俱生的三摩地，則他也能如如其在，不受世界影響。

諸多圖像在電影銀幕上，行經而過，火焚燒所有物、水濕透一切物，在銀幕過往，而銀幕依然其在；類此，世界現象僅是在真知面前，流往而過，那只是加諸其上而已，不會發生什麼事。持此觀點，作為要旨，乃能修持。

修持在於兩個路徑：虔愛或真知，甚至這些都不是目標，務必要獲致三摩地，亦即必須持續修持，直到有自然俱生三摩地的結果，然後，就無須再做什麼了。

對話四六六

維塔林根（Vaidyalingam）先生是國際銀行的行員，問道：藉由冥想，呈現物消失，萌生幸福，然而，為時短暫，如何使其永駐呢？

尊者：藉由滅息習性。

問：真我不是只觀照而已嗎？

尊者：若有物可觀，則可用「觀照」，則這是二元，真相是超越二者。偈咒有云：*Sakshi Cheta Kevalo Nirgunascha*。其中 *Sakshi*（觀照或真我）應以「臨在」（*Sannidhi*）而理解之。若無臨在，則無一物可言。看看太陽對著每天萬物的活動，是何其必要，雖然太陽不是世界活動的一部分，但若無太陽，則萬物無法活動，它就是活動的觀照，真我亦然。

一九三八年三月七日

對話四六七

友吉·拉邁爾：一切的活動，皆由於至上大力而運作，這股力量，能到達多遠？若無我們自身的努力，這股力量也會有效運作嗎？

尊者：這個問題的答案，在於我們對普魯夏（Purusha，指原人神我、本我，或生命個體的靈性本源）的理解為何，它是指自我或是真我？

問：普魯夏是指自然的形態。

尊者：但它不能作任何的使力。

問：生命個體得以使力為之。

尊者：只要有這個我存在，使力為之是必要的，當這個我無存時，則行動成為自然而然。這個我是在真我之臨在下而運作行動，若無真我，這個我也無法存在。

真我以其至上大力，使宇宙成為如此這般，祂本身並不自行運作，上主克里虛那在《薄伽梵歌》說：「我不是作為者，但運作於行動中。」，在《摩訶婆羅多》清楚看出祂的運作，極為神奇，但祂仍說，祂並非運作者，這有如在太陽下，而萬物這般活動。

問：祂沒有執著，但生命個體有執著。

尊者：是的，由於執著，他運作而收其果實。若果實是他之所欲，則他會快樂，否則，他會痛苦。快樂與痛苦取決於他的執著。若其行動，毫無執著，則不會對果實有所期待。

問：若無個人努力，行動會自然而然運作嗎？難道不應先烹煮食物，然後才能進食嗎？

尊者：真我透過自我而運作，所有的活動，都是由於我們的努力。睡夢中的幼童，母親餵食之，幼童無須全然清醒，而後否認在睡夢中有進食，但母親知悉箇中情事。類此，一個悟者在不知不覺中而行動，別人看見他在行動，但他自己不知。由於敬畏祂，天空起風而吹拂等等，這就是萬物的秩序，祂諭命一切，宇宙為之運作，但祂一無所悉。因此，祂被稱為偉大的作為者，任何賦形之物，皆在遵奉律則的域界內，甚至梵天（*Brahma*，人格化的主神）也不能逾越之。

這位信徒後來解釋他提問的意涵。他曾聽尊者說，世界在運作，而個人之所需，乃由神性旨意所給與。但他發現，尊者於清晨四時，便叫醒道場的同伴，到廚房切菜，準備當天的咖哩。他的問題，只是想要釐清自身的疑惑，而非用來討論的。

一九三八年三月十日

對話四六八

正當尊者要外出時，茅屋傳來吠陀偈頌的吟唱：「內在的太陽，真我輝照，雖然存有心思。」尊者要我們傾聽，並說道：《鷓鴣氏奧義書》也是這樣說的。據說祂是用黃金打造的，這其中的涵義是什麼？雖然太陽或其他輝照物，據說是自身輝照的，但若無至上存在之光，它們是無法輝照的，只要說它們與至上之知有分別，則它們的真我輝照，就是至上之知的輝照，這些真言偈語述及太陽，所說的只是至上之知而已。

對話四六九

友吉·拉邁爾問：尋道者為獲致了悟，而接近師父，但師父說至上之知無屬性、無汙染、無行動等，難道師父不以其個體性的身分而說話嗎？若師父以這樣的方式而說話，尋道者又如何能掃除其無明呢？而師父的話語就等同於真理嗎？

尊者：師父是對誰而說話？他又教導誰呢？他看待任何事物，有別於真我嗎？

問：但門徒要求師父有所闡述。

尊者：是這樣沒錯，但師父看待門徒，有所不同嗎？門徒的無明，在於不知道一切都是已了知的真我。任何人能離開真我而存在嗎？師父只是指出無明在這裡，因此不是以個體性的身分而分離出來。了知是什麼？是看到神有四隻手，攜帶著海螺、車輪、棍棒等嗎？若神以這樣的形相呈現，則門徒的無明又怎能消除呢？真理必是永恆的了知，那個直接感知，是始終而在的「體驗」。神本身是被直接感知而知曉，並不是指上述的情景而在門徒面前呈現。除非了知有其永恆性，否則無實質的意義。難道有四隻手的呈現，就具有永恆性嗎？那是現象的、虛幻的，這裡一定有個觀者，而那個觀者獨在，才是真實的、永恆的。讓神以百萬個太陽之光而呈現，那就是直接感知嗎？

要觀看，則眼睛、心思都不可或缺，那是間接之知，但觀者乃直接體驗，觀者獨在，就是直接感知，其他的感知皆屬第二手之知。如今把「我」強加在身體上，如此的根深蒂固，導致人以為直接感知是眼前的景象，而不是觀者自身。實則，沒有人需要了知，因為無人尚未了知，有人能說他尚未了知或他是自外於真我嗎？不，顯然人人皆已了知，但使人不快樂的原因是，人渴望能運作非凡的靈力，他知道他無此能力，因此他要神呈現在他面前，賦予靈力給他，而把神留在背後。簡言之，他要神放棄靈力，迎合大家。

問：對大智者，像尊者這樣，說得如此坦白，是不錯的。因為真理不會偏離於你，而你認為對其他的人也是簡明的，但是對一般普通人來講，卻是困難的。

尊者：那麼，有人說他不是真我嗎？

問：我的意思是說，沒有人能像尊者一樣，有勇氣直接了當。

尊者：那麼，他們敘述他們生命本在的勇氣在哪裡呢？

對話四七〇

一位歐洲來的伯爵夫人，今晚擬離開道場，返回歐洲，祈請尊者福佑她及全家。

尊者：你並未離開你所觀想的臨在，而到任何地方去，那個臨在，遍在一切，身體可以從一處移到另一處，但並未離開那個臨在，所以無人能在至上臨在的視域之外，因為你認為尊者是身體，而你也是身體，所以你以為有兩個個體，而說要離開這裡，但不管你要去哪裡，你都無法離開我。

這樣解釋吧：電影放映中，圖像在銀幕上移動，但銀幕有移動嗎？沒有，臨在是銀幕，而你、我及其他是圖像。個體可能移動，但真我不動。

對話四七一

問：據說神的化身者（*Avatar*）比了悟真我的悟者，更為榮耀。化身者一出世，幻相不能影響他，他的神力無邊展現，新的宗教因此創立等。

尊者：「當真我獨然於內在被看，則離卻於真我之外者，無一物可看。」化身者如何能與悟者有區別呢？化身者如何能與宇宙有不同呢？

問：據說眼睛儲存一切形相，耳朵儲存一切聲音，而唯一的意識，運作一切。若無這些感知之助，則奇蹟殆屬不可能。若說這些都是人所無法理解，一如夢中造物，則奇蹟在哪裡呢？將化身者與悟者加以分別，是荒謬的，否則「至上之知的了知者成為至上之知而已」這句話，是有矛盾的。

尊者：確是如此。

一九三八年三月十五日

對話四七二

一群旁遮普人專程朝聖，於上午八時四十五分抵達道場，在廳堂坐了很久，約在九時二十分，其中一人問：「尊者您的名聲，廣傳於旁遮普地區，我們長程旅途，來到這裡，幸蒙觀視，敬請惠示您的教導。」尊者沒有口頭回應，僅頷首而注視。稍後，一位訪客問：「瑜伽、虔愛或真知等法門，哪一種最好？」尊者注視著他們，笑而不答。

數分鐘後，尊者離開廳堂，訪客也散離而去。少數人仍坐在廳堂裡，有位長期追隨的信徒告訴訪客，剛才尊者已經用靜默回答他們的問題了，靜默比言語更有強而有力。

尊者自外返回廳堂，訪客間彼此略有互談。

有人說：對信神的人，都是好的。

其他人問：有神存在嗎？

尊者：你在嗎？

問：當然。那就是問題所在。我親眼看見士兵經過，因此我是存在的。這個世界一定是神所創造，我如何能看見造物主呢？

尊者：看你自己，是誰在看這些東西，問題就會迎刃而解。

問：是要安靜坐著，或閱讀經文，或專注此心？虔愛有助於專注，人們都在奉行虔愛法門，但若沒有感應，他的虔愛會消退。

尊者：對幸福的渴望，永不會消退，那就是虔愛。

問：我怎樣才能快點到達這個境界呢？假如我今天行專注兩個小時，隔天我再加長時間，那麼我一定會睡著，因為工作太累了。

尊者：你睡覺時，不覺得累，那個同樣的人，現在也在這裡，為何現在覺得累呢？因為你的心思躁動而走作，因此累的是心，不是你。

問：我是經商的，如何在做生意的時候，保持心思的平靜呢？

尊者：這也是一種思維，屏棄這個思維，安駐在你的真我。

問：有句話說：「盡人事，聽天命。」我如何能有這樣的心境？

尊者：你無須進入什麼新的境地，屏棄你現在的思維，就是一切了。

問：我如何得到必要的虔愛？

尊者：這是虔愛在屏棄思維，那些思維，對你的真我來說，是外來之物。

問：心力（思維的力量）、催眠等是什麼？巴黎有位醫生，叫柯威（Coué）博士，他不識字，但能以其意志力治癒很多不治之症。他常說：「培養你的力量，治癒你自己，那個力量，就在你的內在裡。」

尊者：那個相同的力量，致使一切疾病之所在，亦即身體，萌然起現。

問：所以這是說，思維以物象來呈現。

尊者：這個思維，必須是為了解脫。

問：神一定能讓我們擺脫諸多思維。

尊者：這又是一種思維了，讓那個已賦形為身體的，提起這個問題。你不是那個身體，你與諸多思維並無關涉。

另一位來自拉瓦爾品第（Rawalpindi，巴基斯坦東北部的城市）的訪客問：真我是無形的，我如何專注其上？

尊者：先將你說的那個無形、不可捉摸的真我擱置一旁，理會那個對你是可捉摸的。掌握那個心思，一切就會順利。

問：心思本身極為精微，其為無形，與真我相同，我們如何知道心思的本質呢？您曾說過我們對心思的一切支持，都是沒有用的，那麼我們應該立足於哪裡呢？

尊者：你的心思，立足於何處？

問：心思又立足於何處呢？

尊者：問心思本身。

問：現在我問的是您，我們應專注在心思上嗎？

尊者：嗯。

問：心思的本質是什麼呢？它是無形的，這個問題，很令人困惑。

尊者：為何你困惑呢？

問：經文要我們專注此心，但我做不到。

尊者：藉由經文所云，我們就能知道我們的存在嗎？

問：這是體驗的事情，但我想要專注。

尊者：擺脫思維，不要攀緣，思維並沒有抓著你。存在於你自己。

問：對於我應立足哪裡及專注等，我尚未明白，我可以冥想於心思嗎？

尊者：誰的心思？

問：不是我自己的心思嗎？

尊者：你是誰？這個問題將自行消解。

全體訪客告退，一齊前去午餐。下午二時三十分，訪客回到廳堂，繼續相同的問題。

問：尊者教導尋道者要擺脫思維。在思維盡除之後，我應如何專注？現在我尚不知道，我應立足於何處，或專注在哪裡？

尊者：這份專注，是對誰而言？

問：是心思在專注。

尊者：那麼就專注此心思。

問：專注在什麼上面？

尊者：你自己回答這個問題，心思是什麼？為何你要專注？

問：我不知道心思是什麼？所以我問尊者。

尊者：尊者不尋問心思是什麼，提問者必須問心思本身，以及它是什麼？

問：尊者的教導是，心思必須除去思維。

尊者：這個說法本身，就是一種思維。

問：若所有的思維盡滅後，則還有什麼留存下來？

尊者：心思（mind，頭腦）與思維（thoughts，思想），有所不同嗎？

問：不，心思由思維組構之，我的重點是：若思維已除，則我們又如何專注於此心思呢？

尊者：這樣說，不也是一種思維嗎？

問：是的，但我要專注。

尊者：為何你應該要專注呢？為何不讓你的思維自由活動呢？

問：經文說，思維自由活動，會牽引我們走上歧路，朝向不真實而變動的事物上。

尊者：所以，你不要被牽引到不真實而變動的事物上。你的思維本身，就是不真實而變動的。你要掌握真實的，這正是我所說的，思維是不真實的，擺脫它們。

問：現在我懂了。但尚有疑問，所謂「無一瞬間，能保持不動。」我要如何擺脫思維呢？

尊者：《薄伽梵歌》也說：「雖然一切的行動都發生了，但我不是那個作為者。」這好像太陽之於世上的活動，真我永遠保持無為，但思維起起落落；這個真我，是圓滿的、無遷異的，而心思有局限、會變動的。你只須屏除你的局限，則你的真我就會顯現出來。

問：這樣，恩典是必要的。

尊者：恩典始終在這裡，唯一你必須做的是，臣服於它。

問：甚至在我被迫做錯了事的時候，也要臣服並且禱告。

尊者：這是臣服嗎？臣服必須全然，而且毫無質疑。

問：是的，我臣服。您說我必須深入真我之海，好像一顆珍珠沉入海裡。

尊者：因為現在的你認為自己不在意識之海中。
問：我修練呼吸控制法，它會使身體發熱，我該怎麼辦？
尊者：當心思平靜下來，發熱現象，自會消失。
問：這是事實，但極困難。
尊者：這又是一種思維，這就是障礙。

對話四七三

問：據說，在阿魯那佳拉方圓三十哩的活著或死亡的人，都不待請求而得到解脫；又據說，只有經由真知，才能獲致解脫。《往世書》也論道，吠檀多的智慧是難以獲致的，所以解脫極為困難，但是在聖山周遭的生命，不論存亡，其解脫卻是容易的，怎麼會這樣？
尊者：濕婆說：「由於我的諭命。」那些住在這裡的人，無須點化、靈性啟引等，就能解脫。這是濕婆的諭命。
問：《往世書》也說，在這裡出生的，都是濕婆追隨者的成員，例如鬼魂、精靈、無化身的存在者等。
尊者：據說其他聖地，例如蒂魯瓦魯爾、吉登伯勒姆，也是如此。

問：為何只有這裡的生者或亡者，賜予解脫？這很難理解。

尊者：「觀視於吉登伯勒姆，生於蒂魯瓦魯爾，死於貝拿勒斯，或僅思及阿魯那佳拉，乃為解脫之確保。」（*Darsanad Abhrasadasi jananat Kamalalaye, Kasyantu maranan muktih smaranad Arunachalam.*）

Jananat Kamalalaye 是指出生於 *Kamalalaye*。*Kamalalaye* 是什麼意思？是指本心。同理，*Abhrasadasi* 是指意識之主座。又 *Kasi* 是了悟之光，「思及阿魯那佳拉」，則是總結頌文，這必須以同樣的方式理解。

問：所以虔愛是必要的。

尊者：每件事情都取決於人的看法。人認為凡出生於蒂魯瓦魯爾，或參訪於吉登伯勒姆，或死亡於貝拿勒斯等諸人，皆是解脫者。

問：我思及阿魯那佳拉，但我依然是個未解脫之人。

尊者：改變看法，一切就迎刃而解。看看阿周那的改變帶給他什麼？他觀宇宙的真我，上主克里虛那說：「諸神、眾聖皆渴望看到我的宇宙形相，我尚未實現他們所願，但我賦予神視給你，以便你能看到那個實相。」嗯，既然這樣說，祂就顯現祂的樣子了嗎？沒有，祂要阿周那以自己的願望來觀視祂。若祂顯現出祂的真實形相，則必屬不變異的，而其價值必被知曉。但祂不如此而為，祂諭命阿周那要以自己的願望而觀視，所以，宇宙的形相在哪裡呢？必然在阿周那的內在裡。

進一步說，阿周那發現諸神與眾聖在這樣的形相裡，而皆讚美上主。若這些形相，根據上主克里虛那所言，並未揭示給諸神及眾聖觀視，則阿周那所見的又是什麼呢？

問：這些一定都是他的想像。

尊者：因為阿周那有了看法，才會出現這些形相。

問：那麼神的恩典一定也改變了阿周那的看法。

尊者：是的，這種事情常發生在虔愛拜神的人身上。

問：有人在夢中夢見老虎而驚醒，夢中的自我害怕夢中的老虎。他醒來後，那個夢中的自我是如何消失的，醒境的自我是怎麼出現的？

尊者：這裡所萌生的自我是同一個。夢、醒、睡，都是同一個自我的行經不同的階段。

問：心思很難固定在一個位置，大家都覺得困難重重。

尊者：你無法用心思找到心思，越過心思，才能發現它並不存在。

問：那麼，我們應該直接去找自我，是這樣嗎？

尊者：就是這樣。

心思、自我、心智都指向同一個內在器官。心思是思維的總匯，唯有自我存在，思維才得以存在，所以一切思維都充塞著自我。探尋「我」從何處萌生，則其餘的思維便會消失。

問：那麼所留存下來的，不可能是「我」，只剩下純粹意識。

尊者：確是這樣。你在找尋幸福的過程中，你分析出愁苦的根由，來自思維，他們稱為心思。在設法掌控心思時，你探尋「我」，而守在存在、真知、幸福上。

另一位訪客：那麼，心思是什麼？

尊者：心思是有局限的意識。你本來是無限而圓滿的。後來，你加以限制，便有了心思。

問：那麼，那是遮蔽，這是如何產生的？

尊者：這個遮蔽，是對誰而言。這跟無明、自我、心思是同一個東西。

問：遮蔽意謂蒙昧，是誰被蒙昧，這是如何產生的？

尊者：局限本身，就是蒙昧，若超越局限，自無問題提出。

一九三八年三月十六日

對話四七四

論及本心時，尊者說：瑜伽的經文述及七萬二千個靈脈，或一百零一個靈脈等。另有調和諸說，而述及有一百零一個主要靈脈，其中又分成七萬二千個次靈脈。這些靈脈，有的說自頭腦發出而流布全身，有的說自本心而出，又有說自尾骨而出。他們述及至上靈脈時，說是自尾骨萌發，經由中脈到達頭腦，然後下降至心臟，但另有說是，中脈終結於至上靈氣。

有少數人認為尋求了悟，應在於頂輪，又有少數人認為在眉心，或在心臟，或在太陽神經叢。若了悟等同於獲致至上靈脈，則其人得自本心而進入，但瑜伽的行法，致力於清理靈脈，然後喚醒亢達里尼，據說是從尾骨到頭頂。瑜伽行者後來建議，下降到本心，作為最終的步驟。

吠陀經文說：「本心像一朵蓮花倒懸，或車前草的蕊苞。」

「像原子般的亮點，像米粒的尖端點。」

「那個點像火焰，而點在中心，超越的至上之知主座於其中。」

哪個才是本心呢？它是生理學家說的心臟嗎？若是這樣，那麼生理學家應該最清楚。

《奧義書》將本心解釋為身體的靈性中心（*Hridayam*），其義為「這是中心」，心思在此萌生而消退，是了悟之主座。當我說本心就是真我，大家便想像本心在身體裡。當我問大家，睡覺時，真我在哪裡，他們似乎認為在身體內，但又對身體與周遭環境毫無知覺，就好像一個人困在黑漆漆的房間裡。面對這樣的人，必須說了悟的主座在身體裡，其中心叫做本心，但這樣又跟身體的心臟器官混淆不清。

人做夢時，創造了自己（亦即觀者）及周遭環境，這些後來收攝在他自己本身，一變成多，而伴隨著觀者。同理，人在醒境時，一成為多，那個客觀的世界，其實是主觀的。一個天文學家，發現在遙不可測的遠方有顆星辰，並宣稱這顆星的光，得經歷數千光年，才能抵達地球。嗯，事實上，這顆星辰在哪裡呢？不在觀察者自己嗎？但人不解，為何一顆比太陽還巨大的星球，如此遙隔，卻能夠容納在人類的腦細胞裡。空間、大小、似是而非的弔詭，都不過是心思而已，它們是如何存在的？只要你知道它們的存在，你就必須承認有光照亮它們。這些思維在睡境不存在，在醒境萌生而存在，所以這光是短暫的，有其始末；而「我」之意識是永久而存續的，因此就不是前述的那個光，雖然有所不同，但並非獨立的存在。因此，它必然是反射的光（*abnasa*），而這大腦裡的光，也就是映照之知或映照之存在。這個真實之知（*Samvit*）或存在（*Sat*）位於稱為本心的中心裡面。當人睡醒，光便反映在大腦裡，而頭不再平躺而抬起，自此而意識流布全身，「我」加之其上而運作，成為醒境的一個實體。

在大腦的粹然之光是純淨心思，稍後汙染成不純的心思，這便是一般人所感知到的心思。

然而，這些都包含在真我裡，而身體及其對應諸物，也都在真我裡，真我不是一般人所認為的受限在身體裡。

對話四七五

尊者在報紙上讀到一則新聞：一名森林守衛員，攜帶來福槍，在林間巡行，發現灌木叢裡有兩個光亮點，他前去察看，發現一隻老虎，在數碼的步距之前，正與他面對而直視，他扔下槍枝，向老虎行祈禱之禮姿，老虎起身，緩步離去，沒有傷害他。

一九三八年三月二十一日

對話四七六

史坦利．瓊斯（Stanley Jones）博士是位基督教傳教士，參訪尊者。他著書也演講，在北印度，他有兩個教會組織。有一位男士及兩位女士，陪伴他前來，他正在撰寫《在印度路途上》（*On the Indian Road*）一書，想要參訪印度的靈性大師，俾為其著述蒐集資料。他渴望知道，印度聖者是如何探索而發現神性的體驗，因此他向尊者提問。以下是對話的簡要記錄。

問：您所探尋的是什麼？目標是什麼？您的進展，到了什麼程度？

尊者：我的目標與眾人無異。但請告訴我，為什麼你要尋求某個目標？為何你不安於現況？

問：所以不該有目標嗎？

尊者：不是這麼說，是什麼促使你尋求目標呢？我反過來問你，由你來回答。

問：對這個主題，我有自己的看法，我想知道尊者的看法。

尊者：尊者本人並無疑惑，無須釐清。

問：嗯，我認為應由高層心靈中的低階心思來實踐這個目標，讓天堂的王國能存續世間。低階心思是不圓滿的，必須了悟高層心靈，才能圓滿。

尊者：所以，你認為低階心思是不圓滿的，於是尋求高層的了悟，俾臻圓滿，那個低階心思與高層心靈是分開的嗎？還是與高層心靈無關？

問：基督耶穌將天堂的王國，帶到世上來。我認為他是王國的化身，也希望大家都能這樣瞭解。他說：「我以眾人的飢餓而飢餓。」同甘共苦，乃是天堂的王國，若王國能普及於全世界，那麼人人都會感覺到四海一家。

尊者：你說到低階心思與高層心靈、歡樂與痛苦，是兩相不同的，這些差異在你睡覺時，會成為什麼呢？

問：但我要十分的清醒。

尊者：這是你十分清醒的狀態嗎？不是的，那僅是你長眠中的一個夢而已。一切都在睡眠中，夢見世界、事物、行動。

問：這些是吠檀多的東西，對我無用。存在物的相異不同，不是想像的，它們是真實的，但是，真實的清醒是什麼呢？尊者能否告訴我們，您所發現到的是什麼？

尊者：真實的清醒，是超越醒、夢、睡三境的。

問：我現在是真的清醒，也知道我不是在睡夢中。

尊者：真實的清醒，超越各相異的層面。

問：那麼，世界的狀態又為何呢？

尊者：世界會前來向你說「我存在」嗎？

問：不，但世上的人都告訴我，這個世界需要靈性、社會及道德的再成長。

尊者：你看見世界，而人在其中，這些都是你的思維。這個世界能自外於你嗎？

問：我以愛而進入這個世界。

尊者：在你以這個狀態進入世界之前，你是跟世界分離而孤立於一方嗎？

問：我是認同這個世界，但又保持分開的，現在是我來問尊者，並聽取意見，怎麼他（指尊者）向我提問呢？

尊者：尊者已回答了，他的答覆是：真實的清醒，並不涉及相異的狀態。

問：這樣的了悟，普世大眾是否能理解？

尊者：這些不同的相異處，是在哪裡呢？並沒有個人在其中。

問：您達到目標了嗎？

尊者：目標無法在真我之外，也不是什麼可以新獲得的物品。若可以如此，則這個目標無法安駐，也無永恆性。凡是新的呈現，必也消失。那個目標，必然是永恆而內在的。只能在你自己的內在，找到它。

問：我想要知道您的體驗。

尊者：尊者並不尋求體驗，對提問者而言，這個問題，不具意義。不管我是否有體驗，這又如何能影響到提問者呢？

問：不是這樣的，每個人的體驗，有其價值所在，可以分享給別人。

尊者：問題必須經由提問者自行解答，問題必須直接朝向他自己。

問：我知道這個問題的答案。

尊者：那就讓我們有此答案。

問：二十年前，我看到天堂王國的顯現，那是神的恩典所致。我並無使力而為，當時我極為快樂。我要它廣傳、成為道德指標、社會的一部分；同時，我要知道尊者對神性的體驗。

伊娜蕾潔德莎（Jinarajadasa）太太插話，輕聲以道：我們都同意，尊者已將天堂王國帶到這個世界，為什麼你要逼他講他的了悟，而回答你的問題呢？那是你要自己尋找的。

瓊斯傾聽她的談話，稍微辯解一番，並向尊者回到他的提問。

兩三個小問題後，梅傑．查德威克堅定的說道：《聖經》說：「天堂的王國，在你的內在。」

瓊斯又問：我如何能了知呢？

梅傑．查德威克：你要了知，為何你要問尊者呢？

問：我沒有。

梅傑．查德威克：王國在你的內在，你應知道。

問：只有聽到的人，才知道王國在內在。

梅傑．查德威克：《聖經》說，「你的內在」，並未附加條件。

提問者認為對談太久了，因此謝過尊者及其他人之後便告退。

對話四七七

伊娜蕾潔德莎太太：我們怎麼記住在夢中體驗到的真理？

尊者：你現在的醒境、你的夢境、你渴望記得，都全是思維。思維在心思萌生後，浮現出來。若心思不在，你也不存在嗎？

問：是的，我在。

尊者：那個你存在的事實，也就是你的了知。

問：我在心智上是理解的，但真理的感覺，僅是短暫的閃光而已，不能駐守之。

尊者：這樣的思維，遮蔽了你恆在的了知狀態。

問：動盪而浮囂的城市生活，並不適合於了知，林深密處的隱居，安靜而幽僻，誠屬必要。

尊者：人有可能在城市中，自由自在，但在林深居處，百般受困，這全都是心思。

問：我認為心思是虛幻的。

尊者：虛幻是什麼？心思離卻實相，而所知者，是為虛幻。心思在實相裡而已，而不是與之分離，這樣的知，是排除虛幻。

進一步的對話，導至另一個問題，問是否心思等於頭腦。

尊者：心思不過是一股在頭腦運作的力量。此時此地，你是清醒的，世界及周遭環境的思維，存在身體的頭腦。當你做夢時，你便創造另一個我，一如你現在所觀看的，在夢境中所見的世界及周遭環境，是在夢中的頭腦裡，存在於夢中的身體內。這不同於你現在的身體。現在憶起夢境，但是所憶起的頭腦是不同的，然而景象是在心思上呈現，因此心思不等於頭腦。醒、夢、睡，都是在心思上而已。

問：這樣是用心智去理解。

尊者：心智，是誰的心智？問題圍繞著質問打轉。縱使心智不存在，你承認你是存在的，這是指你睡覺時。若你還不了知自己的存在，你怎麼知道你是存在的呢？你存在之極致，就是了知的狀態，你無法想像你片刻不存在，所以，無一片刻你不了知。

一九三八年三月二十二日

對話四七八

某位來自馬杜賴的訪客問：如何知道神的力量？

尊者：你說「我在」，那就是了。除了「我在」之外，還能說什麼？一個人自己的「在」，乃是祂的力量。苦惱引生，是因為人說「我是這個或那個、這樣或那樣。」不要這樣說，存在於你自己，如此而已。

問：如何體驗幸福？

尊者：擺脫「現在我不在幸福裡」的思維念頭。

問：這就是說擺脫心思的運作方式。

尊者：只是守在一個心思運作方式，而排除其他的模式。

問：但是幸福必須體驗到。

尊者：幸福在於莫忘你的「在」，除了是真實的你之外，還有別的嗎？這也是在愛的主位上，愛即是幸福，這裡的主位與愛並無分別。

問：我如何遍在一切？

尊者：屏棄「現在我尚未遍在一切」的思維念頭。

問：如何遍滿在分別的諸物上？

尊者：諸物能獨立於「我」之外嗎？它們有向你說「我們在」嗎？是你在看它們；你在，然後諸物被你看見，「沒有我，這些都不存在。」這個知，就是遍滿。由於「我是身體」的觀念，就變成好像我是局外人，而諸物被我看見。去體認這些東西也都在你裡面。一件衣服能獨立於紗線之外嗎？物之存在，能沒有我嗎？

對話四七九

問：所有宗教中，何者為最佳，尊者的行法是什麼？

尊者：所有的宗教及其行法，殊途同歸。

問：不同的行法，都是為求解脫。

尊者：為何你要解脫呢？為何現在的你不安駐在自己呢？

問：我要擺脫痛苦。據說，擺脫痛苦就是解脫。

尊者：那就是所有宗教在教導的。

問：但方法是什麼？

尊者：回溯歸源。

問：我從何處來？

尊者：這就是你應該知道的，睡覺時，你有這些問題嗎？那時，你不存在嗎？那時的你與現在的你，不也是同一個人嗎？

問：是的，那時我在睡覺，心思也一樣在睡眠，感知已消沉，所以我不能講話。

尊者：你是生命個體嗎？你是心思嗎？睡覺時，心思也向你宣稱它自己嗎？

問：不，但長者們說，生命個體靈不同於伊濕瓦若神。

尊者：且將伊濕瓦若神擺一邊，說你自己。

問：我自己是什麼？我是誰？

尊者：就是這樣，知道自己是誰，就會知道一切；如果還不知道，便探究之。

問：醒時，我看見世界，但這一覺醒來，我並沒有什麼變化。

尊者：睡覺時，你並不知曉；現在或當時，你依然是同一人。現在是誰改變了？是你的本質改變，或者並無改變？

問：有什麼可以證明？

尊者：一個人的存在，還需要證明嗎？只有覺知於你自己的存在，其他一切將可知曉。

問：那麼，為何二元論者與非二元論者，爭論不休呢？

尊者：若每個人管好自己的事，就不會有爭論了。

對話四八〇

嘉斯凱（Gasque）太太是位歐洲女士，她遞一紙字條，上面寫著：我們向大自然及無垠的智力，表達我們對您臨在示現的感謝。您的智慧，來自於生命及恆在的純淨真理與基本原則，我們至為敬佩。您諄誨我們要「止於在，而了知那個」，我們深感慶幸。請問，您認為這個地球未來會走上什麼道路呢？

尊者：這個問題的答案，就在另一張字條上：「止於在，而了知我是神」。「凝止」（Stillness）在這裡意謂著「存在於了無思維」。

問：這樣並沒有解答我的問題，這個星球的未來會如何？

尊者：時間與空間，都是思維的運作。若思維不起，則沒有未來，也沒有地球。

問：時間與空間依然存在著，甚至我們沒有想到，它也存在。

尊者：它會來到你面前，向你說它存在嗎？你睡覺時，還會想到它嗎？

問：我睡覺時，我並無知覺。

尊者：但你睡覺時，你仍然是存在的。

問：當時，我不在身體內，我到別的地方去，在醒來前之頃刻，我跳進來。

尊者：你睡覺時離去，現在跳進來，這些都是你的思維。睡覺的時候，你在哪裡？你只是你自己，唯一不同的是，睡覺時，你沒有思維。

問：戰爭如火如荼中，若我不去想，戰爭就會停止嗎？

尊者：你能停止戰爭嗎？那個製造戰爭者，自會照料它。

問：神造世界，但祂對現況，並不負責任，而是我們對現況要負責任。

尊者：你能停止戰爭，或改革世界嗎？

問：不能。

尊者：那麼，為何你要擔憂你不可能做到的事？照管你自己，世界自會照料自己。

問：我們是和平主義者，我們要帶來和平。

尊者：和平始終在這裡，排除對和平的干擾，這個和平就是真我。思維是干擾物。若沒有思維，則你是無窮盡的智性，亦即真我，那就是圓滿與平靜。

問：這個世界，一定有其未來。

尊者：這個世界的現況，你知道嗎？世界及其一切，就現在及未來，都是一樣的。

問：世界是由智性在靈體及諸原子上的運作而造成。

尊者：這些都化約而包含在伊濕瓦若及至上大力裡，你並不自外於它們，它們與你是一體，而同為那個智性。

稍後數分鐘，一位女士問：您想要去美國嗎？

尊者：美國之所在，與印度相同（亦即在同一思維層面）。

另外，一位西班牙女士問：據說在喜瑪拉雅山有個神祠，其內有奇妙的頻振，能治療百病，這是可能的嗎？

尊者：據說在尼泊爾，有幾座神祠，在喜馬拉雅山也有，人一進入，便失去意識。

對話四八一

穆魯葛納問：絕對之知（*prajnana*）是什麼？

尊者：絕對之知，乃是相對之知（*vijnana*，分辨的靈性之知）所衍生而出。

問：在相對之知的境地，人能夠覺知宇宙性的心智（*samvit*），然則，若無內在器官機制之佐助，則純粹的宇宙心智能覺察到自身嗎？

尊者：它是這樣運作的，在邏輯上而言，也是這樣。

問：醒境時，能經由相對之知，而覺察宇宙心智，但絕對之知並未自身輝照，若是這樣，則其輝照必在睡眠之時。

尊者：覺知之臨在，係經由內在器官機制，絕對之知，始終輝照，睡時亦然。若人醒時，持續覺察而不間斷，其覺知在睡覺時也會依然輝照。

又，以事例說明：一位國王，來到大廳，坐在那裡，然後離去。國王並未進廚房，難道廚房的人可以說,國王沒有來這裡嗎？若在醒境時,有其覺知,則在睡境中,也必有覺知。

一九三八年四月二十九日

對話四八二

來自印多爾（Indore，位於中央邦的城市）的潘德（Pande）博士到此參訪，他請尊者允許他提幾個問題，以解其疑惑。他要知道了悟真我的實際方法為何。

尊者：有個人眼睛被矇住，流放在森林裡，他想要返回犍陀羅[41]，於是逢人問路，直到他最後抵達目的地。同理，諸多方法都朝向了悟真我，皆是同一目標的諸多佐助。

問：若有個象徵，則行冥想較為容易，但探究真我這條路，並無任何標誌。

尊者：你承認真我存在，難道你指出標誌，而說那就是真我嗎？可能你認為身體是真我，但想想，你睡覺時，你當時確實存在著，那個標誌在哪裡呢？所以真我能被了悟，而無標誌。

問：確實如此，我知道您言語的力量，但是，難道咒語等，沒有助益嗎？

尊者：是有助益的。咒語是什麼？你的思維在咒語的單調聲音裡，反覆相同的持誦，以驅除其他的思維，而留存所持咒語的單一思維，那也是在掃除其他的思維，讓出空間給無垠的真我，而真我本身，就是咒語。

咒語、冥想、虔愛拜神等，都有助益，最終朝抵真我，那就是它們自己本身。

數分鐘後，尊者繼續說：每個人都是真我，真我無邊無際，但人皆誤把身體當做真我。若要確定任何東西的存在，照明是必要的。這種照明，只能以光的形態，照亮可見之亮光以及黑暗。有另一種光，存在可見之亮光及黑暗的背後，既非亮光，也非黑暗，但仍稱之為光（Light），因為它照明二者，廣無邊際，以意識（Consciousness）而如如其在。意識即是真我，為人人所覺察。無人是自外於真我的，所以人人都是已然了知的真我，但令人不解的是，這個基本的事實無人知曉，人人仍渴望了悟真我。這種無明，由於人將身體誤視為真我而生。此時的了悟，在於屏棄其人尚未了悟的錯誤觀念。了悟並不是得到什麼新事物，了悟一直都存在，因此才能永恆，若非如此，了悟不值得努力獲致。

排除「我是這副身體」、「我尚未了悟」的妄見之後，至上意識或真我，獨然其在，這就是當下狀態之知，稱之為了悟。

最後，了悟等同於掃除無明，如此而已。

問：我的工作必須固定在一個處所，無法置身於修行者左右，像這樣的處境，不能親近修行者（*sat sanga*），我能了悟嗎？

尊者：存在（*sat*）是指其人的真我，修行者是指那個人之真我，他是萬物的內在。若無真我，人能存在嗎？不能，所以人一直在與修行者共處中。

一九三八年四月三十日

對話四八三

訪客悉達拉邁爾（Sitaramiah）先生問：*samyamana* 一字在派坦伽利的《瑜伽經》中是何義？

尊者：心注一處。

問：心注一處於本心，據說會引生心之意識（*Chitta samvit*），這是何義？

尊者：心之意識就是阿特曼真知（*Atman jnana*），亦即真我之知。

對話四八四

問：我認為，有家室的人如欲順利自行探究，需獨身修持與接受點化。我這樣的看法是對的嗎？還是僅在特定場合，獨身修持，並接受師父的點化即可？

尊者：首先確知，誰是妻子、誰是丈夫？然後就不會有這些問題了。

問：在馳逐於人世事務的中，能遏制心思的走作，而又行探究「我是誰」嗎？或遏制與探究這二者，是互為排斥的？

尊者：只有在心思無力時，這個問題才會萌生，當心思走作減退，心思的力量便增強。

問：業行（*karma*）的理論，意謂著世界是行動（action）與反動（reaction），正反循環的結果嗎？若是這樣，行動與反動是什麼？

尊者：直到了悟之前，有其業行，例如行動及反動。了悟之後，則無業行，也無世界。

對話四八五

問：行探究真我時，我睡著了，如何補救呢？

尊者：吟唱神的名字。

問：都睡著了，怎麼唱神的名字呢？

尊者：確實如此。修練必須在清醒的時候，持續為之。睡著而一旦醒來，應該恢復修練。睡眠之人，不在意探究真我，所以無須任何修持，醒時之人，想要行探究，所以他必須勉力為之。

心思是奇妙的，有純淨、躁動、昏闇等質性組成。後兩者形成散亂投射，在純淨方面，心思保持清淨無染，故了無思維，無異於真我。心思是靈體，正如物在靈體中，則思維在心思裡，人不能奢望估量宇宙或探析萬物。這是做不到的。因為萬物乃心思所造，估量它們，就好比是拿自己的腳，踏在自己投映在地上陰影的頭部，腳踏得愈遠，投影也移動愈遠，所以人無法將腳立於身影的頭上。

在這裡，尊者敘述幾個有關陰影的事情，包括猴子的嬉鬧及鏡子。

尊者：有個小孩，看到自己的影子，他想抓住頭部的陰影。當他彎腰，伸手去抓時，頭便往前移動，小孩一直使勁。母親看了，很同情小孩。所以，母親牽著小孩的手，要他將手置於他自己的頭上，然後告訴小孩，觀察在陰影的頭被手抓住了，類似如此，無明的修持之人，企圖探析宇宙，宇宙不過是其人的心思所造之物，存於心思之中，無法以外在的實體而估量之。人必須獲致真我，才能朝抵宇宙。

人們常問我如何控制心思，我告訴他們，「把心思拿來給我看，你就會知道怎麼做。」其實，心思僅是一團思維，你如何能以思維或欲念，而滅絕心思呢？你的思維及欲念是那團思維的一部分。心思因增生的新思維而滋長壯大，因此，企圖以心思而消滅心思，是愚蠢的。唯一可行的方法是，找出其源頭，而掌握之，心思將自行消退。瑜伽教導「控制心思走作」，但我說「探究真我」是唯一實際可行的辦法。心思走作受制而止息，得發生於睡眠、暈厥或餓昏狀態，一旦這些情況消失，思維會再度萌生，這時又有何用呢？在茫然恍惚失神的狀態下，其人平靜，並無愁苦，但恍惚失神消退，愁苦再起，所以控制（*nirodha*）是無用的，不可能有長久的效益。

如何使效益長久呢？必須找到愁苦的根由。愁苦是由於外物，若外物不存在，則無隨之而起的思維，也就無愁苦。「如何使外物不存在呢？」便是下一個問題，經文及聖者說，外物只是內心所造，它們並無實體性的存在，結果是客體世界存在於主體意識內，真我因此乃唯一的實相，充塞而包舉整個世界。因為沒有二元性，故無思維，得以萌生，來干擾你的平靜，這就是對真我的了悟，而真我恆在，對其了知，也是永恆的。

在對話中，尊者也略微敘述幾個要點，俾進一步釐清。

尊者：修行（*abhyasa*）是每次你被思維干擾時，都能回攝到真我上，這不是專注，也不是摧毀心思，而歸返收攝在真我內。

冥想、虔愛、持咒等，都是驅除浮思雜念之佐助。每個占據心思的念頭最後都會融解在真我之中。

提問者引述「心思中，不存有觀念，就等同於了知」，問這樣的狀態，是什麼體驗？他朗讀保羅．布倫頓先生的一段文字，說是無可描述的。有了這個答案，他又思索而揣度，說道：這就好像看一面沒有鍍銀的鏡子，若對照於現況的體驗，則等於是在看一面鍍銀的鏡子。

尊者：兩面明鏡相對，映照無物。

一九三八年五月二日

對話四八六

甘帕特雷姆（Ganpatram）先生：我如何找到「我是誰」？

尊者：有兩個我，其中一個我在找另一個我嗎？

問：真我必然只有一個，以「我」和意欲（*sankalpa*）兩方面組成（亦即思維者和思維組成）。請告訴我，我如何了悟那個「我」，我應該持咒「我是誰」嗎？

尊者：不是那樣的持咒。

問：我要想著「我是誰」嗎？

尊者：你已知道「我」之思維萌動而起，掌握這個「我」之思維，然後找到源頭。

問：我可以知道這個方法嗎？

尊者：按照所告訴你的，你去做，然後再看看。

問：我不知道我應如何著手。

尊者：若這是客體性的目標物，則有指向目標物的方法，但這是主體性的。

問：我不瞭解。

尊者：什麼？你不瞭解，這個是你。

問：請告訴我方法。

尊者：你在你的屋子裡面，還需要指示你方法嗎？這是在你的內在。

問：您對我有何建議？

尊者：為何你要做東做西？你要做什麼呢？只是保持安靜而已。為何不這樣呢？每個人必須按照他的現況而為。

問：請告訴我，什麼是適合我的方式，我要聽您的意見。

尊者：（沒有回答）

對話四八七

有位年輕的英國女士到訪，她身穿穆斯林的披紗。她在北印度遇過米斯博士。

尊者朗讀一則〈黑暗的太陽〉（*The Black Sun*）的頌句，出自於《景象》週紀念期刊，由史瓦米・巴拉塔南達（Swami Bharatananda，即摩里斯・佛利曼）所撰述。

數分鐘後，J小姐問：應先理解偈文，但仍須冥想直到融入意識境地，這樣是對的嗎？

尊者：是的。

問：我進一步問，應該持以有意識的意志力，深入其境，而那個境地，是不會回頭的，這樣是對的嗎？

尊者：（沒有回答）

用餐鈴聲響起。

到了下午。

問：了悟真我的目標是什麼？

尊者：了悟真我是最終的目標，其本身就是終點。

問：我的意思是，了悟真我有何用處？

尊者：為什麼你要尋求了悟真我呢？為何你不滿意你的現況呢？很明顯的，你並不滿意你的現況。若你能了悟真我，就會終結你的不滿意。

問：那個擺脫不滿意的了悟真我是什麼？我身在這個世界，而這個世界有許多戰事，了悟真我能結束這些戰事嗎？

尊者：你在世界裡面嗎？或者是世界在你裡面？

問：我不明白，這個世界確實在我的周遭。

尊者：你談到世界，而且發生了事情，這些都僅是你的觀念，而觀念是在心思裡，心思又在你的內在裡，所以世界是在你的內心裡。

問：我不認為這樣，雖然我不去想世界，但世界仍然在那裡。

尊者：你的意思是說，世界與心思是分開的。若沒有心思，世界也可以存在嗎？

問：是的。

尊者：你在熟睡時，世界還存在嗎？

問：存在。

尊者：在你睡夢中，你看到世界嗎？

問：不，我沒看到，但是別人，他們醒著，可以看到。

尊者：你睡覺時，也這樣的有知覺嗎？或者你是現在才知覺於別人的所知。

問：在我醒著時。

尊者：所以，你是在談醒時的知，而不是睡時的體驗。在你的醒與睡兩境中，世界都是存在的。因為都是心思的產物。睡覺時，心思回攝，世界成為心思種子的狀態，在醒時，顯化而呈現，自我萌生，認同身體，而觀世界，所以世界乃心思上的造物。

問：怎麼會這樣？

尊者：你做夢時，沒有製造世界嗎？這個醒境類似於長時間的夢境而外衍，在醒境及夢的體驗中，必有個觀者存在，誰是那個觀者？是這副身體嗎？

問：不可能是它。

尊者：是心思嗎？

問：一定是它。

尊者：但你仍在沒有心思的情況。

問：怎麼會？

尊者：在熟睡時。

問：當時，我不知道，我是否仍在。

尊者：若你不在，你如何能憶起昨天經歷的事情？在睡眠期間，有可能在「我」的存續過程中，有個空檔嗎？

問：有可能。

尊者：若是這樣，一個名字叫強生的人醒來，可能變成彭生，則這個人的身分，又如何能確立？

問：我不知道。

尊者：若這樣的論證是清楚的，則應該有另一條理路。你承認「我睡得很好。」「一夜好眠後，我感覺清爽。」所以睡眠是你的體驗，這個體驗者，現在以「我」的身分在講話，所以「我」必然也在睡夢中。

問：是的。

尊者：所以，在睡眠有「我」，而那時世界也在那裡，那個世界在說它存在嗎？

問：不，但是世界現在告訴我它存在。假如我否認它存在，則我自己用腳去踢石頭，會傷害我的腳，這樣的受傷，便證明石頭的存在，以及世界的存在。

尊者：是沒錯。石頭傷害了腳，那隻腳會說這裡有石頭嗎？

問：不，是「我」在說。

尊者：這個「我」是誰？這個「我」不可能是身體或心思，正如我們先前看到的。這個「我」是歷經醒夢睡三境者，三境轉換，但不影響那個個體，那些經歷體驗，有如電影銀幕上穿梭過往的圖像，圖像的起滅，都不影響銀幕。類似如此，三境彼此互換，獨留真我，不受影響。醒與夢境，皆是心思所造，而真我涵蓋全境。了知真我始終圓滿而幸福，乃是了悟真我。其為用處，在於對圓滿的了知，因此而幸福。

問：人若未對世界有所貢獻，則其了悟真我能有圓滿的幸福嗎？若這個世界戰火不斷，在西班牙、在中國烽火連天，人怎能幸福呢？若不協助世界，而只在了悟真我，豈不自私？

尊者：真我被指為是涵蓋宇宙而超越之，這個世界不能離卻真我而存在。若對這樣的真我之了悟，叫做自私，則自私必也涵蓋世界，這是無可輕蔑的。

問：了悟之人，難道不是跟未悟者一樣，繼續在世上生活嗎？

尊者：是的。但有這樣的區別：了悟者看世界，不離真我，他擁有真知，而有圓滿的內在幸福。但別人看世界是分開的，感覺不圓滿，而有愁苦；只是就身體的行動方面而言，二者似乎相同。

問：了悟之人與其他人一樣，也知道世界上有戰爭在進行。

尊者：是的。

問：那麼，他怎麼可能快樂呢？

尊者：電影上的銀幕，被呈現的烈火或大水影響了嗎？真我亦然。

我是身體或心思的觀念，如此根深蒂固，以致人無法超越這個觀念，甚至以正見曉諭而不能。人做完夢而醒來時，知其為不真實。醒境的體驗，在其他境而言，也是不真實。所以諸境彼此相互牴觸。因此，這些都是在觀者面前，轉換狀態，或者說在真我面前，所呈現的現象，而真我如如其在，並無變異，不受影響。正如醒夢睡諸境，都是現象，則出生、成長、死亡，也都是在真我裡呈現的現象，而真我如如其在，也無變異，不受影響。出生及死亡，都僅是觀念，其與身體或心思有關。那個真我，存在於身體出生之前、死亡以後，依然其在，所以雖然跟著身體在一連串的起滅相續中進行，但真我並不朽滅。現象遷流而呈現起滅，恐懼死亡是對身體而言，但對真我來說，死亡是不真實的。這樣的恐懼，是出於無明所致。了悟意謂著對真我的圓滿而不朽之真知，起滅僅是觀念，引生愁苦，你以悟及真我的不滅本質而擺脫之。

一九三八年五月三日

同一位女士又問：若世界只是一場夢，這世界又怎能調和在恆在的實相之中呢？

尊者：那個和諧，在於體認世界是一場夢，是有別於真我的。

問：但是夢是流動而不真實的，也與醒境牴觸。

尊者：醒境的體驗，也是類似如此。

問：有人生活了五十年，認為醒境是持續不間斷的，並無夢境。

尊者：你上床就寢，做了個夢，歷經五十年而濃縮在五分鐘的夢境中，這在夢中，也持續了五十年，哪一個是真實的？是醒境中有五十年時期的為真，或者是夢中短暫的五分鐘為真？這兩境的時間判準有不同，如此而已，但二者的體驗，並無差別。

問：生命之靈在累世出生的輪轉中，不受影響。生命個體是如何獲得生命而啟動的？

尊者：靈有別於物質，是充滿生機，身體被賦予生機而啟動。

問：那麼，了悟者是靈，而無覺知於世界。

尊者：他觀世界，但不離真我。

問：若世界充滿痛苦，為何他仍然有世界的觀念？

尊者：悟者向你說世界充滿痛苦嗎？那是有人覺得痛苦，想尋求智者的協助，而說世界是痛苦的。於是，智者以他的體驗，向他解釋，若人能歸返至真我，則能終結痛苦。只要有物與己的分別，就會感覺痛苦。若找到渾然一體的真我，則有誰會痛苦呢？又會痛苦什麼呢？那個了悟的心，就是聖靈，而其他的心，乃邪魔之宅，因為對了悟者而言，這就是天堂的國度：「天堂的國度在你的內在。」那個國度，就是當下這裡。

對話四八八

一群年輕人問道：據說健全的心思寓於健康的身體，我們應保持身體強健嗎？

尊者：若是這樣的話，我們光注意身體的健康就沒完沒了。

問：現在的經歷，是過去業力的結果，今天，我們知過能改，有用嗎？

尊者：今天修正一項錯誤，整個昔世積業依然存在，仍會引生無數的來世。所以，事情不是這樣處理的。植物愈修剪，長得愈茂盛；你愈修正業報，業力愈累積。因此，去找到業的根本，革除之，才是根本之道。

一九三八年五月四日

對話四八九

另一群訪客，問了悟的途徑。

尊者：初學者要掌控心思，加以探究，但是，心思究竟為何物？心思是真我的投射。看是誰在呈現，從哪裡萌生，就可以找到「我」之思維，那是心思根由之所在，再深入，「我」之思維就會消失，而廣袤無邊的「我」之意識就在那裡。那也另名為「宇宙意識」（*Hiranyagarbha*），若加之限制，則呈現為生命個體。

對話四九〇

有位英國女士，希望能與尊者私下對話，她說：我要歸返英國，今晚離去，我要在家鄉有了悟真我的幸福，當然，在西方國家，這是不容易的，但我會努力，請問有什麼方法？

尊者：若了悟是外在於你的某物，則可以指出一條符合個人能力而安穩的途徑。而一些問題，例如如何實現，若可以的話，何時可實現等，也都可以提出參問。但是在這裡，了悟是那個真我的，你沒有真我，無法存在。那個真我，始終在了知中，但你並未了悟，這是事實。現在，這個了知被眼前世界的觀念遮蔽了。你所觀的世界，在你的外在，而與之相關的觀念遮蔽了你的本質。所以務要做的是，克服這個無明，使真我表現出來。了悟真我無須特殊的努力，所有的努力，只在排除目前對真理的遮蔽。

有位婦人，頸上戴著項鍊，她卻忘記，以為遺失了，於是四處倉皇找尋。遍尋不著之餘，告訴友人她遺失項鍊，直至好心的友人指著她的頸項，要她感覺頸上的項鍊，她對他們說，「是的，在這裡。」好像項鍊是失而復得。她的快樂，在於再次發現項鍊，好像喪失的財產，重新收復。事實上，她並沒有遺失，也無復得。然而她先前一度沮喪，而現在快樂。這種情況，也與對真我的了悟一樣。那個真我，始終在了知中，而現在了悟被遮蔽，當除去遮蔽後，那人會發現已然在了知的真我中，而快樂無比。那個始終存在的了知，顯得好像是一項嶄新的了悟。

現在，人如何克服眼前的無明呢？務要渴望擁有真實之知，當渴望之心愈切，則妄見之力愈消，終於泯滅無存。

問：某日，您說在熟睡中並無覺知。但我在那種狀況時，曾有少數覺知的經驗。

尊者：現在，這三個要項：覺知、睡眠、所知。第一個是不變的，那個覺知，認知到睡眠是一個狀態，也在醒境中觀知世界。世界的空無，即是睡眠的狀態。這個世界有起有滅，也就是說人有醒有睡，但覺知不受影響，是一個渾然之整體，凌駕於醒夢睡三境之遷流。甚至在目前，也要保持覺知，那是真我，那是了悟，有其平靜，有其幸福。

這位女士謝過尊者，告退。

一九三八年五月七日

對話四九一

基紹里羅·瑪修魯瓦拉（Kishorelal Mashruwala）先生是甘地服務協會[42]會長，問道：在梵行期的階段，應如何修持，俾能順利進行？

尊者：這是意志力的問題。潔淨的食物、祈禱等是有助益的。

問：年輕人常在壞習慣中不可自拔，他們想要克服，於是來尋求我們的指導。

尊者：心理上的革新是必要的。

問：我們能給他們列出一些特殊的食物、運動等嗎？

尊者：是有某些對治之道，瑜伽體位法及潔淨的食物，也都有效益。

問：有些年輕人，立下梵行（獨身守貞，研習吠陀）的誓言，過了十年或十二年後，對所立的誓言反悔，在這種情形下，我們應鼓勵年輕人發誓梵行嗎？

尊者：對真正在梵行者，沒有這類問題。

問：有些年輕人立誓梵行，但不知道其義，當他們遭遇困難，不易履行時，便尋求教誨。

尊者：他們無須立誓，但仍可以在無立誓的情形下，設法勉行之。

問：終身守貞的苦行對苦行者的了悟真我，是基本的要求嗎？

尊者：了悟本身，就是終身守貞的苦行。立誓不是梵行，生活在至上之知裡，就是梵行，這不是強迫行使的。

問：據說在真正的上師面前，其人的欲望、憤怒等，都會消泯不見，是這樣嗎？

尊者：這是正確的。在了悟真我之前，欲望與憤怒，必須滅盡。

問：但是上師的門徒，不全都有這樣高階的程度，有少數例子，是墮落的。這是誰要負責？

尊者：了悟真我與個人生命的心識印記，並無關聯。人之行徑，不容易符合上師的理想。

問：難道情感不會影響了悟嗎？

尊者：設法淨化自己，則淨化就會自動運作。

問：在了悟之前，難道不需要滌盡所有的不潔嗎？

尊者：真知會將之蕩滌淨盡。

問：甘地吉對其親近門徒犯錯，常感困擾。他不知道為何會這樣，總認為自己領導無方，是這樣嗎？

尊者微笑，數分鐘後，說：甘地吉奮鬥了很久，努力淨化自己，可能在適當的時候，其他人也會跟著變好。

問：印度教對轉世的看法，是正確的嗎？

尊者：這個問題並無確切的答案，總是有正反的觀點。甚至目前的這一世也被否認，例如「我們從未出生」等（《薄伽梵歌》）。

問：生命個體不是無起始的（*anadi*）嗎？

尊者：去探究並看看是否有生命個體，先解決這個問題後，再回答那個質問。

南姆阿爾瓦說：「在無明中，我以自我為自己，然而，藉著真知之光，自我消泯無存，而唯有你，以真我而存在。」

一元論者與二元論者，皆同意有了悟真我之必要。我們先理會這個，然後再論及其他的議題。不二一元論及二元論，都無法單獨在理論層面上，有所定論。若真我被了悟，則問題不會萌生。甚至蘇卡對自己的梵行，並無信心，雖然上主克里虛那確信他能做到。了悟真我，也有其他的名稱表徵之，如真實（*satya*）、梵行等。了悟真我之境地的自然狀態，成為其他境地的修練課程。「我是這副身體」的觀念，只有在了悟真我裡，才能滅絕；隨此滅絕，諸多習性亦滅，而其他眾善美德永存。

問：據說心識印記仍殘存在悟者身上。

尊者：是的，這些心識印記都是在安享方面的，而非受困方面。

問：這種事，常被冒牌的騙子濫用，他們一邊過著邪惡的生活，一邊辯稱這是往昔業力所殘留的今世業報，我們如何辨別騙子與真正的上師？

尊者：已捨斷「有一作為者」這種觀念的人，不會一再訴諸「這是我今世的業報」，或者「悟者過著另一種生活」等語，來辯解是為了利益他人。悟者絕不會利用這些話，解釋自己的生活及行為。

數分鐘後，尊者說到基紹里羅先生虛弱的身體。

基紹里羅：我患哮喘，身體始終不健壯，我在嬰兒時期，沒有吃母乳。

尊者：有心力強壯，而身體虛弱者。

問：我想修練王者瑜伽，但無法辦到，因為我身體的狀況不佳。隨著身體的活動，我的心思也走作了。

尊者：若心思保持不動，就讓身體盡可能活動。

問：對初學者，不會有阻礙嗎？

尊者：儘管有阻礙，也要盡力為之。

問：當然，但只能做一會兒。

尊者：「一會兒」的觀念，是諸多觀念中之一，只要有思維存在，這種觀念，就會一再出現。其實，專注是我們的本質（亦即生命的存在），現在是要努力的，但了悟真我後，就不需要了。

問：據說要在思維奔馳走作的中間，要停在其空檔裡。

尊者：這也是由於心思的走作所致。

這位信徒不禁佩服，無論他原先所思及的諸多問題為何，他感覺到都已被先點破了。尊者指出，每一件事，皆有其原先的狀態，故不會有什麼新鮮事。

一九三八年五月八日

對話四九二

道場廟宇與政府的一樁訴訟，涉及山上土地所有權的問題。在調查庭中，尊者被傳喚為證人，接受訊問。

尊者：建物或道場在我周遭出現，我並無期望，我不要求、也無干預這些建物的形成。雖然我不要有建物，但我知道這些事情仍會完成，所以，我的結論是事情必然會發生，因此我沒有說「不」。

訊問者：現在的住持（管理人），會是你的繼承人嗎？

尊者：是的，僅在管理方面（這裡的繼承，指單純的監督方面）。

訊問者：道場的工作，現在由他執行嗎？

尊者：他僅是監督。工作的執行方面，也有別人在做。

一九三八年五月十八日

對話四九三

一位安得拉邦的訪客：在您的聖腳下，有什麼可以助我專注一心？

尊者：就是思維「我離開過聖腳嗎？」

問：如何固定這個思維？

尊者：排除與這個思維相對立的其他思維。

對話四九四

尊者閱讀巴斯卡琳·馬耶（Pascaline Maillert）的《轉向東方》（*Turn Eastwards*）[43]全書，並且談及書本內容，約一小時。

尊者說，這本書充滿感情，作者亦極誠摯，全書風格質樸，令人回味無窮。只是書中有少數錯誤，再版時可修正之，兩度重複南達那·查里特拉（Nandanar Charitra）時，作者理解錯誤，述及兩個不同場合的事件，地（*Prithvi*）、水（*Ap*）、林伽（*Lingas*）等皆誤植，但尊者還是認為這本書寫得很好。他解釋《轉向東方》是「轉向光之源」的涵義。這本書可謂是保羅．布倫頓書籍的優良補充讀物。

一九三八年五月二十九日

對話四九五

一位柯枝市（Cochin，在喀拉拉邦）婆羅門階級的人士，是埃爾納古勒姆（Ernakulam）學院的教授，與尊者對談，興致高昂。尊者建議他要臣服於神。他看了身旁的男士一眼，這位男士是印度民政服務署的官員，在學生時期，是位無神論者，也是不可知論者，但他現在非常虔誠，認識他的人，都因其改變而大為詫異。在接下來的對話中，以下幾點值得記述。

問：人在其捨棄欲望之前，必先實現其所欲，而滿足之。

尊者微笑，隨即說道：火正在熊熊燃燒時，酒精澆在火焰上，可以滅火。（眾人皆笑）欲望愈實現，則心識印記愈深刻，欲望息滅之前，心識印記必須先行減弱，這樣的減弱，必以自制而致之，而不是放任自己於欲望之中。

問：如何減弱欲望？

尊者：要能知悉。你要知道，你不是心思。所欲都是心思上的，這樣的知，有助於控制欲望。

問：但是在我們實際生活中，欲望是不受控制的。

尊者：每次你想要滿足欲望時，要知道最好斷掉這個念頭，不斷反覆提醒自己，有朝一日，心思上的欲望會漸漸削弱。你生命的真實本質是什麼？你怎麼會忘記它呢？醒、夢、睡三境，僅是心思的層面而已，都不是真我，你是這三境的觀照。你生命的真實本質，睡覺時，也能找到。

問：但我在行冥想時，被告誡不要睡著了。

尊者：若是意識恍惚，你就必須與之抗衡。與醒境轉換的睡境，不是真正的眠息，與睡境轉換醒境，也不是真正的清醒。現在，你是清醒的嗎？你不是的，你需要對你生命的真實境地清醒。你不應落入虛假的睡境，也不要落入虛假的醒境。因此說，*Laya sambodhayecchittam vikshiptam samayet punah.*，這是何義？其義是，你不應該落入諸境，要保持你生命真實而潔淨的本質。

問：這些狀態，都只是我們的心思而已。

尊者：是誰的心思？掌握它，看著它。

問：心思是無法被掌握的，這個心思製造了一切。我們知道心思，是因為其所產生的效應，而不是因為知道心思的本質。

尊者：確實如此。你看光譜的顏色，全幅聚合，形成白色，但透過三稜鏡，則有七種顏色。類似這樣，一個真我分解成許多面向，有心思、身體、世界等面向，亦即真我被當作心思、身體、世界來看待；換言之，它變成你所認知的事物。

問：這些教示，很難在修持上遵行。我要掌握在神及臣服這方面。

尊者：那樣最好。

問：我如何能無執著，又履行責任？我有妻小，必須負責，對他們有親情，我這樣對嗎？

尊者：你在大學教書，是怎麼做這份工作的？

問：（笑）為了薪水。

尊者：那不是因為你有執著，而是單純地盡你的責任。

問：但學生期望我關愛他們。

尊者：「無執著是內在的，有執著是表現在外的。」《瓦西斯塔瑜伽經》如是說。

一九三八年六月九日

對話四九六

一位羅摩克里虛那傳道會的師父與尊者對話，過程十分有意思。

尊者：無明是障礙，使你無法知道你生命真實的本質，甚至在眼前此刻就這樣。

問：如何克服無明？

尊者：「那個不是的，就是無明」（*Ya na vidyate sa avidya*）。所以無明本身是個謎。若無明是真實的，怎會消失呢？它的存在是虛假的，所以會消失。

問：雖然我在心智上瞭解，但我無法了知真我。

尊者：為何這個思維要干擾你目前了知的狀態呢？

問：真我是一，但我無法擺脫困擾。

尊者：是誰在這樣說呢？真我只有一個嗎？這個問題，自相矛盾。

問：欲獲了知，則恩典是必要的。

尊者：就你而言，身為一個人，現在瞭解有個至上大力在引領著你，這是由於恩典的關係。恩典在你的內在裡，伊濕瓦若、上師、真我，都是同義語。

問：我祈求那個恩典。

尊者：是的，是的。

一九三八年六月十日

對話四九七

在某個場合的對話中，尊者說：

純淨是光，

躁動是主體，

昏闇是客體。

甚至純淨之光，也只是反射的映照之光，若是純粹而原始之光，則本身並無狀態可言。心思上的靈氣（*manokasa*）被反射出，作為原素的靈氣（*bhutakasha*），於是客體分離於主體，而被看到；三摩地甚至在實際生活中是呈現的，我們的作息活動，並未分離於三摩地而存在。銀幕在那裡，而圖像流往於其上，若無投射圖像，銀幕依然在那裡。同理，真我在那裡，而作息活動於其中，若無作息活動，只有靜止，真我也依然在那裡。

對話四九八

人常說，一個靈魂解脫者（*muka purusha*），應該外出，向民眾廣為傳道。他們辯稱，一個解脫者，怎能令其周遭人事，陷於愁苦呢？確實如此，然則，誰是解脫者呢？他看到他身邊有愁苦嗎？他們並不了知解脫，卻要確定那個解脫者的狀態。從解脫者的立場看來，他們的論述，等於這樣：有個人在夢境中，夢見一些朋友，這個人醒來後，問道：「夢中的友人，是否也醒來了？」這是荒謬的。

又，有個好人說：「我沒得到解脫，是沒有關係的，或者讓我是最後一個解脫的人，以便能協助其他的人解脫。」這都是很好的，但想想那個做夢的夢中人說：「願大家都比我先醒起來。」那個夢中人與言語溫和的理論家，同樣的荒謬。

對話四九九

羅摩克里虛那傳道會的師父問了幾個問題，問道：親愛的尊者，我上山來，看到您年輕時住的道場，我也閱讀了您的生平事蹟，我想知道，您當時若沒感覺到神，您要向誰禱告呢？或您做什麼修持，才到達這個境界的？

尊者：觀覽生命，你就會瞭解這些。真知與無知，都是真理的同一層次，亦即，二者皆是無明者所想像，但從悟者的角度看來，皆非實相。

問：悟者也有能力或可能會犯罪嗎？

尊者：一個無明之人，雖然他不是作為者，但他想像自己是作為者，而認為身體的行動是他的，而當悟者的身體行動時，他以為悟者也是跟他一樣行動。實則，悟者洞悉真相，並無困惑。悟者的境地，不為未悟者所決定，因此，疑問僅存在未悟者那邊，悟者這邊不會萌生問題。若他是位作為者，則他必須決定其行動的品質。真我不可能是個作為者，找出誰是那個作為者，那麼真我自然會表現出來。

問：行動中，不會有不二一元性的，這就是要提出問題的原因。

尊者：但是經文頌句說，應該是這樣的。這個「作為」，只是用在那個執行的實踐者身上，而不及於那些事務之遂行。

問：是的，我十分明白。又，不二一元論無法施之於與上師的互動關係中，因為若要符合不二一元論的意旨，他便無法接受教導。

尊者：是的，上師是你的內在及外在。有位坦米爾的詩人曾說：「喔，上師！常駐在吾內，但現在呈現為人身相，是在引領我、護佑我。」吾內之真我，適時而為人身之上師。

問：所以，結論是，看見悟者並不等同瞭解悟者，看到悟者的身體，但不是看到他的開悟之知（*jnanam*）。悟者才能知道悟者。

尊者：悟者不視人為無明者，在悟者眼中，眾人皆是悟者，只是人在無明之境，將自身的無明加之於悟者，而誤以為他是作為者。若在真知之境，悟者觀萬物，皆不離真我。真我全幅朗照，唯有純粹的真知而已，所以在他的眼中，沒有無明存在。

這種強加想法在別人身上的事例，用個故事來說明。有兩個友人，同榻而眠，其中一人，夢見兩人共赴遠地旅遊，歷經許多奇妙的體驗。那個人醒來後，回憶夢境，便問友人，是否也有如此的經歷，友人嘲笑他說，那只是他自己的夢，不能影響到別人。所以，這是未悟者將自己的妄見加在別人身上。

談到早期年輕的無明，到現在有其真知。

尊者：眾所瞭解的真知，是不存在的。一般對真知與無明的觀念，都是相對的，也是錯誤的理解，因為不真實，所以不能長久駐於其在。那個真實的境地，是無二元性的真我，永恆存在，不管人是否覺知，就像頸上的項鍊，或像（呆子渡河，沒數到自己，只數九個人的那個）第十個人[44]。

問：有人把它指出來了。

尊者：那個人，不是外在的，你將身體誤視為上師，但上師不認為自己是身體。他是無形相的真我，那個也存在於你的內在。他呈現在外，只是要引領你而已。

對話五〇〇

問：當思維盡除，心思凝止，進入空無之境，那麼在尋覓者這邊，需要什麼本質的努力，俾能對「被尋覓者」有直接認知的觀念，例如，直觀芒果為芒果？

尊者：是誰在觀空無？直接認知（直證）是什麼？你認為對芒果的感知，就是直接認知嗎？這裡涉及行動、作為者、行為的運作，所以是相對的，而不是絕對的。因為現在你看見一樣東西，所以你說以後沒有東西了（亦即，當你之後不再「看見」），二者都是心思的作用，在這二者[45]認定之背後，則是直接認知。有所謂由感知而直接認知、由心思而直接認知，及以存在之極致而直接認知，最後那個，才是真實的，其他都是相對而不真實。

問：若不需努力，那麼心思之恆久空無狀態，也可稱為了悟之狀態嗎？

尊者：只要心思還在，就需要努力。空無之境，是所有哲學爭論的焦點。

問：在了悟的境地裡，有像直接認知之觀念的東西嗎？或者了悟僅是對靈魂存在之極致的感覺或體會嗎？

尊者：直接認知，乃存在之極致，而非感覺或其他東西。

問：直到尋覓者體認到他就是那個被尋覓者，否則上述問題，皆會由他而萌生。

尊者：確實如此。看看你是否是尋覓者，真我常被誤為是知者，真我在熟睡時，亦即在無知時，真我不存在嗎？因此，真我是超越知者之知，這些困惑，都屬於心思的領域，從這個角度來看，建議保持心思清明，掃除躁動及昏闇，然後使純淨的心思獨存，所以「我」消失在純淨中。

真知之眼（*Jnana chakshus*）並不是指像感覺器官一樣的身體器官；天眼通等，不是真知之眼的運作。只要有主體與客體存在，則就只是相對的知，而真知超越相對之知，乃是絕對的。

真我乃是主體與客體之源頭，現在無明充斥，故主體被作為源頭。這個主體是個知者，形成三方之一，其組構之成員，無法彼此各自獨立存在，所以這個主體，亦即知者，不可能是終極之實相。實相超越主體與客體。當了悟時，則絲毫不存疑惑的餘地。

「一旦心之結斬斷，則不再有所疑惑。」心結猛然斷裂，疑惑沉息，這叫做直接認知，而不是你思及而知之。無明滅盡，乃獨然之了悟真我。了悟真我只是俗世的概念，了悟真我僅是斷滅無明的一句委婉表述。

一九三八年七月十二日

對話五〇一

有位來自邁索爾的年輕人問：我是怎麼得到這副身體的？

尊者：你說到「我」及這個「身體」，這二者之間，有其關聯。由此可知，你並不是身體，身體不會提出這個問題，因為身體沒有覺性。有的時候，你並未覺知這副身體，這裡指的是你熟睡時。你在熟睡時，不會提這個問題。不過你在那裡睡覺，現在是誰在提問？

問：是自我。

尊者：是的。身體與自我，同時載浮載沉。當你熟睡時，會有個狀況是你不與自我連結，現在你與自我連結，這兩種狀態，哪一種才是你的真實狀態呢？你存在睡覺當時，而相同的「你」也處於現在。為何現在醒時起疑問，而睡覺當時不起疑問呢？你回答是自我在問，沒錯。不過你不是那個自我。自我居於真我與身體之間，而你是真我。找出自我的來源，再看疑問是否還在。

過了幾分鐘，尊者補充道：根據經文所說得知，由於業報而有這副身體，問題是，業報是如何出現的？我們說從「前世的身體」而來，然後如此下去，沒完沒了。對治這個問題，宜採直接的探究，不要依賴無形的假設，而是要問：「這是誰的業報？」或者「這是誰的身體？」所以，我是以這樣的態度來回應這個問題，這樣更有意義。

一九三八年八月十四至十六日

對話五〇二

拉金德拉·普拉薩德（Rajendra Prasad）[46]、詹姆那爾·巴賈吉（Jamnalal Bajaj）[47]等一行人參訪尊者。巴賈吉問：心思如何穩定而保持正當？

尊者：一切眾生皆能意識到其周遭的環境，因此也必定運用其心智，揣度擬想其間。人類與動物的心智不同，人類不僅觀察世界而因應之，也在尋求自身的滿足。人在不滿意現況之餘，設法實現欲望，以便開擴其眼界，期以至遠至廣，但由於遭遇挫折而心生不滿，於是開始思考其箇中原因。

恆常的幸福與平靜之欲望，隱含著這種永恆存於自身生命的本質裡，因此人開始尋找，希望重獲生命的本質。生命的本質就是真我。一旦覓得，乃是永得。

如此之向內尋求，是人類心智探索的路徑。這個心智在持續經久的修持後，了知其所能運作，乃是藉由某至上大力而為；若僅單憑心智本身，是無法直抵那個至上大力的，因此，在修持某個階段後，心智便停止運作。當心智停止後，至上大力仍獨然在焉，那就是了悟，那就是終點，最後的目標。

因此這樣就很清楚了，心智的意義，在了知其自身所依附的那個至上大力，以及瞭解自己並無能力邁抵那個大力，故在獲致目標之前，心智必須自行滅止。

問：有一則頌句，其義是「我不欲求王國等，僅是讓我永遠服侍祢，那是我的至上喜樂。」這是對的嗎？

尊者：是的，只要有欲望存在，則必有個分離於主體的客體（亦即，二元性），若無客體，則無欲望。無欲的狀態，就是解脫。在睡夢中，並無二元，也無欲望，但在醒境中，則有二元，故也有欲望。因為二元，故欲望萌生，希望獲得客體，這就是外馳的心思，是為二元及欲望的根基。若知道至上的幸福無異於真我，則心思便會內返。一旦獲得真我，那麼一切欲望皆能滿足。這就是《廣森林奧義書》（*Brihadaranyaka Upanishad*）所說的「欲望之實現」，那就是解脫。

巴賈吉試圖釐清一些概念，他說正確的思想（*sadbuddhi*）與心智（*buddhi*）不同，正確的思想是指緊抓著所選擇的正道。他想知道，如何能堅定不移？

尊者：要達到最高的目標，必須滅失個體性。心智與個體性共存，心智不論其好或壞，其消泯之後，個體性才能滅失，因此，沒有問題生起。

問：但是人必須知道對的事，選擇對的道路，修持對的行法，而堅定固守之。

尊者：保持在對的方向，而不偏離，就能產生力量。

問：終究會遇到困難，要如何能獲得所需的力量，以克服其在正確道路上的障礙呢？

尊者：藉由虔愛奉獻及親近聖者為伴。

問：前述個體性的滅失是解脫的先決條件，現在建議虔愛奉獻及親近聖者為伴，這其中難道不隱含個體性嗎？例如，「我是個虔愛拜神者」、「我是個弟子（*satsangi*）」。

尊者：這些是指示尋道者的途徑。目前為止，尋道者尚未喪失其個體性，否則他不會提出問題。這樣指示的方式，可使尋道者有個體性滅失的效應，所以是適當的。

問：渴望（印度）自治是對的嗎？

尊者：這種渴望，無疑是從個人的利益起端，然其朝向目標的實務行動，逐漸使其眼界寬廣，使其個人融入於國家。這樣的個體性融解是值得的，而其相關的行動，是無私的。

問：若經長期的奮鬥及相當的犧牲，（印度）終獲獨立，那麼人能以此理由而高興，對這個成果為之雀躍不已嗎？

尊者：他在行動過程中，必須臣服於至上大力，而至上大力常駐其中，永不忘卻。若能這樣，他又怎麼會雀躍不已呢？他甚至一點都不在意他行動的成果，這樣，他的行動，就是無私的。

問：行動者如何確保行事沒有過失？

尊者：若能將自己交給神或上師，則他所臣服的那個大力，將會引領他走在正確的道路上。行動者不再顧慮自己正直與否等而行事。如有疑惑萌生，那是因為他沒有全然服從師父。

問：難道不是加惠恩典於信徒的那個大力，使他們為國家效勞，而獲致獨立嗎？

尊者保持緘默，稍後，他說這就表示，這個例子是如此。

問：這不就是這塊土地上往古聖者的苦行，讓現在的人享受成果？

尊者：確是這樣。但莫忽略一件事，就是：沒有人可以宣稱他是唯一的受益者。裨益是博施濟眾，一視同仁。（暫停。）

若未保有恩典，則現在的覺醒，能夠實現嗎？（尊者說，在他一八九六年抵達蒂魯瓦納瑪萊之前，印度還沒有清楚的政治思想。當時只有納奧羅吉〔Dadabhai Nauroji〕當選英國國會下議院的議員。）

停頓一會兒後，巴賈吉說：拉金德拉·普拉薩德是位忠義肝膽之士，他為國奉獻，犧牲了他相當富利的人生。這個國家需要他，但他並不健康，體弱多病。命運為何對這位高貴的子民如此殘酷呢？

尊者只是慈祥微笑，並沒有回答。

一九三八年八月十七日

對話五〇三

洛里（M. Lorey）先生是美國人，他居留於道場約兩個月。他問道：今晚我將離去，想到要離開這裡，我傷心而淚流，但又必須回去美國，我祈請師父惠示教語。師父瞭解我甚於我自己，所以我請求教示，使我離開師父後，能夠持志不墮。

尊者：師父不是你所想像的那樣，處於你的外在，他是內在性的，事實上，就是真我。瞭解這個真理，往你的內在找尋，你會在那裡找到他，然後你就會與他互相溝通，不會間斷。教示的訊息，總是存在著，永不沉寂，不會棄絕於你，而你也未曾離開過師父。由於習性的關係，你的心思外馳，使你看見諸物在外，而師父也身處其中。但真相不是這樣，師父是真我，將你的心思轉向內在，你會發現諸物在其內。你也會了知你生命極致之真我，就是你的師父，除了祂之外，並無其他。因為你將身體認定是你自己，你便接受諸物處於你的外在。但你是身體嗎？不是的，你是真我，這樣，你又怎能寸步離開你生命真我的師父呢？假設你的身體，從此地移離到彼地，那麼這樣的移離，就是離開你的真我嗎？同理，你永遠不離師父。

洛里先生聆聽答覆，至為震撼，雖然他早已熟稔師父回答的方式，顯然他大受感動，他祈請師父的恩典常駐於他。

尊者：作為真我的師父，其恩典不會離卻真我。

洛里先生向尊者禮敬，其情激越，說他或許能夠了知真理。

尊者：你可曾有片刻未了知真我嗎？你能夠離卻真我嗎？你始終就是那個了。

問：您是偉大的師父，將喜樂及幸福灑落在這個世界。您的慈愛，實在廣大無盡，您以人身形相駐蹕世間！但我仍希望知道，人在其貢獻於世界或成為群眾的領袖之前，是否應該了悟其生命的真我。

尊者：先了悟其真我，其餘諸事，自然隨之而來。

問：現在的美國，在工業方面、機械工程、科學進展等世界性的事務上，都居於領先，其在精神方面的生活，也能達到相同的層次嗎？

尊者：當然，它必然會如此。

問：感謝神，將會這樣。我是一家工程公司的合夥人，但這對我並不重要，我想將靈性的理念，引進公司每天的工作生活中。

尊者：那是好的，若你臣服於至上大力，則一切都會良好。那個大力，看顧而貫穿你的事務。

若你認為你是作為者，則你不得不接受你工作的果實；但在另一方面言，若你交出你自己而臣服，認知你的個己僅是至上大力的工具，則那個大力，會接手你的事務，並隨之承擔你工作的果實，你不再被事務及其後果所影響，而工作自然遂行無礙。不論你是否知道這個至上大力，事情的規劃不會改變；改變的，只有你的看法。為何搭乘火車時，還要將頭頂著行李呢？不管你頂著行李或把行李放下，火車還是運送著你及你的行李。你頭頂著行李，並不會減輕火車的負重，只是不必要的耗竭你自己而已。同理，在這個世界上，人總認為是他在作為，類似如此。

問：二十多年來，我對形而上的東西，深感興趣，但我未曾有過別人所說的神奇體驗，我沒有天眼通、天耳通等靈力，我感覺自己是鎖在身體而已，其他沒有什麼。

尊者：這無妨。實相只有一個，那是真我，其餘的僅是現象，存在於真我之內，是為真我所屬，而從真我所出。觀者、諸物、所觀等，全部都是真我而已。誰能夠置真我於一旁，還看得見、聽得到？能看見、聽到近在咫尺或遠在天邊的人，這有什麼不一樣呢？二者都需要視覺與聽覺的器官，所以也都需要心思。不論遠近，都不能沒有感官和心思；彼此之間，是互為依存的。為何對於千里眼或順風耳，要神奇其事呢？

又，凡所需要的東西，也會適時而滅失，無一物能夠永恆。

唯一永恆之物，乃是實相，而「那個」就是真我。你說「我在」，「我在前往」、「我在講話」、「我在工作」等，這些話語中，都有「我在」連接著詞語中，因此而有「我在」。「那個」

就是駐止於內在而為基底的實相。這項真理，是上帝教示摩西：「我就是那個我在」、「止於在，而了知我是神」，所以「我—在」就是神。

你知道你是在的。任何時刻，你都無法否認你的存在。因為你必須存在，才能行使否認，這個（純粹的意識）是在你心思凝止時，才得以知曉。心思是生命個體外馳的機制，若能內返，則適時會安止，而「我在」獨然而周遍。「我在」乃全部真理。

問：我感謝這整個答覆。

尊者：是誰在感謝呢？又感謝什麼呢？

詢及本心時，尊者說：且將左邊或右邊的觀念擺一旁，那些都與身體有關。本心就是真我，了悟本心，然後你自己就知道。

洛里先生向尊者致謝，禮敬後告退。

一九三八年八月十八日

對話五〇四

有位訪客問尊者，有關奧羅賓多所用的術語。例如「凌越心思」、「超級心思」、「靈的」及「神性」等的涵義。

尊者：了悟那個真我及神性，則這些差異，都會消泯。

對話五〇五

可敬的拉金德拉·普拉薩德說：我蒙聖雄甘地吉惠許，來此地參訪，不久，我將歸返。祈請尊者開示，我將代為轉達。

尊者：真我的大力（*Adhyatma Shakti*）在他生命的內在運作，引領著他，這就夠了。

一九三八年八月十九日

對話五〇六

尊者解釋《真理詩頌四十則》（*Sad-Vidya, Realty in Forty Verses* 的坦米爾文版）的開端頌句：存在（*Sat*, Being）是絕對之知（*Chit*, Knowledge Absolute），而絕對之知也是存在。其「在」只有一個，否則，對世界之知及個己存在之知，便為不可能之事。那個「在」表示存在及知。然而，二者相同。在另一方面言，在於那個存在而已，而不是也要在於那個絕對之知；那個「在」毫無覺性，為了認識這個存在，另一個絕對之知（*Chit*）是需要的，如此則絕對之知乃存有，否則存在不會在焉，但絕對之知必須存有。現在，將絕對之知當作存在，因為存在無覺性，則絕對之知也成為無覺性，這豈不荒謬。又，要知曉之，則又再取得另一個絕對之知，這也是荒謬的。

因此，存在與絕對之知，一而同然也。

一九三八年八月二十二日

對話五〇七

一位來自班加羅爾雅利安社的成員（Arya Samajist）[48]偕其同伴參訪。他問：修練瑜伽，有何用處？這是為其個人，或為宇宙的利益而修持？

尊者：瑜伽的涵義，是二體之合一。那是什麼？探究之。用處或利益，皆涉及某中心，它是什麼？探究之。

問：種姓階級，應該要區分嗎？

尊者：這些是誰眼裡的分別呢？找出來。

問：我在道場看到有這個分別，尊者可能不允許，但有人在這裡這麼做。

尊者：那個在說別人的你，到底是誰呢？你熟睡時，你也在注意別人嗎？

問：我在這裡是個生命個體。我睡覺時，可能看不到別人，但現在，我看到他們。

尊者：毫無疑問，你是這樣的。但現在那個在看到的人，與睡覺時，那個在看不到的人，都只是「你」而已，都是那個相同的生命個體，為什麼你要注意到分別而起煩惱呢？就像睡覺時一樣，存在於你就好了。

問：這不可能。現在我看見了，但睡夢中，我看不見，您這樣說，不會改變事情的現況。

尊者：若主體不存在，那麼客體還會存在嗎？

問：客體的存在，是獨立於主體之外的。

尊者：你是在講客體的存在。難道它前來對你說它存在嗎？

問：我知道，但它是存在的。

尊者：所以，是你的知道而已，客體的存在，並不是絕對的。

問：就算我不知道，它也一直存在。

尊者：你的意思是，就算你對客體一無所知，它也存在著。（笑聲）

問：至上之知一視同仁，不可能有區分的，種姓的分別，違反至高原則。

尊者：為何你要把至上之知扯進來呢？祂沒有埋怨，讓那個埋怨的人自行探尋事端就好。

問：您是大聖者，您不能認可種姓制度，但這裡的人怎麼能遵行這種階級的分別呢？

尊者：我有告訴你，我是悟者或大聖者嗎？那是你自己說的。對這個種姓的事情，我也沒有發出怨語。

問：至上真我乃萬物同然。

尊者：為什麼你要引述這些名稱呢？萬物會自理，無須你的協助。

問：聖雄甘地吉也認許平等。

尊者：甘地吉不在這裡。

問：奧羅賓多不認可種姓制度，您認可嗎？

尊者：奧羅賓多的想法，你應該去請教他。至於我的意見，又與你何干呢？這對你有什麼用處呢？別人的意見不會影響你，真正影響你的，是你自己的意見。

問：我不認可種姓制度。大聖者的意見是珍貴的，可作為指導，我要您福佑我的作為。

尊者：大聖者告訴你去探尋，俾找到真我，你不這樣做，卻要求他的福佑。

問：我在設法遵行教示，但種姓階級的分別，令人痛苦，必須革除。

尊者：對誰引起痛苦？

問：對社會大眾。

尊者：這是你說的，有些城邦並沒有種姓制度，他們因此諸事順利嗎？那裡還是有戰爭、互相殘殺的鬥爭等，你為什麼不去拯救那裡的邪惡呢？

問：這裡也有困難。

尊者：差異性的分別總是存在，不僅是人類，其他動物、植物也一樣，事情的狀況無法避免。

問：目前我們先不管動物。

尊者：為何不理會呢？假若牠們會說話，也要向你訴求平等，爭論不會少於人類的力道。

問：但我無可奈何，那是神的工作。

尊者：若這是神的工作，那另一部分，就是你的工作，是這樣嗎？

問：這是人為製造的區分。

尊者：你不需要注意到這些區分，在這個世界上，萬物紛然呈現，繁雜多樣，但有個合一，貫穿萬事萬物，真我就在其中。在靈性上，並無分別。所有分別都是在外在的、表面上的。找到那個合一的整體，你就會快樂。

諸多痛苦，會因為認知合一的喜悅而克服。就算國王假扮成僕人，他還是他自己。

問：我並不反對分別，但若區分孰優孰劣，這樣是錯誤的。

尊者：人的身體四肢也都不一樣。手觸摸腳，手不會髒掉。連四肢皆有不同的功能，差異性的分別存在，有什麼好反對的呢？

問：大家認為種姓制度是不公義的，必須革除。

尊者：你個人可以保持一種不分別的態度，而樂在其中，但你怎麼能期望改革這個世界呢？就算你嘗試為之，也只是徒勞無功。加納帕提·夏斯特里（Kavyakantha Ganapati Sastri）[49]願以咒語點化賤民，使其成為婆羅門身分，但賤民不願上前接受點化，這顯示他們自己深受卑賤情結所苦。先掃除這些情結，再設法改革別人。

又，為何你要到那些採行種姓制度的地區，而使你受苦呢？為何你不到那些並無遵行種姓制度的地方，而快樂處之呢？

甘地吉也設法帶來平等，他起身對抗那個加諸在低階平民身上的卑賤情結。他無法要求別人強行接受他的觀點。他奉行非暴力，但仍橫生諸多事端。

問：我們必須努力摧毀種姓制度。

尊者：那麼就去做。若你在這世上成功，那就看這裡還有沒有種姓制度的存在。

問：這裡必須是我要實現改革的首要地方。

尊者：為什麼你要如此費力改革呢？你去睡一覺，看看睡夢中是否也有種姓的分別。在睡夢中，這些分別蕩然無存，無須你費力革除了。（笑聲）

一九三八年八月二十四日

對話五〇八

有位印度民政服務署的官員，在大廳待了好幾個小時，他問道：「非暴力能終止世界上的戰爭嗎？」尊者當時沒有答覆，他正要外出晚間散步。翌日，另有人又提此問題。尊者說，這個問題本身內含著答案——在全然的非暴力狀態，就沒有戰爭。

一九三八年八月二十六日

對話五〇九

麥基福（MacIver）先生與尊者對話，談及點化。

尊者：點化是什麼？（暫停了一下）點化的方式有幾種，藉由言語、觀視、觸摸等方式。

問：尊者是靜默的點化，是嗎？

尊者：是的，這是最上乘的點化方式。

問：這僅適用於探究法門嗎？

尊者：所有的法門，都包含在探究法門裡。

問：瞭解，但若有人想分別採行其他法門，就不適用了，是嗎？

尊者：是的。

問：假設有人需要採取其他法門輔助學習了悟，可視這些為附屬的法門，是嗎？

尊者：是的。

問：那麼，對於這些行法而言，點化也是必要的嗎？

尊者：是的。

問：就此而提另一個問題，只要我在尊者的聖腳下，我就不被視為忠實的基督徒。

尊者打斷提問者說話，說：這是基督教的基本立場。

問：是的，但目前教會主事者並不這麼認為，所以，我不再尋求教會這邊的援助。若尊者允許，我可以向別的地方尋求援助嗎？

尊者：那在於你自己的抉擇。

略為停頓後，尊者言及有人因某些神祕力量牽引而來，這個力量將照料其人之所需。對話至此便結束。

一九三八年九月七日

對話五一〇

T．K．S．艾耶先生朗讀一段文字，略述感知的途徑有五個分支：意識、心思、心智、記憶、自我。

尊者：其中四個分支，是一般性的，而提出第五個「意識」分支，是為了對應五個原始基本元素，因此如下：

(1)意識（*Ullam*[50]，心思源頭）是空元素，從頭蓋到額頭。

(2)心思（*Manas*，思維機能，意）是風元素，從額頭到咽喉。

(3)心智（*Buddhi*，覺智）是光元素，從咽喉到心臟。

(4)記憶（*Chitta*，潛意識，心地）是水元素，從心臟到肚臍。

(5)自我（*Ahankar*）是地元素，從肚臍到尾骨。

因此，意識是純粹的心思，或心思處於潔淨的狀態，亦即心思脫離了一切思維。意識為心思之靈，對應於無思維充斥、廣袤的心思。

當人從睡夢中醒來，其頭部直立，則有覺知之光，這個光已經在本心，隨後映照於頭腦，以意識呈現，直到自我介入之前，都尚未固定成某狀態，而這個無分別的狀態有其宇宙性（宇宙心思或宇宙意識），這個狀態通常持續一分鐘，然後在不知不覺中消逝。迨至自我闖入，狀態轉變成特定而有分別的，於是人便說出「我」。「我」總是牽涉到一個實體（此處是身體），故人才會將這副身體認作「我」，而其他種種也隨之而來。

因為意識只是反射的光，故稱為月亮，而原始的光在本心，稱為太陽。

一九三八年九月九日

對話五一一

梅傑・查德威克把 *Na karmana na prajaya* 譯成英文。

尊者解釋其涵義。梵天世界可從主觀與客觀的角度詮釋。客觀意義是指，詮釋時需要對經文所述的世界有信心；主觀意義是指不仰仗外在的權威，乃純粹的體驗。梵天世界可解釋為「至上之知的真知」，或者「真我的了悟」。*Parantakala* 是相對於 *aparantakala* 的，*aparantakala* 是生命個體進入遺忘，而投胎轉世，他們的遺忘被無明所包覆。*Para* 是超越身體的，*Parantakala* 是指超越身體等，亦即指真知。*Paramritat prakriteh* 即超越原始物質，*Sarve* 隱含著一切皆能獲得真知及解脫。而 *yatayah* 即 *yama niyama sametah sat purushah*，指有紀律的好人。整段文意為，越過非真實，而進入真實。

「不死並非以行動，或繁衍子孫，或獲得財富。有人以棄世而臻此境。

征服感知之聖者，成就於那個存在，凌駕於天堂，在其本心中，獨然輝耀。

捨世而心注一處的修持老手，其心潔淨，藉由吠擅多宣示的殊勝真知，乃了知真理之著實堅定，而以消融身體，拔離無明，全然解脫在梵天的世界。

其於蓮花之心中獨然輝耀，位於體內核心的潔淨至上之精微主座，了無哀愁，殊值禮敬。

祂獨然為至上之主，超越原初世界，那是吠陀之始末，在此而消融一切造因。」

稍後，艾耶先生問起解脫靈魂的世界，尊者說，其與梵天的世界並無不同。

問：需要某些精微體，例如唵靈體（*pranava tanu*）或純粹靈體（*suddha tanu*），才能達到這種解脫的世界嗎？

尊者：唵（*Pranava*）表示真實的咒語，解讀為A、U、M、精微聲、粒點；前三者可解釋為醒境、夢境、睡境，以及整體世界、金胎、伊濕瓦若神。精微聲與粒點，則分別對應於生命元氣及心思。

《蛙氏奧義書》（*Mandukya Upanishad*）述及三個咒語及第四個咒語，最後那個咒語代表真實之境。

又有提問，尊者：據說有「摩訶五偈語」（*Panchapada Mahavakyani*），亦即「那個是你」乃是至上真理（*Tattvamasi atinijam*），前三個音節（*Tat-tvam-asi*）有其深義，全句所表示的，只有一個真理。據說所有的努力及不斷的修練，至為必要，俾以掃除本不存在的無明！

一九三八年九月十一日

對話五一二

尊者說，所有的錯誤，都由於人將「心思意識」視為「真我意識」所造成。在熟睡時，並無心思存在，但無人能否認自己睡覺時是存在的，甚至連小孩睡醒後，都說：「我睡得很好。」不會否認睡夢中自己的存在。醒後那個「我」萌生，五官外馳，心思感知外物，他們稱之為「直接感知」。若問「我」是否為直接感知，他們便困惑了，因為「我」不會在你面前自稱是某物，他們僅以感官的認知，當作知識，這樣的習性，根深蒂固。在《德瓦羅》（*Thevaram*）[51]中有一則頌句說：「喔！聖者渴望越過一切的苦難，不憂慮於論述與事例。我們的光自內在輝耀，以清晰明澈之心，駐於神內。」

這就是直接感知，但一般人也認為這樣嗎？他們要神顯現在他們面前，其身相光耀，騎在牛背上；這樣的景象一旦起現，也必有滅失，因此是暫時的。《德瓦羅》所述，乃是永恆及始終體驗的存在。這篇《德瓦羅》詩頌把人直接帶到實相。

一九三八年九月十六日

對話五一三

梅傑・查德威克再度向尊者呈示修正的咒語譯文，尊者委婉語及評註者的詮釋，並加以解說。評註者認為梵天世界是個域界，也說得通。許多流派，諸如波蘭尼克派[52]等，也闡釋「漸進解脫」包含了梵天世界。但《奧義書》述及「即刻解脫」是指生命氣息並未萌生，在此消融，所以，梵天世界就是至上之知的了悟，那是個境界，而非域界。就《奧義書》部分而言，我們要正確理解「超越至彼岸」：由於與至上之知合一就是那股超越宇宙的因果能量，所以是超越的；而因為堅持到真我了悟，因此是永生。所以「超越至彼岸」，其義便是「與至上之知合一」。漸進解脫流派認為，冥想者到他的理想天神的域界，對他而言，那就是他的梵天的世界。靈魂行經其他諸域界後，會再次投胎，但已獲致梵天世界者，則不會投胎。此外，渴望到某特定域界者，得以適當的方法，獲得相同的效果，然而，只要仍存有欲望，則無法入梵天的世界。只有無欲，才能帶給他來到梵天域界；無欲，表示已無投胎的誘因。

梵天的年齡，幾乎無可估量，然而在域界主事的神祇，據說有一定的年限，當祂離開，其域界也就消融不見了，而原先其域界中的內在生命，不論在了悟真我之前，其個別的意識品質有何差異，也同時獲得解脫。

漸進解脫流派則反對即刻解脫的觀念，因為他們認為悟者在無明盡滅後，身體意識也應同時消融，但悟者仍繼續活在身體裡。漸進解脫流派問：「沒有了心思，身體如何運作呢？」對此，答案詳述如下：

真知與無明，無法並立，雖然真我之純淨與睡覺時的無明之種子可並存而在，但在醒與夢的時段，真知與無明不能共存。無明有兩個面向：遮蔽（*avarana*）及投射（*vikshepa*）。這裡的遮蔽表示遮覆真相，這在睡夢中普遍存在；投射則在不同的時段發生，尤其在醒、夢兩境中。若移除遮蔽，則真相被認知。對悟者而言，遮蔽已除，其因緣身（*karana sarira*）[53]不復存在，但投射仍在，雖然如此，悟者對此投射方態度，與未悟者截然不同。未悟者有諸多的遮蔽，例如作為（*kartrtva*）及食報（*bhoktrtva*，承受業報），而悟者已不再投射是個作為者，因此，悟者僅有一種遮覆，但極輕微，無法凌駕他，因為他始終清楚覺知真我的存在、意識、幸福。對悟者而言，輕微的食報之遮覆仍殘存在他的生命裡，故他的身體存活而呈現。

若以這個詮釋解讀咒語，意涵也是如此：悟者的因緣身已然滅失，其粗質身（*sthula sarira*，粗身）對他毫無效力，而其他一切所涉及的事為意圖，也已無存，但生命的精微身（*sukshma sarira*，細身）獨然仍在，精微身又稱為「精微靈體」（*ativahika sarira*）[54]。這是所有人身亡時，所發生的現象，其精微身橫越幾個域界，直到取得合適的肉身為止。悟者應該是以其精微身而行入梵天的域界，那也就是消融，而邁抵最終的解脫。

這整個詮釋只對旁人有意義，因為悟者永遠不會有這些疑問，他已有體驗，洞悉自己不為任何局限所拘。

問：根據前述所詮釋，則最終的解脫是什麼？

尊者：精微靈體或精微身是對應於粹然之光，那是人在剛入睡到自我萌生之前的體驗，乃是宇宙的意識，那是來自本心的反射映照之光。若反射映照止息，而以原始之光，安駐在本心，則是最終的解脫。

問：《瓦西斯塔瑜伽經》說，現身解脫者的心思，不會變異。

尊者：是的。不變異的心思與純淨的心意是相同的。悟者的心意，據說是純粹的心思。《瓦西斯塔瑜伽經》也說，至上之知與悟者的心思，並無二致，所以，至上之知僅是指純粹的心思而已。

問：將至上之知描述為存在、意識、幸福，這是對純粹心思的解讀嗎？畢竟在最終解脫時，純粹的心思也是要滅盡的。

尊者：若承認是純粹的心思，則悟者所體驗的幸福，也必須承認是反射性的因應，這個反應，最終要消融於原始源頭，因此，現身解脫的境地，可譬喻為一個無染的鏡子，反映在另一面無染的鏡子上，這樣的反映，可以找到什麼呢？粹然的虛空。同理，悟者所反應的幸福，所代表的只是真實的福祉。

這些敘述都僅是詞語。人若能成為內返的（*antarmukhi*）便為已足，對於內返的心思，經文並無用武之地。對其他心思外馳的人，經文才有其意義。

對話五一四

住在道場的麥基福先生問尊者，瑞士有個師父邀請他過去，他是否可應邀前往。尊者說，某個力量引領他來這裡，那個相同的力量，正要牽引他去歐洲，讓他永遠記著：世界只是心思的投射，而心思是在真我裡，不管這副身體移往何處，心思必須妥為控制，那是身體在移動，而不是真我在移動，世界是在真我之內，如此而已。

一九三八年九月十七日

對話五一五

問：昨天詮釋述及移除遮蔽，結果因緣身告滅，此義甚明，但是粗質身又如何脫落呢？

尊者：遮蔽有兩種：因果的困縛（*bandha hetu*）及安享因果（*bhoga hetu*）。悟者已超越自我，因此一切因果的困縛皆不運作，只剩安享的習性作為今世業報。據說，只有精微身存在真知裡；《解脫之精粹》說，昔世積業在真知表現後，也同時告滅，來世新業也在了無困縛感知的情況下，不再運作，而今世業報將以安享而耗盡，因此，最後一個業，將在適當的時程而結束，而粗質身亦告脫落。

三身（*sarira traya*）與三業（*karma traya*）[55]僅是高談闊論時用的措辭，悟者不受其影響。

一位慕道的修行者，被教示找尋他是誰，若他精誠與之，則他不會對上述的討論有興趣。

找到真我，安於平靜。

一九三八年九月二十二日

對話五一六

有人問，世界是真實還是非真實？因為這兩種說法，皆為不二一元論者所主張。尊者說，若離卻真我以觀，則世界為非真實；若以真我而觀之，則世界為真實。

一九三八年九月二十五日

對話五一七

有人引文提及《瓦西斯塔瑜伽經》有兩則偈頌提到城外的蠻族居地（*mlechcha desa*，亦指不淨的土地）有招魂術。麥基福先生說，在西方世界，巫術頗為盛行，超乎一般的認知。寫這篇文章的人想起保羅·布倫頓曾說，他很害怕某位女士，因為她使巫術。

尊者問那個人，是否曾閱讀過《德維喀羅塔拉姆》（*Devikalottaram*）[56]一書，尊者說，本書譴責巫術，又說，人使巫術只會走向毀滅。無明已經是不好的，使人自取滅亡，為什麼還要使巫術而雪上加霜呢？

問：人若遭受巫術的加害，有什麼補救辦法？

尊者：虔愛、奉獻、信任神。

問：面對任何的邪惡，例如誹謗，不抗拒似乎是唯一補救的辦法。

尊者：確是如此，若有人辱罵或傷害另一人，則其補救辦法，不是激烈反擊或抗拒，只是單純保持安靜。這種安靜會帶來被害者內心的平安，但會使加害人內心不安，直到他自己不得不承認，他在受害者身上犯下他的錯誤。

據說，巫術曾用來對抗印度遠古以來大聖者，達盧卡森林的苦行者曾用巫術反抗濕婆。

然後，話題轉到「梵天的世界」議題。

尊者：梵天世界與真我世界是相同的，梵天祂本身，就是域界，梵天就是真我。所以，梵天的世界，也只是真我。

世界與非世界，意義相同，這與《真理詩頌四十則》內的 *andamillakkan* 同義，「那個被看見的，就是世界。」

一九三八年九月二十七日

對話五一八

尊者在對話中，說「我執」（*Ahamkriti*）不同於「我」（*aham*）；我是至上實相，而我執是自我。在了悟真理之前，自我已被克服。至上存在，並未顯化，而最先顯化的跡象是「我」之光，《廣森林奧義書》說：「祂成為『我』之名。」那就是實相最初的名字。

古伯特（V. Gupta）先生是位泰盧固文學者，問有關恩典的運作。他問：那是上師的心思，在門徒的心思上運作，或是有其他的運作？

尊者：恩典的至上形態乃是靜默，這也是最上乘的教示。

問：維韋卡南達也曾說過，靜默是祈禱者最響亮的形態。

尊者：對尋道者的靜默，就是這樣。上師的靜默，是最響亮的教示，也是恩典的至高形態，其他的點化，例如觸摸、注視等，都來自靜默，因此是屬於次等的，而靜默是原初的形態。若上師凝止於靜默之中，則尋道者的心思將會為之淨化。

問：當人在世上，遇到不吉祥而受苦難時，最好是向神或上師禱告。

尊者：確實是這樣。

對話五一九

尊者：尋道者無休止地討論「摩訶偈語」及其釋義，使其心思走作於外在。要使心思內返，便須直接安駐於「我」，然後，外在走作結束，圓滿平靜遍在。

稍後，有人在尊者面前朗讀《瓦西斯塔瑜伽經》中的一段話，提到以目視、觸摸來點化門徒。

尊者：達克希那穆提對前來的門徒，採行靜默，這是最上乘的點化，涵蓋了其他的點化；其他的各種點化，必有主體與客體的關係，亦即首先主體先出現，然後客體出現，除非這兩個體在那裡，否則要如何一個目視另一個，或者一個觸摸另一個呢？靜默點化是最圓滿的，包含了目視、觸摸、教示等，能淨化其個人生命的每個層次，使他立於實相之內。

對話五二〇

洛曼（Lowman）先生是澳洲人，到此參訪，他似乎研讀過印度的哲學理論體系。他說他相信合一，而生命個體只是幻相等。

尊者：你所相信的合一，是什麼呢？生命個體又如何能在這裡面，而有其位置呢？

問：那個合一，才是絕對的。

尊者：在合一之內，生命個體，並沒有位置。

問：但是生命個體，尚未了悟那個絕對，而在想像自己是分離的。

尊者：若生命個體是分離的，則它必須存在，以便能想像某物。

問：但是它是非真實的。

尊者：任何非真實之事物，必然不能產生效應，這有如說，拿野兔的頭角，去殺死某動物，但野兔並沒有長角。

問：我知道這個荒謬，但我是從物質層面上說，

尊者：你說到「我」，那個「我」是誰？一旦你能找出來，則你就可以說，幻相是誰的。（稍後）你說你現在在物質層面上，那麼你在無夢的睡夢中，是在哪個層面上？

問：我想又是在物質層面上，

尊者：你說「我想」，那意謂你現在說這樣，是在醒的時候，但無論如何，在熟睡的時候，你承認你是存在的，不是嗎？

問：是的，但是當時我並未有所運作。

尊者：所以你在熟睡時，是存在的，你也是同一個人，現在持續存在。你不是這樣嗎？

問：是的。

尊者：以這樣的區別來說，在熟睡中，你沒有在運作，但在醒境時，你與思維的機能連結，而在熟睡時，你切斷與思維的機能連結，不是這樣嗎？

問：是的。

尊者：那麼，哪一個才是你真實的本質？跟思維連結，或沒有連結？

問：現在，我明白了，但是在睡眠，我並無知覺。

尊者：現在你這樣說，但你在睡覺時不會這樣說。還是你否認睡覺時，你生命的絕對存在？

問：沒有。

尊者：這就等於在說，你在兩境中，都是存在的。那個絕對的存在，乃是真我，你也覺知於那個存在，那是個存在，也是意識（*Sat and Chit*），那就是你生命的真實本質。

問：但是為獲致了悟，思維是必要的。

尊者：那個思維，是要針對掃除一切的思維。

問：由於我的無明，我無法了知絕對的存在、意識。

尊者：這個「我」是誰？是誰的無明？回答這些問題，就足夠證明你已然了知。有人能夠否認他的存在嗎？或者有人能夠說，睡覺時，他並不存在？故單純的存在，因而被承認，這個承認，同時隱含著意識，因此，所有的人都是了知真我的，根本就沒有無明之人。

問：是的，我瞭解，但我有個小問題，了知的境地是無欲，若其人無欲，則無法作為一個人。

尊者：你承認睡覺時，你是存在的，當時你並無運作，也未知覺於你的粗質肉身。你並沒有將你自己受限在這副身體上，所以，你在你的真我之外，找不到任何一物。現在，在你的醒境時，你持續以那個相同的存在，外加這個有限的身體，這個有限的身體使你看見其他諸物，因此引生欲望，然則，你睡覺時無欲的狀態，比起現況，並不減少快樂，而你一無所求，並不會懷著欲望來苦惱你自己，但現在你受制於這副身體的軀殼，懷著欲望。為何你要停留在這個局限裡，而持續心懷欲望呢？

這副身體有告訴你說，它在這裡嗎？這一定是有個某物在身體之外，而保有覺知的？那是什麼呢？

你說的那是「我」，意即自我，在人醒起之際，同時隨之而萌生嗎？好吧，身體並無覺性，而那個「絕對」不會說話，那是自我在說話。人不會在睡夢中，渴望解脫，渴望是萌生於醒境；醒境時的運作，都是自我，其與「我」是同義。找出這個「我」是誰，如此尋找，並以「我」（指真我）而駐止之，所有的這些疑惑，將為之廓清。

一九三八年九月二十八日

對話五二一

幾位國會議員，遞交下列問題給尊者：

一、印度註定要遭受多久的苦難？

二、印度子民為印度的自由所付出的犧牲還不夠嗎？

三、印度在聖雄甘地的有生之年，能獲得自由嗎？

尊者對上述問題，沒有明確答覆，僅說：「甘地吉（對甘地的尊稱）將自己臣服於神，以毫無私利之心，致力於此。他不憂慮結果，對於事務之呈現，全然接受。這是全國有志之士，務必恪遵的態度。」

問：所為志事會因成功而榮耀嗎？

尊者：這個問題會提起，是因為提問者尚未臣服。

問：難道我們不應思及之，而致力於國家的福祉嗎？

尊者：首先照管你自己，其餘的自然會來。

問：我不是站在個人上說話，而是為這個國家。

尊者：先臣服，再看看。會有疑惑，是因為沒有臣服。經由臣服，而獲得力量，然後，你的環境會由於你臣服所獲得力量的程度，而有所改進增益。

問：難道我們不應知道我們的工作是否值得嗎？

尊者：遵從甘地吉的模範，致力於國家大業。就是「臣服」這個詞。

又有一紙字條遞交給尊者，上面寫著：我們有四位，來自果達古縣（Coorg，在卡那塔卡邦），我們曾赴德里，等候委派為印度國會工作委員會之代表，現在在歸返的途中。我們被果達古縣議會委員會派遣，祈請惠示一些信息，傳達給果達古縣區域議會委員會及當地的民眾。

尊者：在這裡有相同的答覆，得以適用。這項信息內含「臣服」。

一九三八年九月二十九日

對話五二二

一位訪客問尊者：我要知識。

尊者：是誰要知識？

問：是我要的。

尊者：那個「我」是誰？找到那個「我」，然後看有什麼知識要獲得。

一九三八年十月二日

對話五二三

一列朝聖的特別火車來自孟加拉（Bengal，印度東北部，今分為西孟加拉邦及孟加拉共和國），有幾位訪客來到道場，其中一人說，他曾閱讀保羅・布倫頓的書，很盼望拜見尊者。他問道：我如何克服我激烈的情緒？

尊者：找出它們的根，那就容易了。（笑聲）

激烈的情緒是什麼？愛欲、憤怒等嗎？為何它們會萌生？由於看見外物而生喜歡與不喜歡。在你的眼中，那些外物是如何投射出來的？是因為你的不知，亦即無明，不知什麼呢？不知真我，因此，若你找到真我，駐於其內，就不會有這些情緒的受困擾了。

再看看，引發情緒的原因是什麼？渴望快樂或享受歡娛。為什麼渴望幸福的欲望會萌生？因為你生命的本質，就是幸福，也就是這個本質，你來到你自己的生命深處，這個幸福，除了是你生命的真我之外，你別處找不到。不要到別處去找尋，但要探尋真我，駐止其內。

而且，幸福是生命的自然狀態，只是去重新發現，所以不會喪失。若幸福是來自外在的事物，則容易失去，不能永恆，不值得尋求。

抑又甚者，不應鼓勵渴求歡娛。澆灌汽油於火焰上，不能撲滅火燃。任何企圖滿足欲望於一時，俾抑制激烈情緒，只是愚行而已。

無疑的，抑制情緒，另有他途：⑴規律食物、⑵齋戒、⑶瑜伽修練、⑷醫藥，但這些方法，效果短暫，壓抑的情況一旦移除，情緒會再度萌生，其力量將更為強烈，唯一的克服方法，是根除之，這只有在找到情緒萌生的源頭，才能辦到，正如前面所述。

對話五二四

另一位朝聖的訪客問：我是個有家室的男子，在家庭裡，有可能獲得解脫嗎？如何做到？

尊者：現在「家庭」是什麼？是誰的家庭？若能找到這些問題的答案，則其他的問題，自然有解，請告訴我：是你在家庭裡面，或者是家庭在你裡面？

你是誰？你包括在生命的三面向，即醒、夢及睡境。睡覺時，你並未有家庭的知覺及家庭的繫屬，故不會萌生這個問題，而現在你覺知於家庭，並有繫屬的關係，於是你尋求解脫，然而你知道從頭到尾，都是相同的那個人。

問：因為現在我覺得我在家庭裡，所以我應該尋求解脫，這是對的。

尊者：你是對的，但請細加審思，並回答：是你在家庭裡面，或者家庭在你裡面？

另一位訪客插話：家庭是什麼？

尊者：就是那個，這必須知道，

問：我有妻小依賴，這就是家庭。

尊者：家人困縛你的心思嗎？或者是你在困縛你自己？他們有來向你說，「我們組成你的家庭，你要跟我們在一起」嗎？或者你認為他們就是你的家庭，因此你被他們困縛？

問：我認為他們就是我的家庭，而我被他們困縛。

尊者：是這樣沒錯，因為你認為某某是你的妻子，某某是你的小孩，因此，你被他們困縛，這些思維是你的，若沒有你，這些思維是不會存在的，你要保有這些思維，或者要清除它們，前者是困縛，後者是解脫。

問：我不是很懂。

尊者：你必先存在，然後你才能思維，你可能想到這些思維或其他的思維，那些思維在變動，但你並沒有變動，讓思維來來去去，但要掌握不變動的真我，那些思維形成你的困縛，若能捨棄，就是解脫。困縛不是外在的，所以無須尋求外在的解決辦法，思維形成困縛或解除思維，都是你內在的能力，若能解除，你便自由了。

問：但是保持沒有思維，不是容易的。

尊者：你無須停止思維，只是細審諸多思維的根本，而探究之，找到它，那個真我，自行輝照，若能這樣找到，思維自然止息下來，這就是從困縛中解脫。

問：是的，現在我瞭解，現在我學到了。那麼上師是必要的嗎？

尊者：只要你還認為你自己是個個體，則上師是必要的，以便指示你是不受局限困縛的，你的本質是從局限中解脫出來的。

對話五二五

另一位訪客問：行動就是困縛，人若無某些行動，則無法維生，故困縛是持續在累積增加中，在這種情況下，人應如何為之？

尊者：人之行動，應有如此的態度，那就是不令其增強困縛，而是減弱之，那是無形的行動。

一九三八年十月三日

對話五二六

客問：人賦予神名字，說那個名字是神聖的。持而誦之，則能使人有功德，這是真的嗎？

尊者：怎麼不是真的呢？你有名字，人家叫你，你就回應，但你的身體，並沒有名字寫在上面，身體也沒說它有個名字，然而，你擁有名字，你回應這個名字，因為你以名字認同你自己，因此，名字指稱某物，不是虛構物。同理，神的名字有其效力，持誦其名，是憶念的表徵，因此有其功德。

提問者不甚滿意，最後，他請求告退，並祈求尊者的恩典。

尊者反問：若無信心，僅是聽聞，怎能確保有恩典呢？

彼此笑了，訪客告退。

一九三八年十月四日

對話五二七

一群可敬的女士，來自果達古縣，她們聚在舊廳，其中一人問：我曾接受一個咒語，但有人嚇我，說若我持誦這個咒語，會有預想不到的後果，那個咒語，僅是持誦唵，所以我來請教，我可以持誦嗎？我對此咒語，有相當的信心。

尊者：當然。應持信心而持誦。

問：咒語會自行運作嗎？或者你有什麼進一步的教導？

尊者：持誦咒語的意旨，在於使人瞭解那個咒語會自行運作，而無須費力。口語的持咒，變成內心的，而最後內心的咒語，自顯為永恆而存在的，那個咒語，乃是其人的真實本質，那也是了知的狀態。

問：能因此而獲致三摩地的至福嗎？

尊者：持咒成為內心的，最後以真我而自顯，那就是三摩地。

問：祈請顯示恩典，使我在努力修持中，更有力量！

一九三八年十月十三日

對話五二八

一位來自安得拉邦的中年人問：觀想神時，固定視線（或心注一處）是必要的嗎？

尊者：這個修練是什麼？

問：固定視線。

尊者：為了什麼？

問：獲得專注。

尊者：這個修練，僅是在眼睛上著力下工夫，但對心思上的工夫又在哪裡呢？

問：我應該怎麼做？

尊者：當然，要思及神。

問：修練會使人生病嗎？

尊者：有可能，但都會自行調適良好。

問：我修練冥想，一天四小時，行固定視線，兩小時後，我身體不舒服，別人說，這是我修練的緣故，所以我放棄冥想。

尊者：事情會自行調整。

問：固定眼視，成為自然，不是很好嗎？

尊者：這是什麼意思？

問：修練固定視線是必要的嗎？或者順其自然為佳？

尊者：若不能使之成為自然？修練又是什麼呢？經久長期修練，終會成自然。

問：呼吸控制法的修練，是必要的嗎？

尊者：是的，是有用的。

問：我尚未修練。我應著手修練嗎？

尊者：心思的力量若足夠，凡事都是好的。

問：我如何能得到心思的力量？

尊者：可藉由呼吸控制法。

問：規律飲食，是否也有必要？

尊者：當然有用。

問：我應冥思於廣無邊際或有限度的某個物上？

尊者：這是什麼意思？

問：我可以冥思於上主克里虛那或上主羅摩，二者交替嗎？

尊者：觀念或印象，意謂著分裂。

一九三八年十月十五日

對話五二九

對話中，尊者說，蒂魯伊耶那薩姆班達曾歌讚阿魯那佳拉，也談到一則故事，簡述如下：

約在一千五百年前，蒂魯伊耶那薩姆班達出生在一個正統信仰的家庭，他三歲時，父親帶他到席耶里（Shiyali）的一間神廟，在廟裡的聖池邊，父親離開男孩，在池裡浴身，浸入水裡，男孩看不到父親而哭泣，此時，濕婆及雪山女神帕爾瓦蒂出現在空中的馬車上，濕婆要雪山女神以自己的乳汁餵食男孩，雪山女神便擠出一杯乳汁給男孩喝，男孩喝下，就高興了。

父親浴身畢，從池裡出來，看見男孩笑嘻嘻的，嘴巴邊有乳汁的殘餘，他問男孩，到底怎麼了。男孩沒答話，他感覺恐慌，而男孩唱了歌，內容是讚美呈現在男孩面前的濕婆的頌句。男孩唱「戴著耳環的人，…盜賊，偷走了我的心……」

因此，他成為極富盛名的虔愛拜神者，很受人景仰，他過著有活力又活躍的一生，在南印度各地，都有他朝聖的足跡。他在十六歲時結婚，新郎與新娘在婚禮結束不久，便到當地的神廟去觀視神，大批民眾，簇擁著前往，當他們抵達神廟的地點時，那地方有一片亮光，卻看不見神廟。所幸亮光中有一個通道，可以目睹，他告訴民眾進入通道，大家便走進通道，他及妻子繞著光而走，走進通道，與民眾一樣，然後，亮光消失，通道也消失不見，而神廟又恢復呈現在眼前。這個故事很簡單，但卻是一位聖者生命中有意義的事件。

在他一生的行腳中，他曾來到耶拉亞尼那盧（Arayaninallur），又名蒂魯科盧（Tirukoilur），距離蒂魯瓦納瑪萊約十八哩，這個地方以奉祀濕婆的神廟聞名，（尊者十七歲時，離家往赴蒂魯瓦納瑪萊的途中，就在此地的神廟中，眼見亮光的異象，當時尊者不知，這正是十五世紀前，蒂魯伊耶那薩姆班達在此立祀神明，莊嚴供奉。）當時古聖者居留在耶拉亞尼那盧時，有一位老人攜帶一籃花卉來找他。年輕的聖者問老人是什麼人，老人說，他是上主阿魯那佳拉的僕人，上主居住在這座山裡。

聖者問：「住處離這裡有多遠？」

老人答：「每天我走路，從那裡一路採集花卉來此供獻，所以很近。」

聖者：「我跟你去那個地方。」

老人：「對我來講，這實在是難得的榮幸。」

他們連袂前往，還有一些民眾也跟隨著聖者。走了一段路，聖者想向老人探問，還要走多遠，那老人卻突然消失不見，過一會兒，一群盜賊出現，洗劫了聖者及跟隨的民眾。大家被搜刮後，只好步伐沈重，走到目的地。此時，年輕的聖者，陷入冥想，神顯現在面前告訴他，盜賊是祂的追隨者，他的財物會失而復得，後來，這些民眾找到了他們的東西，聖者便歌讚上主阿魯那佳拉，其中有一則偈文是：「祢是廣密的真知，能夠掃除祢信徒的『我是身體』的妄見。在夜間，成群的羚羊、野豬、灰熊，從祢的山坡上走下，來到平地，尋找食物；而成群的大象，從平地走上祢的山坡，在那裡休息。所以不同的動物，都群居在祢的山坡上。」

所以，遠在一千五百年前，這座山必定是森林茂密，數個世紀後，歷經砍伐，森林不再茂密。

這位神祕老人透露上主阿魯那佳拉的事情，載述在烏帕瑪紐（Upamanyu）的《巴克塔·查利泰》（*Bhakta Charita*）三百則偈頌中。在道場發生廟產訴訟的期間，最後幾個月，有位廟裡的僧侶曾提示這本書給尊者看，尊者抄錄這些偈頌。

對話五三〇

下列記載取自阿南瑪萊·史瓦米（Annamalai Swami）[57]的日記，他是尊者的好信徒，也是道場居民。

尊者教誨

一、其人在世上活動，了無欲望，不忘其生命的本質，可謂是唯一的真實之人。（這是尊者答覆阿南瑪萊的話，當時他有意退隱於洞窟，俾修持冥想。）

二、有關出家修行，說難道人不應捨棄一切，以便能得到解脫嗎？

尊者說：「若人能在履行職責的同時，不去想『我在做這個』或『我是作為者』，這樣比去想『我已捨棄一切』還更好。甚至出家人心懷『我是個出家人』的念頭，都不是真正出家人，然而，在家居士沒有『我是在家居士』的念頭，乃是真正的出家人。」

對話五三一

問：人各說各話，怎麼知道真相是什麼？

尊者：人恆視其真我而已，而他所看的世界或神，取決於他是什麼。

有位那耶納爾詩聖[58]往赴卡拉哈斯蒂（Kalahasti，在安得拉邦）觀視神的臨在。他在那裡，看見每個人都是濕婆神及沙克蒂女神，因為他本人也是這樣具有神性。又，達瑪普特雷（Dharmaputra）認為，全世界的人，都由具有功德的人組成，這些人都比他優秀，這是因為有某些原因的，但杜約達那（Duryadhana）卻在世上找不到有一個好人。每個人都反映出他自己的本性。

對話五三二

問：沒有辦法逃離這個世界的愁苦嗎？

尊者：只有一個辦法，那是在任何情況下，都不忘卻你的真我。探究「我是誰」，乃是世上所有苦難的唯一救濟辦法，這也是圓滿的幸福。

對話五三三

新聞報導，甘地吉要在鄰里（Yerwada，在馬哈拉施特拉邦）的監獄絕食二十一天。有兩位年輕人跑來找尊者，他們非常激動地說：「聖雄現在在二十一天的絕食中，我們要趕過去，跟他一同絕食，請允許我們，我們想儘快出發。」說著，便準備要衝出去。

尊者微笑著說：「你們有這種感覺，這是好的現象。但現在你們能怎麼做呢？就像甘地吉以苦行而獲得力量一樣，你們也要擁有力量，以後你們就會成功。」

對話五三四

尊者時常說：「靜默乃雄辯之極致，平靜是行動之極致。何以如此？因為其人在生命底蘊的本質。抉發真我之幽微，故能於適時所需，召喚一切力量而運作，那是最上乘的靈力。」

阿南瑪萊問：南德奧、杜卡羅（Tukaram）[59]、杜拉西達斯（Tulsidas）[60]等人，據說能看見偉大的毘濕奴，他們是怎麼看到祂的？

尊者：用什麼心態呢？就像在這裡，現在你看我、我看你的心態一樣，他們也只是用這種心態看毘濕奴而已。

阿南瑪萊親聆及此，記錄下來，他為之毛髮豎立，強烈的喜悅感湧現，久久不能自已。

對話五三五

有一次，阿南瑪萊問：「人在從事日常工作時，又如何能有禮敬神明的心？」

尊者沒有回應，十分鐘過後，有幾個女孩前來觀視尊者，她們唱歌跳舞，歌詞是：「我們擠著牛乳，但一心不忘克里虛那。」

尊者轉向阿南瑪萊說：「這就是對你問題的回答。這個狀態，稱之為虔愛、瑜伽及行動。」

對話五三六

其人陷落在「我是這副身體」的觀念感知，乃是最大的罪孽之人，他是個自殺者，而「我是這個真我」，乃是至上的功德，甚至片刻在此冥想，便足以摧毀一切昔世累積的業，其運作有如太陽一出，黑暗盡滅。若能時常如此冥想，則其人之罪過，不論如何兇惡至極，還能在這樣的冥想中存有嗎？

對話五三七

有一次，尊者說：「欲望構成幻相，而無欲乃是神。」

對話五三八

阿南瑪萊問：世上的行動與冥想，其間確實的差異是什麼？

尊者：並無差異。就像稱呼某個東西，而有兩個不同的名字及不同的語言。烏鴉有兩個眼睛，但只有一個虹膜，可隨牠喜歡，將虹膜捲入另一個眼球內。大象的鼻子，可用來呼吸，也可用來飲水。蛇的視覺與聽覺來自相同的器官。

對話五三九

尊者正要上山時，阿南瑪萊問道：行冥想時，閉目與睜眼有不同嗎？

尊者：若你站立在離牆面一段距離，你丟出橡皮球，球會反彈，跑回你身上；若你站立在離牆面很近，球會反彈，跑到你身之外。縱然是閉目，心思仍跟隨著思維。

對話五四〇

有一次，阿南瑪萊問：在冥想中，心中的喜悅勝過感官的享受，但心思卻追逐感官享受，而不尋求內心喜悅。為何會這樣？

尊者：歡樂與痛苦，僅是心思的面向，我們生命的本質是幸福的，但我們忘卻了真我，以為身體或心思是真我，這就是錯誤的認同，致生愁苦，應該怎麼辦？這個妄見的習性，極為古老，沿襲迄今，而持續存在，已歷無數的前世，故習性具有極度的強力。在掌握生命本質之前，這些習性必須掃而空之，使生命的幸福，自行確立。

對話五四一

某位訪客問尊者：這世界上有許多苦難，因為世上充斥著壞人，人又如何能找到幸福呢？

尊者：對我們而言，世上所有的人，都是上師。壞人用壞的行為在說：「不要接近我。」好人總是良好的，所以，所有的人，對我們而言，都是上師。

對話五四二

阿南瑪萊問：我一直想要獨居，若有某個地方，我能夠容易找到的話，我願意將全部的時間都用來修行冥想。這樣的欲望，是好的或是壞的？

尊者：這樣的思維，會帶來再度的重生而促使實現。你身處何地，而環境如何，又有什麼關係呢？重點是心思必須安駐在源頭裡，並沒有什麼外在，也沒有什麼內在。心思是一切，若心思躍動，則身處獨居，也如在喧囂的市廛。閉眼是無用的，閉上你心思的眼睛，則一切會是好的。這個世界並非外在於你。一個善人不會在其採行作為之前，預為謀劃，為什麼？因為神派遣我們來到這個世界，有祂的計畫，而將確定會實現。

對話五四三

在某個場合，有許多訪客來此向尊者禮敬並祈求道：「使我成為虔愛的信徒，請使我解脫。」他們離去後，尊者獨自言道：「他們都要虔愛，都要解脫，若我向他們說，將你自己交出來給我。

他們不肯的，他們又如何能得到他們想要的呢？」

對話五四四

某個場合，有些信徒議論某些奉行虔愛法門的知名人士之功德，信徒間彼此沒有共識，便向尊者請教。尊者聞後，保持沉默，信徒的討論益發熱烈。最後，尊者說：「人無法知道別人，也無法將困縛或解脫加之於他人身上。人人都渴望在世上成名，對人而言，這是自然之事，看來這個渴望不會終止。人不被神接受，才是真正的蒙羞。若將自己的身體及心思交給神，將會在世上卓有名聲。」

對話五四五

阿南瑪萊一度深受性欲念頭的困擾。他抵制心念，絕食三天，向神禱告，希望能擺脫這些思維念頭。最後，他決定請教尊者。

尊者聽後，沉默約兩分鐘，然後說：「嗯，心思念頭，使你心煩意亂，而你抵制之，那是好的。為什麼現在你還在想那件事呢？不論什麼時候，這種思維念頭萌生時，就要探究這些是誰在萌生，然後這些思維念頭，就會離你而去。」

對話五四六

阿南瑪萊問：有人行善，但在善行上卻時而遭受痛苦，有人行惡，卻很快樂，為何會這樣？

尊者：痛苦或歡樂是昔世業力的結果，而不是現世的業行。苦樂更迭，人在遭逢苦樂時，必須耐心面對，莫受苦樂牽引，務必時時緊握真我。當人有所行動時，不必顧及結果，也莫被偶發的苦樂所動搖。對苦樂漠然視之，人就會快樂。

對話五四七

問：上師的恩典，對獲致解脫，有何意義？

尊者：解脫並非外在於你，其僅為內在而已。人若渴望解脫，其人內在的上師將會牽引他入內，而其人外在的上師會敦促他朝向真我，這就是上師的恩典。

對話五四八

有位訪客以書面向尊者提問如下：

一、世界乃同步造物（俱生論），或逐漸造物（漸生論），二者有何不同？

二、造物主公正不偏嗎？為何有人出生就跛腳、有人眼盲等？

三、迄至今日，八方守護神[61]、三億三千萬神祇、七仙人[62]還存在嗎？

尊者：問你自己這些問題，答案將會揭曉。（尊者略為沉吟後，接著說）若我們先了知我們的真我，這些事都十分瞭然。我們不妨先知曉我們的真我，然後再探討有關造物者及其造物，若不先知道真我，而尋知神祇的知識等，則屬無明。一個黃疸病患者，眼見萬物皆黃，若他向人說，物皆呈黃，則有誰會接受他的說辭呢？

據說造物有其來源，那是如何造物呢？種子成長成樹木，種子又如何生出的呢？來自類似的樹，這一連串的問題，沒完沒了，所以，知道世界之前，人必先知曉其真我。

對話五四九

尊者常語及大禮拜（*namaskar*），其言如下：「最初，昔日聖者以大禮拜作為向神臣服的表示，後人遂廣為採行，但已失其背後的精神。大禮拜者，有意以此舉動而欺瞞禮拜的對象，這是最不誠懇而欺騙的，也是用來掩飾數不盡的罪過。但是人能夠欺騙神嗎？其人認為神已接受他的大禮拜，所以依舊繼續逍遙其往日的生活。他們不用來我這裡，我不喜歡這些跪拜，人應自淨其心，而不是在我面前俯身或伏地跪拜，我不為這些舉動所騙。」

對話五五〇

英國知名作家毛姆（Somerset Maugham）拜訪尊者，他也訪見梅傑．查德威克於其住屋，在房間裡，毛姆突然不省人事。查德威克請求尊者前去探視，尊者進屋坐下，凝視著毛姆，毛姆乃恢復意識，便向尊者行禮致敬。兩人面對面，靜默無語，約近一個小時，毛姆想要提問，卻開不了口，查德威克鼓勵毛姆提問。尊者說：「都結束了，心靈對話，是一切的對話，所有的對話，皆終止於靜默。」他們微笑，而尊者離開房間。

對話五五一

某人問尊者：說真我之知最容易，這是怎麼個說法？

尊者：其他的知，都需要一個知者、所知、被知道的對象，而真我之知不需要任何東西。那是真我，還有什麼更明顯的嗎？才說說是最容易的，你只需要探究「我是誰？」人的真實名字，就是解脫。

對話五五二

道場內幾棟建物的相關建築藍圖，似乎無整體的規劃，因此，監造人阿南瑪萊與道場管理人在許多細節上，意見相左，彼此困擾。阿南瑪萊一度對事務的現況，感到厭惡。他問尊者，這種情況該怎麼辦？

尊者說：「這裡的哪一棟建物，是根據人的規劃而興建的？神有其規劃，萬事皆據此而行，對所發生之事況，無須憂慮。」

對話五五三

有道場居民問尊者：我們的前世為何？為什麼我們不知自己的過去？

尊者：神以其慈悲，鎖住人們在這方面的記憶，人若知道曾經有何功德，便會驕傲，若有相反的情事，又會沮喪，二者皆不佳，故了知其真我，便為已足。

對話五五四

正如河流注入於海洋，便不再流駛，則其人融入於真我，便不再動盪。

對話五五五

尊者提到，有一次慕尼問了一個問題：「三盧比[63]就能夠過一個月的生活。尊者看法如何？」

尊者說：「只有在知曉生活乃是無所需求的，其人才能夠快樂地生活。」

對話五五六

某日夜晚，梅傑·查德威克問尊者：據說世界的呈現，是在心思萌現之後；當我入睡時，並無心思，在那個時候，對別人而言，世界並不存在嗎？世界不是宇宙心思的產物嗎？我們怎能說世界不是有形的，而只是如同做夢？

尊者：這個世界並沒有說它是個人心思的或是宇宙心思的。那只是個人的心思看到世界，當心思消失，則世界也消失。

有個人做夢，在夢中見到三十年前死去的父親，他又夢見，他另有四個兄弟，父親將財產分給他們，於是引發糾紛，兄弟毆打他，他驚嚇中醒來。他回想自己孑然一身，並無兄弟，而父親也逝亡很久了，他剛才的驚嚇恐慌，反而帶來現在的安心滿意。所以，當我們看到我們的真我，則沒有世界存在。若未見及真我，我們反而受困於世界。

對話五五七

一位訪客問道：有人建議我們要專注一個點在額頭上的眉心，這是對的嗎？

尊者：每個人都覺知於「我在」，卻將那個覺知置於一旁，而去找尋神。將注意力固定在眉心，有何用處呢？若說神在眉心，則是愚蠢。這種建議，只是在協助心思專注，這是遏制心思走作，防止其紛紜散漫的強制手段。用強制力引導至單一思路，僅是有助於專注而已。但是獲致了知的最佳途徑，是探究「我是誰？」，現況的問題是屬於心思的，也只有以心思掃除之。

問：在食物方面，要遵行什麼限制？

尊者：潔淨的食物，適量的攝取。

問：有許多瑜伽的體位法，何者為佳？

尊者：心注一處，乃為最佳。

對話五五八

客問：薄伽梵尊者！當我聽聞您，內心便湧現來看您的渴望。為什麼會這樣？

尊者：那個渴望的湧現，與從真我而來的身體之萌現，是同一個方式。

問：生命的意義何在？

尊者：想要尋知生命的意義，此本身就是昔世有良好業力的果報，不願尋求真知之人，只是在浪費生命而已。

對話五五九

有人問尊者：薄伽梵尊者，您知道我何時會成為悟者嗎？請告訴我什麼時候？

尊者：若我是薄伽梵（神），則無人與我分離，而萌生真知，或者跟我對話。若我是普通人，與其他人相同，則我的無明，亦與人無異。這二者之一，對於你的問題，都無法回答。

對話五六〇

尊者在沐浴時，幾位虔愛拜神者環立在旁邊，彼此交談。他們問有關大麻花葉（*ganja*，有麻醉效果的葉子）的使用，這時尊者浴畢其身。

尊者說：「喔，大麻花葉！使用者在其效應下，會飄飄欲仙，感覺快樂，我又如何能描述他們的快樂呢？他們喊叫著妙樂！妙樂！」說著說著，尊者的步伐，好像酩酊的模樣，這些虔愛拜神的信徒都笑了起來，尊者顯得步履蹣跚，一站不穩腳，便將手放在阿南瑪萊等的頭上，喊著：「妙樂！妙樂！」

阿南瑪萊記載此事，說從那個時候起，他的生命為之蛻變，他與尊者同居於一屋，長達八年。他又說，他的心境，始終平靜。

對話五六一

問：什麼是心思的有形（*svarupa*）及無形（*arupa*）？

尊者：當你醒來，有光呈現，那是真我之光，穿過宇宙心智原質（*Mahat tattva*，直譯「大諦」原物最初演變，其名為大或覺諦）而來，稱之為宇宙意識，那是無形的。那個光映照在自我上，由此而反射映照，然後世界與身體被看見，這個心思，是有形的。諸物在反映的意識之光中呈現，這個光，叫做明光（*jyoti*）。

一九三八年十月二十一日

對話五六二

《探究真我》書中有段敘述，略謂人一旦了悟，僅此簡單的原因，他就成為解脫者，但他仍受其生命潛在的習性所拘。有人便問尊者，這裡所述及解脫者的了悟，其與悟者的了悟是否相同，若是相同，何以二者有不同的效應？

尊者：二者的體驗是相同的。每個人皆以有意識或無意識，而體驗真我。非悟者（指解脫者）

是在其潛在習性的籠罩中而體驗，但悟者並無如此籠罩，因此悟者之體驗真我，乃為明確而永久。

修持者得經由長期修練而獲致對實相的瞥見。這種體驗，可能歷歷在目，但為時短暫，其人之潛在習性亦可能奪他而去，使其先前的體驗無濟於事，這樣的人，必須持續修練於反思所聞及心注一處，俾掃除障礙，然後才能永駐在真實之境。

問：其人無修練而是個非悟者，與另一人有修練而瞥見實相，但又退轉為非悟者，此二者有何不同？

尊者：就後者言，那股動力始終在那裡激勵著他，他應努力精進，直到他的了悟是完整的，

問：經文說「此至上之知的知，輝照朗現，一明永明。」

尊者：這是指恆在的了悟，而非瞥見。

問：人怎麼會忘記其先前極致的體驗，而退轉到無明呢？

尊者舉故事為例，說明之。有位國王，待其屬下極善，其中一位大臣，深獲國王信任，但這位大臣濫用信任的影響力，致使其他的大臣及官員均受其威脅，他們便擬訂計畫，驅逐這位大臣。他們通知衛兵，不要讓他進入王宮。國王在會議中，注意到他缺席，便詢問何以故，其他的大臣說，他生病不能來。國王於是派遣醫生前來探視。國王又被告以錯誤的消息，說這位

大臣的病情，時好時壞，國王擬親自探訪他，但朝廷中的學士說，這樣是違反法理的。不久，傳來這位大臣死亡的消息，國王聞悉，大為悲傷。

這位驕傲的大臣，以其爪牙偵防，掌握所發生的各項事情，他在等待國王走出王宮，以便自己能向國王報告。有一天，他爬到樹上，躲在枝葉間，靜候國王出來。那天夜晚，國王坐轎子外出，他便從樹上跳下，在轎子前面，大叫著自己的身分名字。國王的近侍，也有充分的防備，立即從口袋中，拿出一把聖灰（*vibhuti*，香灰）灑在空中。國王便不得不閉目避之，近侍對國王大喊：「勝利！」並令樂隊奏樂，使那位大臣的喊叫聲，被樂聲掩沒而聽不到。近侍又令抬轎的人，快步前進，而他自己唸著驅鬼的咒語。國王離去後，心中的印象是，那是死去大臣的鬼魂，在跟他開玩笑。

這位大臣，極為失望而沮喪，乃退隱於森林而持苦行。一段時日過後，國王因外出狩獵，來到這個林處，巧遇這位大臣，坐在那邊冥想，但他一看到大臣，害怕鬼魂又來騷擾他，於是國王拔腿就跑。

這則故事的寓意是，雖然所親見的是有血肉之軀的人，但錯誤的概念，誤以為是鬼，於是喪失了正確的真實判斷。對真我的強制之了悟，也是這樣。

一九三八年十月二十二日

對話五六三

有一組人前來拜訪尊者，其中一人問：如何使我的心思有條不紊？

尊者：一頭難駕馭的牛，須用青草誘導之，使能安住在牛棚裡，同理，心思必須以良好的思維誘導之。

問：但心思仍無法穩定。

尊者：牛隻喜歡離開牛棚而外出，以閒逛為樂，但仍須以香甜美味的青草引誘之，使能安於牛棚內，雖然如此，牠仍時常越界到毗鄰的園地，牠必須逐漸知道，自家園地的青草，與鄰地的青草，一樣甜美可口。迨一段時日後，牠就會安住在自家的園地，而不再離開牛棚了。再過一段時日後，縱使驅趕牠離開牛棚，牠仍會回到牛棚內，不再闖入鄰居的園地。心思也是這樣，必須加以訓練，俾步上正軌，這是要逐步養成，俾適應良好的正道，而不再退轉至歧途。

問：心思所顯示的正道是什麼？

尊者：思及神。

一九三八年十月二十三至二十六日

對話五六四

巴拉·卡克·達爾（Bala Kak Dhar）是位學者，喀什米爾的行政官員。他在燈節（Deepavali Day）當天，一路從斯里那加（Srinagar，喀什米爾首府）抵達道場，前來觀視尊者；他呈示一份文件，內容列載他的生平記錄及職位，他與尊者的對話，極具私人性質。

其中有個提問是：我已觀視了尊者，這對我就已足夠了，我可以將護身符、怛特羅、普迦（*pujas*）的東西，全都拋棄在河裡嗎？

尊者：《法經》（*dharma sastras*）中載述的每日普迦儀行，都是好的，可淨化人心。縱然其人之修持已臻高階，無須普迦儀行，但他仍須為別人著想，而行普迦祭儀。這樣的行為，是作為其子女及下屬的楷模。

對話五六五

一位來自邁索爾的人士問：心思如何處於正道上？

尊者：可藉由修練，給與良善的思維。我們必須以好方法訓練自己的心思。

問：但心思不穩定。

尊者：《薄迦梵歌》說：「心思必須逐漸帶到穩定的狀態；使心思固定在真我裡；藉由修練及保持無執著。」修練是必要的，進展是緩慢的。

問：在「固定在真我裡」中，所指述的真我是什麼？

尊者：你不知道你生命的真我嗎？你確然存在，或者你否認你存在？只有在假設你不存在的時候，你才會有「這個真我是誰」的問題萌生；但是，除非你是同時存在的，否則你無法提問任何事情。你的提問，正顯示你是存在的。找到那個你是誰，就是這樣。

問：我讀過許多書，但我的心思無法轉向真我。

尊者：因為真我不在書本裡，是在你的生命裡。博覽群書使你有學問，這就是讀書的目的及其實現博學。

問：如何達到對真我的了悟？

尊者：你是真我，而且也在此地此時（*sakshat*），還有哪個地方，要前去達到的呢？這個提問顯示，你認為你是非真我，所以有兩個我，一個要去了悟另一個，這是荒謬的。你認定粗質身體是你，這是一切問題的根由。嗯，這個問題現在提起，在你睡覺時，這個問題會提起嗎？那時，你不存在嗎？當然，你睡覺時是存在的，那麼，在這兩境中，問題現在提起，但睡覺時不提起，這彼此的不同是什麼？現在，你認為你是這副身體，你環視身邊諸物，以同樣的心態，來看真我，這是習性的力量使然。你的感官僅是你認知的工具。實則「你」就是觀者，保持作為觀者而已，還有什麼要看的呢？這就是熟睡時的狀態，所以那個時候不會提問。

因此，對真我的了悟，僅是對非真我的屏棄。

問：只有一個真我嗎？或者有更多的我？

尊者：這又是由於混淆知見所致：你將身體認為是真我，你就認為「我在這裡，他在這裡。別人在那裡等。」你看到很多個人，於是你認為有很多個我，但是睡覺時，你會問，「我在這裡睡覺，會有多少個人是醒的」嗎？會這樣而有任何問題提起嗎？為何不會提起？因為你僅是一個，而不是有很多個。

問：真理（*tattva*）是什麼？

尊者：你就是你自身的真理，難道還有一個不同的人知道另一個人的真理嗎？你怎麼能自外於那個真理呢？你存在的極致，就是真理。屏棄真理的外面裝飾，而以你生命最初的本質，如如其在，所有的經文都告訴你，不要浪費精力在非真理上[64]。屏棄非真理，然後真理其在，始終唯一，粹然朗照。

問：我要知道我生命的真理及職責。

尊者：先知道你的真理，然後你可以問你的職責。你必須先存在，而後才能知曉並執行你的職責。了知你的存在，再探詢你的職責。

一九三八年十月二十六日

對話五六六

坦米爾文報紙《聖道》（*Arya Dharman*）刊載一篇文章敘述無執著（*Vairagyam*，無染），尊者閱及文章上問題的答案。這篇文章大意是：無執著就是 *Vairagya*，即 *vi+raga*。只有智者才能無執著，但常誤以為一般人也能無執著。例如，有人常說：「我以後不去看電影了。」他認為這是無執著，這是誤解字義，而如此沿襲陳說也極普遍。又，我們常聽到「看到狗，就看不到石頭。看到石頭，就看不到狗。」一般的瞭解，是指你找不到磚塊，去丟向一隻迷失的狗。但這種普遍性的說辭，是有其他的涵義。這是出自於一則故事：有位富人的住家門禁森嚴，在大門旁的石柱，繫著一隻兇猛的狗。但這隻狗及狗鏈卻是極精巧的藝品，以石雕打造，栩栩如生。某個行人路過，看見這隻狗，便心生恐懼，試圖走避，有位好心的鄰居見狀，於心不忍，就告訴他說狗不是真的。當他下次又路過時，便讚美石雕狗的精巧工藝，忘了上次他害怕的經驗。因此，當他認為是隻狗的時候，他無法看到那是石雕；但當他認為那是石雕的時候，他就無法看到有狗會傷咬他，因此才有這樣的諺語。請比較這句話：「大象藏著木頭，木頭藏著大象。」這是指木雕的大象。

真我始終是存在、意識、幸福。在這裡面，前兩個，在所有的狀態中，皆得以體驗，但最後那個，據說只有在睡夢中，才能體驗。所提起的問題是，在醒夢兩境中，真我的真實本質，是如何喪失的。其實說來，並沒有喪失，在睡夢中，心思不存，而輝照的是真我其自身；在其他兩境中，所輝照的是真我的反射映照之光。在睡境中，思維止息，而感覺幸福。這種情形也呈現在別的場合，如喜愛、喜樂、至樂等，但這些都是心思的運作模式（*chitta vrittis*）。

當一個人行走於路上，其心思四處紛散。若他經過市場，有芒果陳列販售，他喜愛芒果，買了一些。他渴望要吃芒果，便急忙回家，吃了芒果，感覺很快樂。當他看見芒果，心生喜愛，則紛散的思維不見了，這種歡喜，就是喜愛（*priya*）；當他擁有了芒果，這種歡喜，就是喜樂（*moda*）；最後，他吃了芒果，這種歡喜，就是至樂（*pramoda*）。這三種的歡喜，都是由於思維的消失不見。

一九三八年十一月三至六日

對話五六七

尊者向麥基福解釋《真理詩頌四十則》前面幾段偈頌如下：

一、第一頌是吉祥偈頌的開端。為何這段主題要放在這裡呢？真知能與存在有分別嗎？存在乃是核心，亦即本心。至上之存在又如何冥思之而榮耀之呢？只有此粹然的真我，如如其在，代表著吉祥的開端。這是根據真知法門而述及無屬性的至上之知。

二、第二頌是以屬性而讚美神。前頌述及真我，本頌述及臣服於上主。更進一步，本頌簡敘：合格的讀者、主題、關係及成果等項。合格的讀者是指有其資質能力，其資質能力在於無執著於世界，而渴望解脫。

每個人都知道，終有一天會死亡，但人們並不深思此事。人人皆畏懼死亡，這種恐懼感是一時的。為什麼害怕死亡呢？因為有「我是這副身體」的觀念。每個人對死亡、身體，及其火葬，全然知悉。身體在死亡中會喪失，是知之甚稔的。由於「我是這副身體」的概念，身體的喪失，乃引發對死亡的恐懼。出生與身死，只是關係到身體而已，但其為真我之附加物，遂而引生妄見，誤認為生死與真我有關。

為了致力於克服生死，人仰賴至上存在拯救他，於是引生信念，供奉上主。如何敬拜祂呢？所造之物本身毫無力量，而造物者有其全幅大力，這要如何接近祂呢？相信自己是祂所照應的，乃是他自己唯一能做的事，亦即全然臣服是唯一的方式。因此，他將自己交出給（臣服於）神。

臣服乃是面對神的慈悲，交出自己及自己的所有物，然後，所留存下來的是什麼？一無所有，既無他自己，也無所有物。身體可能的生與死，全部都交給上主，而人不再憂慮掛念了。然後生與死不再震撼他，使他恐懼。恐懼的根由是這副身體，但現在身體不再是他的了，為什麼還要害怕呢？或者說個人的身分在哪裡而要被恐嚇呢？

所以，真我被了知，而有幸福的成果。然後這就是主題：從苦難中解脫而獲致幸福。這就是至上之善的獲致，而臣服與幸福同義，這就是它們的關係。

「成果」是反映在主題上，而獲致真知，那是始終臨在於此時此地。本頌以「不朽的那個」作為終結。

三、五感意謂著精微運作，其名為聽、觸、視、味、聞。這些運作之變化，組構整個宇宙，根據三質性而有其變異如下：

經由昏闇，而有粗質元素。

經由躁動，而有知物之工具。

經由純淨，而有感官的各種不同之知。

也經由：

昏闇——有粗質萬物（如世界）；

躁動——有生命元氣及行動器官（*Karmendriyas*）；

純淨——有感知。

行動器官是指握持、行路、講話、排泄、生殖等器官。

現在以鈴的響聲來說，聲音與聽聞相關。鈴是物體，為昏闇質性的狀態。躁動性質的精微元素，以聲音的振幅之變化，環繞於鈴身而擴衍之，然後經由空氣，與耳朵連接，使之感覺，成為聽聞之音；而認知這個聲音的知，就是純淨質性的精微元素。

其他感知亦然：觸——風精微元素；形——光精微元素；味——水精微元素；嗅——地精微元素。

僅以物的微粒而瞭解精微元素，這樣是不完整的。那些只是聲、觸、視、味、聞的精微形態，而形成宇宙的整個組構成份。這就是世界的肇造。

由於缺乏適當的用語，這些觀念不易以外國語文而輕易知曉。

四、這則偈頌在說，論述者皆有一項共識，那是什麼？一個境界，超越二元與非二元、超越主體與客體、超越生命個體與神；簡言之，超越一切的分別，脫離自我，問題是「如何達到此境？」此偈頌表述，以捨棄這個世界而達到。這裡「這個世界」是表示與之有牽涉的思維。若這些思維不萌生，則自我不會萌現，就沒有主體，也沒有客體，這樣就是那個境界。

對話五六八

夏斯特里（V. G. Sastri）先生向尊者呈示一紙剪報載述羅摩・蒂爾特（Sri Rama Thirtha）的幾段預言，說印度在一九五〇年之前，會達到國家昔日的光榮盛世。尊者說：「印度已然在光榮盛世中，為什麼我們要認為還沒有到來呢？那個光榮盛世，只是你的思維。」

一九三八年十一月七日

對話五六九

答覆薩瑪的提問，尊者語及〈達克希那穆提讚頌〉如下：

我原先有意對這篇讚頌，寫一篇評註，但朗格那塔・艾耶（Ranganatha Iyer）將這篇坦米爾文版的讚頌，連同〈阿帕拉帕圖〉（*Appalapattu*）讚歌，拿去付印。後來，他要我增補讚頌，我已有了導言的文字，他見了便拿去付印。所以我尚未著手撰寫評註。至於這篇讚頌：

梵天造物神，從心中創造了四個兒子：薩南卡（Sanaka）、薩南達那（Sanandana）、薩南特庫瑪拉（Sanathkumara）、薩南蘇耶特（Sanatsujata）。他們問造物神，為什麼他們被造出來。梵天說：「我必須創造宇宙，但我要苦行，以便了悟真我。你們被造出來，是要你們來創造宇宙，這樣你們會有許許多多的化身。」他們不喜歡這種觀念，認為這簡直是自找麻煩。人尋覓本源，這是自然之事，因此他們要重拾其源頭，俾能快活，於是拒絕遵從梵天的諭命，離開了祂。他們渴望受到引導，以便了悟真我。然而具資格能力了悟真我者，大有人在，而引導必須是大師中最優異者。除了濕婆，亦即瑜伽士中的王者，還有誰能勝任呢？於是濕婆趺坐在神聖的榕樹下，化身顯現在他們面前。身為瑜伽士的王者，祂還需要修練瑜伽嗎？當祂端坐時，便入定於三摩地，祂是圓滿的沉著，寂靜遍在。他們一看到祂，靈效立見，便都頓入三摩地，而疑惑全消。

靜默乃是真實的教導，圓滿完美，僅適於最高階的尋道者，其餘皆無法從靜默中汲取靈感，因此需要言語的教示，以解讀真理，但真理又是超越文字的，故無法保證其解讀的絕對正確。所能做的，只有用指引表述的方式，這又如何為之呢？

人們在幻相中，若除其幻相，則真理顯示。他們必須被告以要瞭解那個幻相的錯誤，然後他們才能脫離幻相的陷阱，而有不執著的成果。他們探究而深入真理，亦即真我，俾能以真我而安駐之。商羯羅乃濕婆的化身，對於陷落中的眾生，有無盡的慈悲。他要所有的眾生都能體認到他們的幸福，但他無法以靜默及於每個眾生，於是他以吟誦讚歌的體例，譜寫了〈達克希那穆提讚頌〉，使人們朗讀而瞭解真理。

幻相的本質是什麼？所有一切都在享樂的桎梏裡，亦即享樂之人（*bhokta*）、享樂之事物（*bhogyam*）、享樂（*bhoga*）。這都由於概念錯誤，以為所享樂之對象（*bhogya vastu*）是真實的，而自我、世界、造物主是這個幻相底下的基石。若能了悟這些都並非自外於真我的東西，則再也不會有幻相。

〈讚頌〉中，第一則四偈頌的第一個偈句，述及世界，此偈表示師父的真我，與尋道者的真我是一樣的，或者尋道者臣服於師父。第二個偈句，述及個人的真我顯示成為師父的真我。第九則偈頌敘述伊濕瓦若。第十則偈頌敘述成就或了悟。

這就是〈讚頌〉的體例。

這裡所說的鏡子是哪一個呢？我們所知的鏡子，是指反射光線的無覺性之物。但在生命個體而言，對應於鏡子的是什麼？自身耀明的真我之光在宇宙心智原質上反射，那個反射的光，是心思之靈氣，或純粹的心思，照亮生命個體潛伏的習性，故乃萌生我之感知或「這個」。

若膚淺閱讀這些偈頌，人們會以為困縛、解脫等，全都跟達克希那穆提這個師父有關，這是荒謬的。臣服於祂，才有意義。

對話五七〇

一位訪客問尊者：行冥想於無形相，據說是困難而危險的。他從《薄伽梵歌》中引述一則偈語：顯而易見（*avyaktahi*）。

尊者：若是顯而易見的，卻被認為是不明顯的，就會製造疑惑。還有什麼東西，能比真我更為直接而親近呢？還有什麼東西更明顯呢？

問：行冥想於有形之物，似較簡單。

尊者：去做你認為簡單的。

對話五七一

對多數人而言，生命個體的繁多態樣，是議論紛紜的論點。生命個體是反射之光映照在自我上。人以自我而認同自己，就會堅稱有許多人，像他這樣。他荒謬的識見，不易被說服。人在睡夢中，夢見許多人，難道他會相信其為真實，而在醒來後，去探問夢中人嗎？

這個論辯，無法說服爭論者。

又，有個月亮在那裡，每個人在任何時刻，從任何地點觀之，則同樣是那個月亮，這每個人都知道。現在假設有幾個容器盛水，映現著月亮，則每個容器的水中月亮之印象各異。若有個容器破碎成片，則水中月亮消失，但其為消失，並無礙於真實的月亮及其他容器的水中月亮。這類似於個人試圖獲得解脫，他是獨自個人而解脫。

繁多態樣的門戶之見，使他反對非二元性，他說：「若真我為獨一無二，則一人之解脫，即意謂著全部的靈魂皆告解脫，但在實務上，不可能有此事例。」

這項論述的弱點，在於真我的反映之光，被誤解為真我的原始之光。自我、世界、生命個體皆由於其人潛在的習性所引致。若習性泯滅，則幻相消失，亦即說盛水的容器破裂，則相對的映照亦告滅。

其實，真我從未被困縛，因此，並無解脫可言。一切的苦惱，皆是自我而已。

一九三八年十一月十日

有人問，為何說生命個體的紛呈不正確呢？生命個體確實為數眾多，因為生命個體只是真我映照之光下的自我與形體而已。說個體我之多樣，固然不對，但生命個體的確是多樣的。

尊者：之所以稱為生命個體，是因為他看見世界。做夢的人在夢境中見到許多生命個體，但這些都非真實，而作夢者獨然其在，看著一切，所以這是生命個體之於世界。唯一的真我有一個準則，那也是唯一的生命個體所稱的準則，即生命個體只有一個，看著世界及世界中的諸生命個體。

問：那麼，這裡的生命個體是指真我嗎？

尊者：是的。但是真我不是觀者，只是在這裡說他在看世界，所以他又與生命個體有別。

對話五七二

問：一般人普遍恐懼死亡，這有什麼用處呢？

尊者：確實，這是普遍的現象。這種恐懼，不具實益，因為人在自然死亡時，會被其心思的潛在習性所駕馭，這樣就不可能使他無執著，而他也無法詳究整個端倪。

問：那麼，您又如何對不同的訪客，一視同仁，給與同樣的教示呢？

尊者：我又說了什麼呢？每個人的自我，必須死亡，讓他在此省思。這個自我是在那裡或者不在那裡？不斷的省思，人會變得越有能力瞭解。

對話五七三

一九三八年十一月十一日

朗格那塔·艾耶（Ranganatha Ayyar）成為信徒已有十四年之久，他在此參訪，問：人死亡多久會投胎呢？

尊者：為時或長或短，但悟者不會經歷任何變異，他已融入於宇宙的存在，《廣森林奧義書》如是說。有人說，有的死者會進入一個光亮的通道，而不會投胎；但有的死者，以其精微身食盡業報後，會進入一個黑暗的通道，而再度出生。

若其人之善惡相等，則會立即投胎。善多於惡，其精微身，往赴天界，在那裡投胎；惡多於善，則入地獄，在那裡投胎。

據說在瑜伽修持中退失之人（*yogabrashta*），也根據這種方式運作。這些說法，都是經文上記載的。實則，既無出生，也無死亡。人以其真實的那個，如如其在，這是唯一的真理。

對話五七四

問：瑜伽的體位法是什麼？是必要的嗎？

尊者：《瑜伽經》述及體位法有其效應。坐墊有虎皮、草皮等。坐姿有蓮花坐姿、簡易坐姿等。為何有這些東西，這是只要知道自己嗎？「我是這副身體，身體需要座位，這是地面」，如此想著，他就要找坐墊，但睡覺時，他會想到床架或床墊嗎？那是床墊在床架上，而床架放在地上嗎？他不也睡覺時是存在的嗎？那時，他又是怎麼樣的呢？真相是存在於真我。當自我萌生，他就被身體困惑，誤以為世界是真實的，於是分別事物，「我」的心念之無明，乃掩蓋一切，他胡想一通，便要找座位。他不瞭解，他自己就是一切的中心，在此而為萬物之基座。

若問他，他便說坐姿的效應，用地心引力、磁性等，來說所穿的鞋子種種，若沒有這些東西，他修行的效果，就會大打折扣。

這些東西會從哪裡汲取靈力呢？他重視靈效，尋找致因，以為是坐姿及鞋子的力量。向空中拋擲石塊，會回落到地面，為什麼？他說是由於地心引力。好吧，這些東西，跟他的思維有什麼兩樣呢？想想看，若說石塊、地面、地心引力等，是與他的思維有別的，實則這些都是存在他心思裡的東西而已。他本身就是力量，又是這些東西的掌控者，他是萬物的中心，支撐著萬物，他就是主座（Seat）。

座位是意謂使他穩定坐著，除了在他自己的真實狀態外，他還能從哪裡、又如何能安坐如磐石，而如如其在呢？這就是主座。

對話五七五

問：如何克服欲望、憤怒等？

尊者：欲望、色欲、憤怒，讓人痛苦。為什麼會這樣？因為有「我」之想像。這個「我」之想像，來自無明，無明來自分別心，分別心來自世界是真實的概念，這個又是來自「我是這副身體」的觀念，而這個觀念，是在自我萌生之後才有的。若沒有自我的萌生，那麼一連串的苦厄不會發生，因此，要預防自我萌生，先駐止於你生命真實的本質，然後色欲、憤怒等，得以克服。

問：所以，所有苦惱的根源在於無明。

尊者：確實如此，無明引起錯誤，錯誤引起驕傲……無明是什麼？等同於真我、潔淨真知的純淨的至上之知嗎？只有使提問者了知真我，存在於其真知，這個問題才不會出現。因為無明，人才會提問；無明是提問者個人的，而不是真我的。看見太陽，黑暗便不存在。寶物鎖存在鐵櫃裡，人說寶物是他的，但鐵櫃並沒有這樣說，那是財產之想像在宣示。無一物能自外於真我，連無明也不例外，因為無明只是真我的展力，如如其在，對真我毫無影響。但無明影響「我」的想像（即生命個體），因此無明是屬於生命個體的。怎麼會這樣？人說，他不認識自己。所以有兩個我，而一個是主體，另一個是客體嗎？他不會承認的，那麼他就沒有無明嗎？不，自我之萌生，此本身就是無明，別無其他。

對話五七六

經文評註書（*Sutra Bhashya*）：經文在於闡述而建立聖典的涵義。評註之書，在援引諸異議見解，辯駁其間，經長程辯論後，綜理成結論。同一學派中，有正反兩方不同的論述；也有不同的學派，以不同的論證方式，解讀同一部聖典，得出不同的結論，而彼此對立不下。

這樣，經文的意義何在呢？

一九三八年十一月十五日

對話五七七

純粹之在——→至上之存在（輝照）

↓

純粹之心思—純淨質性之心思—伊濕瓦若

躁動質性　　　　昏闇質性

自我　　　　世界

這些都是吠陀聖典的術語。

對話五七八

某些人來這裡，不問自己的事，卻問：「聖者，在世的解脫者觀看世界嗎？他受到業報的影響嗎？身亡後，解脫是什麼？人要身亡，才能解脫嗎？或此身在世時，就能解脫？聖者的身體，是在光中消融化無，或在旁人眼中消失不見？若身亡而成為屍體，他能解脫嗎？」

他們的問題，沒完沒了，為何要無端憂慮這麼多的事呢？難道說解脫是要知曉這些事嗎？所以，我告訴他們，「且將解脫放一邊。有困縛嗎？瞭解這個，先看你自己，這作為首務。」

對話五七九

遮蔽無法全然掩蓋生命個體。他知曉他的存在，他只是不知道他是誰。他觀世界，但所觀的世界不全然是至上之知，這是在黑暗中的光（或者在無明中的知）。

電影放映時，電影院先是黑暗的，然後引入人造的光線，在這光線中，投射圖影。為了有所區分，反映的光是必要的。一位在做夢的睡眠者，他不是在睡眠的狀態之外，只有在沉睡的黑暗或無明之中，他才能看不真實的夢境事物。

同理，無明的黑暗，提供人們認知世界。

遮蔽是無明的特徵，不屬於真我，無法以任何狀態影響真我，僅是遮蓋生命個體。

自我無覺性，與真我之光連結，成為生命個體。但是，自我與光不可分別看待，二者總是連結在一起，此混合體是生命個體，乃萬物分殊的根由。但這些說法，僅是滿足提問者而已。

生命個體不獨立於伊濕瓦若之外，無明也不是自外於幻相之外。人在睡醒後，而非在睡夢中，乃感知其身體及世界。他以臨在之知的洞識力而瞭解他在睡境中是存在的。因此，得下個結論說，睡境中的生命個體（靈）是在純粹潔淨的狀態，在那裡並不感知於身體及世界。

遮蔽有兩種類：

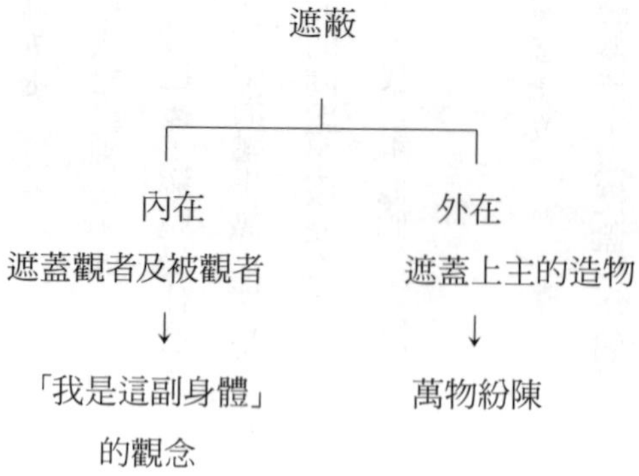

問：生命個體，亦即「我」之思維，不是那個反映的光嗎？

尊者：生命個體是臨在於睡境時程及睡後的醒境，兩境的關係，是彼此的因及果。睡境中的生命個體（靈）無法獨立於伊濕瓦若之外而存在。在醒境中，他稱「我是這副身體。」若一切諸世界結合成一大整體，則這副身體，僅是其中的一微粒。因此，身體是大整體的，而也是在大整體之內。那麼，生命個體的歸屬在哪裡呢？那只是生命個體的想像使他宣稱這副身體就是他，而非別人，但是他仍然無法獨立於大整體之外。同理，

(1)伊濕瓦若（因果宇宙存在）→熟睡中的個體（*Prajna*）

(2)宇宙意識（因果精微存在）→個體精微存在（*Taijasa*）

(3)世界大整體（因果粗質存在）→個體粗質存在（*Visva*）

(4)幻相（因果無名，附屬於伊濕瓦若）→無名，附屬於個體

(5)梵天（因）→個體（果）

他們說，這五種都應該整合為一體；此謂「五合一」。這些都只是人在辯論而已！

一九三八年十一月十七日

對話五八〇

有一組訪客，搭車自拉吉科（Rajkot，在古賈拉特邦）來此。他們是四位首長官員、四位女士、隨從及護衛，於上午十一時抵道場。午餐過後，於十二時四十五分，有一場短暫對話，然後在下午一時五分離去。

其中一名訪客說：拉傑科特親王（Thakore Saheb）的母親在此，我們一路奔波，就是為了要觀視尊者，能否請尊者惠示教導？

尊者微笑說：你們一路長途來此，是為了觀視聖者，這是很好的，你們已經說了，這就夠了，我還有什麼話說呢？（午餐鈴聲響起。）

中午十二時四十五分。

問：悟者與瑜伽行者，有不同嗎？若有不同，是在哪裡？

尊者：《薄伽梵歌》說：悟者是真實的瑜伽行者，也是真實的虔愛拜神者。瑜伽只是一種持行，真知則是一種了悟、成就。

問：持行瑜伽是必要的嗎？

尊者：那是一種修持，若已獲致真知，則無必要行瑜伽。所有的修持，都可稱為瑜伽，例如行動瑜伽、虔愛瑜伽、真知瑜伽、八支瑜伽。瑜伽是什麼？瑜伽意謂「合一」。瑜伽只有在「分別」的情況下，才得以修持。人是懷有分別的妄見，此一妄見，必須掃除，其掃除的行法，便稱為瑜伽。

問：哪一種行法最好？

尊者：行法取決於其個人的資質特性。每個人出生，就帶著其昔世的心識印記。一個行法，可能對此人是簡易的，但另一行法，可能適合另一人，這並無確定性。

問：如何行冥想？

尊者：冥想是什麼？普通的瞭解是專注在一個思維念頭，其他思維念頭便被排除，最後在適當時候，那個單一思維念頭必須消融。了無思維之意識，乃是目標。

問：如何屏除自我？

尊者：必須掌握自我，俾能屏除之。先掌握它，其餘較容易。

問：如何掌握它？

尊者：你的意思是，有個自我，掌握另一個自我，或屏除另一個自我，所以有兩個自我嗎？

問：我如何向神禱告？

尊者：這表示必定有「我」在向神禱告。這個「我」必是最直接而最親近的，而神不是這樣被認為的。找出哪一個是最親近的，則另一個便可知曉。如有必要，可向祂禱告。

一九三八年十一月十九日

對話五八一

一個小孩，由父母陪同，手持著某物，要供獻給尊者。父母在旁哄勸，小孩滿心歡喜獻上。

尊者見狀，評說：看看這個，當一個小孩，能將東西交出給神（*Jeja*），這就是捨棄（*tyaga*），看神也會對孩子有什麼影響！每件禮物，都隱含著無私的涵義，那就是無私的行動（*nishkama karma*）的整個內涵，其意義是真實的捨棄。若充分發揮給與的品質，則就成為捨棄；若願意給與任何某物，則對施者與受者，皆是喜悅的。若同是那件某物，但被偷走，則施者與受者，都是愁苦的。慈善捐獻（*dana*）、法德（*dharma*）、無私行動，都只是捨棄而已。當捨棄「我的」之時，就是純淨之心；當捨棄「我」之時，就是真知；當捨棄的品質，充分發揮，就會引生真知。

稍後，有個小男孩獨自一人，沒有父母陪同，從琴格阿姆（Chengam，位於蒂魯瓦納瑪萊內的城鎮）搭車前來。尊者說：「這個男孩，離開父母來這裡，這也是捨棄的事例。」

一九三八年十一月二十一至二十二日

對話五八二

尊者對來自安得拉邦的訪客說：人若一直要求，則所要求者，不會實現；若保持無所欲求，則事物自然會到來。我們的生命不是在妻小、工作裡面，而是這些都是在我們生命裡面，其為呈現而出，或消失不見，都取決於其人今世的業報。

此心如如其在，就是三摩地，不管是否感知於這個世界。環境、時間及諸事物，都存在於我的內在裡，它們又如何能自外於我呢？它們遷流異動，但「我」如如不動。

諸物得以名相不同而區隔之，但每一物之名，只有一個，那就是「我」，若問每個人，他會說「我」，他說自己，也是用「我」來說。甚至連祂是伊濕瓦若神，祂的名字，也只是「我」而已。

只要我認同這副身體，就會有部分區別出來，否則是不會的。我是這副身體嗎？難道這副身體會自己宣布是「我」嗎？

顯然，這些都是在我裡面，掃除而廓清在我裡面的東西，則所剩餘的平靜，就是（真）「我」。這是三摩地，這是（真）「我」。

對話五八三

夏斯特里（V. Ganapati Sastri）向尊者提示一封信，是西班牙女士梅瑟荻絲·德·阿科斯塔（Mercedes De Acosta）[65]所寫的，信上說明天她將來訪。尊者說，因為我在這裡，帶來這麼多人的麻煩。

一九三八年十一月二十三日

對話五八四

有位訪客拉扯著繩索，搖動懸掛在廳堂天花板的蒲葵扇[66]。尊者說：「因為天氣冷，他們在我身旁置一火爐，你為何要拉蒲葵扇呢？」

尊者又繼續說：「我在維魯巴沙洞屋時，有一天上午，我坐在戶外很冷，人們前來看我，然後離開。這時有一群安得拉邦的訪客也來，我並未注意到他們，突然，有個聲音……有水倒在我頭上！我渾身發抖，轉頭一看，原來他們剖開一顆椰子，將椰子水淋在我身上，他們認為這是禮拜儀式，把我當作石頭在行禮敬。」

對話五八五

尊者說這個城鎮很特殊，有九條道路通往這裡，不包括鐵路，這是身體的「九門之都城」。

對話五八六

一位來自安得拉邦的訪客問：如何靜下來？這很困難。我應該行瑜伽嗎？或有其他辦法？

尊者：看起來不困難的，卻很困難。人總是容易四處遊蕩，告訴他要在家裡安靜下來，他會覺得很困難，因為他要去遊蕩。

問：有沒有特殊的冥思神明（*upasana*）的方法，比其他的方法有效果？

尊者：所有冥思神明的效果，都一樣。但人都採行自認為容易的那種冥思神明，以適合其習性。

一九三八年十一月二十四日

對話五八七

一位西班牙女士及另一女伴到訪。她們問道：你說本心在右邊，能否加以說明？

尊者出示一篇美國賓城出刊的《現代心理學評論》的摘錄給她閱讀。

尊者說：本心之所在，「我」之思維在此而萌生。

問：所以，您的意思是靈性的本心，與身體的心臟是不同的嗎？

尊者：是的。在《拉瑪那之歌》第五章裡，有所闡述。

問：人感知其本心，有其階段性嗎？

尊者：這是在每個人的體驗裡，當人說道「我」時，總是用手觸及胸膛的右邊。

兩位女士依序向尊者跪謝，並祈祝福，然後離去，經由可倫坡（Colombo），前往朋迪切里。

一九三八年十一月二十五日

對話五八八

答覆一位安得拉邦的尋道者。尊者說，所述及的棄世出家（*sannyasa*），是指其人的資質能力已適合出家，四處雲遊；其意涵不在於捨棄身外財物，而是對財物沒有執著。棄世出家，甚至可以在居家時而修行，再說一遍，只有其人已夠資格而合適，才是出家。

Kutichaka（音譯：苦提佳卡），出家而隱居於草寮者。

Bahudaka（音譯：巴護達卡），出家而四處行腳者。

Hamsa（音譯：哈姆薩），修行中的出家人。

Paramahamsa（音譯：至上瑪哈姆薩），已了悟的出家人。

一九三八年十一月二十七日

對話五八九

索瑪桑德拉·史瓦米（Somasundara Swami）是長期的信徒，問道：鏡子是空（*akasa*）的，卻映照著印象物，這是如何包含在鏡子上的？

尊者：物在空間中，物及空間一起而映照在鏡子上，此正如東西在某個空間裡找到，則是東西映照在空間裡。鏡子極為稀薄，物如何能包含在這樣的鏡面上？

問：壺內的空，又怎麼解釋這樣的論點呢？

尊者：壺內的空，並沒有映照。映照是在壺內的水面。將幾個盛水的壺，置於水池內，則空平均映照在各壺內之水及池中之水。同理，整個宇宙映照在每個生命個體上。

問：壺口必須高於池水的水面。

尊者：是的，一定要這樣。否則，若壺沉入池水裡，怎能看出壺呢？

問：這樣的映照是怎麼發生的？

尊者：純粹的空，無法映照，只有水的空靈之氣，能行映照。玻璃無法映照，只有玻璃的面板，其背面是不透明的襯底，才能映照著其面前的物體。同理，粹然之知，無法包含、也無法映照諸物，只有帶著有限度的附屬物，亦即心思，乃能映照世界。在三摩地或熟睡中，世界均不存在。在耀明的亮光及全然的黑暗中，不會有幻相。只有在昏暗的微光中，繩索才會似乎顯為蛇。同理，粹然的意識，只是光的存在，那是純淨之知，心思萌現其中，而起幻相、以為物在分離之外。

問：所以，心思是鏡子。

尊者：心思、心思，那是什麼？那是智識（*chit*）與思維（*sankalpas*）的混合體，因此形成這些：

鏡子、光、黑暗及映照物。

問：但是，我尚不明白。

尊者：意識靈氣（*chidakasa*）只是純淨之知而已，其為心思的源頭。正如剛萌生之頃刻，那個心思只是光，只是後來「我是這個」的思維出現，「我」之思維乃形塑成生命個體及世界。首發之光，是純粹的心思，亦即心思靈氣（mind-ether）或伊濕瓦若，其狀態以諸物顯化而呈現，因為它包含著一切諸物在其內，故稱之為心思之靈氣。為什麼是靈氣？像虛空包含著萬物，空狀的靈氣包含著諸多思維，因此，那是心思之靈氣。

正如物體靈氣容納一切粗質物體（整個宇宙），其本身包含在心思靈氣內。而心思靈氣也包含在是意識靈氣內。最後則是意識本身，其內並無一物，僅是純淨之知而已。

問：為何稱它為靈氣？物質的靈氣，並無覺性。

尊者：靈氣所指的，不僅是無覺性的物之靈氣，尚指純淨之知。此知不在於知曉物，那是相對的知，而是此知在其純淨狀態，獨然其在，乃唯一、獨特而超越之光！

問：嗯，我們在行冥想時，應加以想像嗎？

尊者：為什麼要想像呢？只有我們自外於某物，才能想像某物，但是我們無法自外於純淨之知而存在。抑有甚者，只有「祂」的在而已，這又如何能想像祂是那樣或這樣呢？

問：我們如何著手？

尊者：只有擺脫非真我。

問：現在看起來沒有問題，但稍後又全都忘記了。

尊者：你的忘記，隱含著知道在裡面，因為你知道你忘了，否則你怎能說你忘了呢？所以忘記本身也只是意識靈氣的運作而已。

問：那麼，我怎麼還不十分明白呢？

尊者：意識乃是知之潔淨及單純，心思在此而起運作，心思以思維而組構之；黑暗或無明，介入其中，純淨之知乃似乎顯得失其本色，同樣的，那個「我」及充滿欲望、執著、仇恨等的「世界」被看見，後者叫作遮蔽實相。

問：如何擺脫思維？是在《真我之知》[67]裡敘述的「心眼之眼」嗎？

尊者：心思代表空靈的存在，眼睛代表意識的純知，二者合而形成宇宙。

問：如何瞭解這二者是相同的？

尊者：《真我之知》指出，「心眼之眼，心思靈氣之靈……」，這是意謂在相對知識背後的知。意識靈氣包攝著心思靈氣，而以獨然之一（Only One），如如其在，輝耀光照。

問：我還是不能理解，我如何能了知呢？

尊者：有人也說這是「擺脫思維，保持自在」以及「唯有心思內返，乃能了知。」因此，心思擺脫思維，融入於本心，則是意識其自身。

問：後來所談到的心思靈氣，是指伊濕瓦若，或金胎[68]嗎？

尊者：後者能自外於前者，而獨立存在嗎？伊濕瓦若神與金胎，二而一也。

問：這二者有何不同？

尊者：生命內在的存在，稱之為伊濕瓦若神。

問：內在的存在，不是只有意識靈氣而已嗎？

尊者：生命之內在只與幻相並存，那是與幻相同在的存在之知。由此精微的想像生出金胎，而在金胎中，粗質萬物又生整體世界，意識之阿特曼（*Chit-atma*）僅是純淨的存在而已。

一九三八年十二月十三日

對話五九〇

兩位女士，一名是瑞士人，另一名是法國人，拜訪尊者。年輕女士問幾個問題，其中較重要者是：至上之知與生命個體是相同的，若說生命個體處於幻相中，則等於在說至上之知也在幻相中，這怎麼可能呢？

尊者：若至上之知在幻相中，要掙脫出來，那就讓祂自己提問吧。

一九三八年十二月十四日

對話五九一

問：尋道者廁身在師父近旁，得經由觀視、觸摸而得到恩典，若其人遠在千里之遙，又如何能得到恩典呢？

尊者：經由瑜伽的凝視。

喬布拉（Chopra）先生是旁遮普人，在新加坡工作，來此參訪，提幾個問題。

問：名字的靈效為何？

尊者誦讀一段《景象》期刊的摘錄，係南德奧對聖名的偈頌之譯文。

問：名相如何有助於了悟呢？

尊者：原始的名，總是在生命個體上，自發性運作行之，毫無費力，那個字是「我」（*aham*），但當其顯化時，則以「自我」（*ahamkara*）而呈現，口頭的持誦聖名會導至心思的持誦，最後融入於恆在的頻動。

問：但這些都是心思上的，或是身體上的。

尊者：若無真我，則心思或嘴巴都不能運作。馬哈拉施特拉邦的大聖人圖卡拉姆（Kukaram）在白天時常入定於三摩地，頃刻之間則與群眾載歌載舞。他時常口誦上主羅摩的聖名。有一次，他受到大自然的召喚，而回應說「羅摩，羅摩」，有位傳統的僧侶見狀，大為詫異，認為他以不敬的稱呼，表達聖名，應受譴責，於是命令他必須噤語。圖卡拉姆說：「好。」便保持緘默，但立即有「羅摩」聖名的聲音，從圖卡拉姆全身的毛細孔發出，這位僧侶聽到不斷的聲響，感到十分恐懼，便向圖卡拉姆說：「禁令是對一般人的，但不是針對像你這樣的聖者。」

問：據說，羅摩克里虛那看見他所祭拜的黑天女卡莉像，栩栩然有其生命，這是真的嗎？

尊者：那個像的生命，為羅摩克里虛那一人所獨見，而非眾人所共見，那股生命的活力，是由於他個人的因素，那是他自己生命活力的顯現，好像在外面，而把他吸納進來。若物像有其生命，則必為眾人共見。然則，萬物皆有其生命，那又是事實。許多信徒都有與羅摩克里虛那類似的經驗。

問：石頭怎會有生命呢？那是無意識的。

尊者：整個宇宙充塞生命。你說石頭是無意識的，那是你的「我」之意識正在說它無意識。若人想知道暗室內是否有東西，他需要提燈找尋。燈光會幫忙找是否有東西存在。必須要有意識，才會知道是否有東西。若在暗室中找人，則不用提燈，只要喊叫他，他會回應，他不需要燈光來宣示他的存在，因此意識是自身朗現的。

現在你說，睡覺時人無意識，清醒時有我之意識。究竟哪一個是實相？實相必然是恆常存在的。無意識與現在的我之意識，皆非實相，然則你承認你始終存在著，那個純粹的存在，不會是意識以外的東西，否則，你無法說你是存在的。因此，意識就是實相。當意識跟其附屬物產生關聯，你會說起我之意識、無意識、潛意識、超意識、人類意識、狗的意識、樹的意識等，而這一切的共通要素，則是意識。

因此，石頭的無意識，無異於你睡覺時的無意識，但那是全然沒有的意識嗎？

問：但是我的意識跟狗的不一樣。我無法讀《聖經》給狗聽；樹木不會走動；我會走動。

尊者：將樹木稱作一個站立的人，將人稱作一棵走路的樹木。

一位參與對話的美國人，不願尊者這樣解說，於是話語至此中斷。

對話五九二

那位旁遮普人士述及一般人普遍相信蟲子蛻變成黃蜂（*bhramarakita nyaya*）的故事。尊者在昨天的對話中，也對一些女士談及此事，尊者乃回憶起幾件往事：

一、我先前曾聽過這種黃蜂。我到蒂魯瓦納瑪萊後，住在古魯墓廟，我注意到有一隻紅色的黃蜂，構築一個蜂巢，在巢內放置五或六隻幼蟲，然後飛走，這引起我的好奇，想要測知人們常引述的正理（*nyaya*）的真實性。我等候了幾天，大約十天後，我用手輕拍蜂巢，便破裂了，發現巢內五六隻幼蟲，已結合在一起，成形為一隻黃蜂，是白色的。

二、後來，我在維魯巴沙洞屋時，看見一隻紅色的黃蜂構築五六個蜂巢，在每個蜂巢內，放置五六隻幼蟲，然後飛走。大約十天後，有一隻黑色的甲蟲，略小於黃蜂，來到蜂巢邊，嗡嗡環繞，又用黑泥土封住蜂巢孔後，便飛走了。我很驚訝這隻黑甲蟲侵入干擾這些蜂巢。我等了幾天後，便輕輕開啟其中一個蜂巢，有五六隻黑色的東西跑出來，每個都是黑色的甲蟲，我感到很奇怪。

三、又一次，當我在帕加阿曼（Pachaiamman）的一間神廟，我看到一隻紅色的黃蜂，在廟裡的柱子上構築五六個蜂巢，也放置五六隻幼蟲，便嗡嗡飛走了。我觀察幾天後，黃蜂並未回來，也沒有黑色的甲蟲。大約在十五天後，我打開其中一個蜂巢，發現所有的幼蟲都集結成一個蜂狀的白色團塊，從柱上摔落，生長受阻，數分鐘後，開始爬行，蜂的顏色逐漸變化，過了短時間後，有兩個小斑點在蜂身的兩側，生長成兩個翅膀，我看著牠，然後黃蜂完全成長，從地面飛走了。

四、當我住在芒果樹洞時，我注意到有一隻像毛蟲的幼蟲在牆面爬行，在某處停下來，固定兩個點，然後，牠吐出細絲，在兩定點間連結，牠用嘴巴守住細絲，而將其尾端置於牆面，這樣停留了幾天。我一直觀察，牠隨著時間而捲縮，我不知道牠是否還有生命，就用一根細小的梗莖，輕微觸動，看來是沒有生命的跡象，我就離開了。幾天過後，我發現那裡只有一層稀薄而乾燥的表皮還存留著，但裡面的東西已飛走了

五、我也看過蒼蠅的腳抓著幼蟲，放置在糞便上，這些幼蟲後來成為蒼蠅而飛走了。

問：那些幼蟲可能是蒼蠅卵。

尊者：但那些蟲卵掙扎蠕動，然後形成蒼蠅。

對話五九三

尊者敘述另一則有趣的往事：

我童年時，曾看過漁民導引河流的水至一個大口壺裡，水流夾雜著一些菸草的梗莖，奇怪得很，那些大尾的魚常隨著導引的水流而掉入壺內。漁民只要悠閒坐著，從壺內抓出魚來，丟進籠子裡。當時我感到納悶，後來我去坐在那裡，聽見有人哼唱著詩聖塔俞馬那瓦的讚頌，其頌句的內容與漁民用計捕魚的意涵，不謀而合。

一九三八年十二月十五日

對話五九四

西班牙女士梅瑟荻絲·德·阿科斯塔致函給海格（Hague）先生，他是美國礦業工程師，在道場短暫居留已有兩個月。德·阿科斯塔提問：若個己之我融入於宇宙真我而消失，則其人如何向神禱告，祈求造福人類？（這個問題，對西方人士的思維，似乎極為普遍。）

尊者說：他們向神禱告，而以「願祢的旨意成全。」結尾。若祂的旨意會成全，則人為何先行禱告呢？神的旨意，無時不遍在，這是實相，人無法自行其事。了知這個的旨意的力量，而保持安靜，每個人皆受到神的眷顧。祂造萬物，你是二十億人類之一，祂創造了這麼多，又怎會遺漏你呢？甚至普通常識都顯示，人應遵從祂的旨意。

無須讓祂知道你的需要，祂自己瞭解他們，自會照顧他們。

為何你要禱告呢？因為你自己是無助的，需要至上大力協助你。嗯，難道你的造物主及保護者不知道你的弱點嗎？你要展示你的弱點，好讓祂知道嗎？

問：但是神幫助那些能自助的人。

尊者：當然。要自助，而那個自助即是神的旨意。每個行動，皆是神在牽引而運作。至於為別人禱告，表面上看起來是無私的，但深入探究那個感覺，你會知道那也是自私的。你渴望別人幸福，以便你也快樂。或者，你代表別人而求情，你要那個光榮。神不需要中間人。管好你自己的事，一切都會好的。

問：神不是經由祂選擇的人，而運作祂的旨意嗎？

尊者：神即是一切，而運作一切。祂的臨在，宜以純淨之心思而認知。心思純淨的人比不純淨者，更能清楚反映神的行動。因此，人們說，他們是被揀選的人。但是真正被揀選的人，不會自己跳出來這樣說。因為要是他認為自己是居於神與其他人之間的人，那麼他仍清楚地保有其個體性，這就不是全然臣服於神。

問：難道婆羅門階級人士，不認為自己是僧侶，或是神與人之間的媒介者嗎？

尊者：是的。但誰是婆羅門階級人士？一位婆羅門身分者，乃是了知至上真理之人。這樣的人，在他身上，絲毫沒有個體性。他不會認為他是以居間媒介者而行動。至於祈禱，一位了悟之人，視他人與己無異。他豈能祈禱一切？對誰祈禱？又祈禱什麼呢？祂的臨在，乃全體皆幸福之極致。只要你認為你自身之外，另有別人，則你會為別人而禱告。這個無明，又是自感無助的原因，你知道你是虛弱而無助的。那麼，你又如何能協助別人呢？若你說，「我向神禱告（而協助人）。」神深悉祂自己的事情，不需要你為別人而居間介入。

自助，好讓你能更加強壯，這是全然臣服才能辦到。這意謂著你將自己交給祂。所以，你臣服後，就不再有自己的個體性，並遵從祂的旨意而行。所以，靜默乃一切成就之最。「靜默是海洋，所有的宗教，猶如萬川，皆匯入於此。」詩聖塔俞馬那瓦如是說。他又說，吠陀教義是哲理與宗教的唯一綜合。

一九三八年十二月十六日

對話五九五

兩位女性訪客，今天上午歸返道場，其中一位較年輕者，問道：至高境界的體驗，是否每個人都一樣？或者彼此有別？

尊者：就體驗言，至高境界，對每個人都是一樣的。

問：但我發現對至高境界的解說，彼此各有不同。

尊者：解說是其人之心思所造。人之心思各異，則其解說有別。

問：我的意思是問，尋道者各自的表述，是否有不一樣？

尊者：表述可能不一，皆取決於尋道者本身的資質本性，其表述是在指引尋道之人。

問：一個以基督教的語詞而表述，另一個以伊斯蘭教的話語而表述，第三個以佛教而表述，這些都是由於他們生長教養的環境而有關係嗎？

尊者：不管他們生長教養的背景如何，他們的體驗皆相同，但表述的方式，則受環境的影響，而有所不同。

對話五九六

一位訪客問：昨晚尊者說，神在引導我們，那麼為什麼我們還要努力做事？

尊者：是誰在要求你這樣做事？若真誠信任神的引導，就不會提出這個問題。

問：事實是神在引導我們，那麼這些對人們的教示，有何用處？

尊者：這些教示，是為了尋求教導的人而設。若你堅定信任神的引導，則應堅定遵循之，莫理會在你身邊發生的事。又，這些事可能是快樂的，可能是痛苦的，都要漠然而平等視之，並且安駐在對神的信念。相信神會照顧我們，持此堅定信念，如此而已。

喬布拉先生問：我如何確保這個堅定的信念？

尊者：就是這樣，這正是給那些要求教導的人。有人尋求從苦難中解脫，他們被告以不要為所發生的事情而苦惱，因為神在引導一切。若他們是優質的尋道者，便會立即相信，而堅守在對神的信念上。

但有些尋道者，對此平淡無奇的說法，不易信服。他們問：「神是誰？祂的質性為何？祂在哪裡？如何了知祂呢？」等。為了滿足他們，於是有心智性的討論，作成論述語詞，形成正反辯論，俾在心智上釐清真理。熱誠的尋道者，若在心智上瞭解，便付之實踐。他無一片刻，不在理解著：「是誰萌生這些思維？這個我是誰？」等，一直到他相當信服那是至上大力在引導我們。那就是信念的堅定，然後，一切疑雲消解，他不再需要有進一步的教導了。

問：我們對神也有信心。

尊者：若信心堅定，則不會提問，其人會信任神的全能，而全然喜悅，安駐於其中。

問：探究而深入真我，這跟後來說的信心，是一樣嗎？

尊者：探究而深入真我，是包含信心、奉獻、真知、瑜伽及一切。

問：人有時會覺得身心不能保持穩定，這樣他應行瑜伽，以修練身體，俾保持穩定嗎？

尊者：這是取決於其人生命的潛伏之心識印記。有人可能行哈達瑜伽而治癒其身體的疾病，有人可能信神而治癒，第三種人可能以意志力而治癒，第四種人可能對身體的疾病，漠然視之。但他們都是在冥想之中，然而尋求真我乃是最基本的要素，其餘皆是附屬的。有人可能對吠陀哲理，極為熟稔，但無法掌控其內心上的思維，他生命的潛伏心識印記，可能引導他走上修練哈達瑜伽，他相信其心思之掌控，僅能藉著瑜伽而為，故他修練此行法。

問：有什麼最適合的行法，能使人在行冥想時，維持穩定？

尊者：行法端賴其人生命的潛伏心識印記。有人可能認為哈達瑜伽最適合，另有人可能認為冥想咒語最適合等等，所需不一。最基本的要點是真我之探究，亦即行探究而深入真我。

問：行探究真我時，若我在上午花點時間做，在晚間花點時間做，這樣夠嗎？或者，我應時常持行之，甚至我在寫字或清醒時，也要這樣做？

尊者：現在，你生命的真實本質是什麼？在寫字嗎？清醒嗎？或在哪裡？那個不會改變的實相，就是你生命的存在。在未了知那個純粹存在的狀態之前，你應該行探究。一旦你獲致而確定，就不會苦惱了。

除非思維萌生，否則人不會探尋思維的源頭，只要你認為「我在走路」、「我在寫字」，則要探究是誰在這樣做。

然則，人若堅定確立其真我，這些行動會自然而為。難道人在其生命的每一片刻，會常常說，「我是個人，我是個人，我是個人」嗎？他不會這樣說的，他的活動，自然而然行之。

問：對真理而言，心智上的瞭解是必要的嗎？

尊者：是的，否則為何人無法立即了知神，例如向他說神是一切，或者真我是一切？那顯示在他身上是有疑惑不決的。他必須先與自己爭論，逐漸使自己信服真理，然後堅定的信念就會到來。

一九三八年十二月二十日

對話五九七

希克里汀（J. C. S. Hick-Riddingh）太太是位瑞士女士。她問：了悟真我隱含神祕的靈力嗎？

尊者：真我是生命最深入而永恆的存在，而神通是外來的；真我必須努力以獲致，而神通則無須努力。

神通的靈力，是心思所尋求而來的，故必須保持警覺，但真我之了悟，乃心思滅盡之時。只有自我存在，才會展現靈力。自我使你覺得有他人存在；若自我不在，則不見他人存在。真我是超越自我，在滅盡自我之後，真我乃被了悟。自我已滅，其人不知有他人存在，則怎麼會有他人的問題提起呢？若了悟之人，運作神祕靈力，又要用在哪裡呢？了悟真我可能有伴隨而來的神祕靈力，也可能沒有。若其人在了悟之前，業已尋求這種靈力，則其了悟之後，可能會得到這種靈力。但也有人，無意尋求這種靈力，他僅致力於對真我的了悟，則他們就不會展現這樣的靈力。

在了悟真我之後，若加以尋求這種靈力，則可能會獲得靈力，但僅運用在特定的目的上，亦即裨益於他人，事例如王后秀妲拉：

希吉德瓦耶是位虔誠的國王，王后是秀妲拉。有位聖者教導他們，國王因日理萬機，忙於國事，無暇將教導付之實踐，但王后秀妲拉勤以踐行，終於證悟真我。結果王后顯得比以前更有魅力。國王對此感到詫異，問何以故。王后說，魅力都是由於真我所致，而國王注意到的魅力，只是她身上的真我。國王說，她是愚昧的，有很多大修行者，長期苦行，都無法證悟真我，而她愚昧，整天處在家事與俗務裡，又怎會證悟真我呢？但王后對國王所言，並未受冒犯，她堅定在真我裡，一心希望丈夫也能跟她一樣，證悟真我而快樂。後來，她想除非她能展示非凡的靈力，以證明她的證悟真我是珍貴的，否則無法說服國王，於是她尋求祕法而獲得神祕的靈力。那時她雖有祕法靈力，但不顯露出來。國王與王后朝夕相處久了後，也心萌厭世，希望能到深山修行，他告訴王后這項心意，王后竊喜國王有這樣的轉變，但假裝不忍心國王的心意，國王也為王后而一時猶豫，後來國王厭世之心增強，不經王后的同意，就決定離家修行。

某天夜晚，王后還在沉睡中，國王便偷偷離開王宮，前去深山林處，找個隱居處修行。王后醒來後，發現國王不見了，便運用她的祕法靈力，得悉一切情事。她對國王的決定行事，至感欣喜，便召集朝中大臣，宣告國王遠赴外地處理重要國事，日後的朝政庶務，應繼續有效執行，一如往昔。國王不在位時，她本人則代為攝政。十八年過去了，她知道國王的苦行，已具備能力資格，得以證悟真我了。她便化身為聖者崑巴（Kumbha）來到國王面前，然後國王證悟真我，偕同王后回宮，重理國政。

這則故事的要點在說，了悟真我之人，可能尋求祕法而獲靈力，但都是為了裨益他人，只是聖者不會因為擁有祕法靈力而生妄見。

問：聖者運用祕法靈力，使人了悟真我嗎？或者僅是為了悟真我之事實，便為已足？

尊者：了悟真我的靈力，比起其他一切的靈力，更為強而有力。

只要其人無我，對他來講，則並無別人可言，而能給別人最大的福利是什麼呢？就是幸福。然而幸福出於平靜，平靜只有在毫無紛擾的情況下，才能獲得；而紛擾是由於心思萌生諸多思維所致，若心思不存，則有圓滿的平靜。除非其人滅盡心思，否則他不能得到平靜與快樂；又若非他自己是快樂的，則他怎能給別人快樂呢？當他了無心思之時，他就無覺知於別人跟他是分隔的，所以，僅是了悟真我這個事實，便足以使所有的人都快樂。

問：三摩地的境地會時有時無，來了又去嗎？

尊者：三摩地是什麼？三摩地是其人生命的基本內質。怎麼會來了又去呢？若你不了知你生命的基本內質，你的看見，便有障礙，這個障礙是什麼？找出來，掃除之。所以，人的努力是在掃除遮蔽實相之障礙，則實相如如其在。若一旦了悟，則永恆存在。

問：布倫頓先生說，他曾有過一小時入定於三摩地，所以我這樣問。

尊者：修行者獲得心的平靜而快樂，那個平靜是他努力的成果。但真實的狀態是自然而無費力的。無費力的三摩地，乃是唯一而圓滿之境，那是永恆的。費力而獲致的平靜，總是間歇性的，所以會有來了又去的情況。當其人了悟到真實、無費力、恆在快樂的本質時，他就會知道，這個本質不會與他日常生活的起居活動有所扞格。經由努力，而獲致的三摩地，看起來好像是從外在的活動中，飄然遠引。一個人可能如此超然其外，或身在群眾中，而自由自在，毫不影響他內心的平靜與快樂，因為那正是其人之真我或生命的真實本質。

一九三八年十二月二十一日

對話五九八

有時，尊者很幽默。他閱讀《烏帕曼雅·巴克塔·維拉斯》（*Upamanya Bhakta Vilas*），書中載述一段文字，說阿魯那佳拉史瓦若神（Arunachalaswara）藉由其手下的精靈，扮成盜賊，搶奪詩聖蒂魯伊南拿桑姆班達及其信徒的財物。尊者評道：「濕婆祂自己在蒂魯烏達節慶時被搶劫，祂也在某些信徒身上，施與相同的詭計。這事能這樣嗎？」

對話五九九

舊廳有人朗讀一則老子的《道德經》：「為無為，則無不治。」（第三章）

尊者說道：「無為乃綿綿若存的有為。聖者的特徵，乃精純不已的行止，他的凝止，是極速旋轉的凝止；其為疾速也，目視不能追及，卻示現於凝止，但旋轉無已，這就是聖者示現的無為。這必須說明，否則常人會將聖者的凝止，誤認為放逸懶散。其實不是這樣。」

一九三八年十二月二十四日

對話六〇〇

問：一位年輕人以不流利的坦米爾語問道：需要多久的時間才能了悟真我？

尊者：先知道真我的意義，也知道了悟的涵義，然後你就會全部知道。

問：必須在本心中了知心思。

尊者：就這樣說吧。心思是什麼？

問：心思、本心等，都是普魯摩（Perumal）的化身。（毘濕奴信徒對某個神祇化身的指稱）

尊者：若是這樣，則無須自身煩惱。

問：在這樣的基礎上，我們如何能了悟？

尊者：將心思臣服於普魯摩神。其化身不能自外於祂而存在。把祂所有的呈獻給祂，你就快樂。

問：如何做到？

尊者：我們是如何知道心思的呢？是由於心思活動的緣故，也就是思維。當思維萌生時，記住它們是普魯摩的運作模式，而不會是別的，這就夠了，換言之，心思臣服於祂。有什麼事能自外於普魯摩而存在嗎？一切都只是普魯摩，祂透過萬物而行動，我們有什麼好煩惱的呢？

一九三八年十二月二十七日

對話六〇一

G．V．蘇巴拉邁爾是位來自安得拉邦的信徒，談及時間。

尊者：時間是什麼？它設定一個狀況，人便認知這個狀況，而時間的改變，也影響了這個狀況。兩個狀況的間隔，叫做時間。狀況無法成為存在，除非心思使之成為存在。而心思必受真我掌握。若心思不運作，就沒有時間的概念。時間與空間，都是心思裡的東西，但人生命真實的狀態，是在心思之外的。對一個立足在他生命真實本質之人，時間的問題，絲毫都不會萌生。

那拉雅納．艾耶（Narayana Iyer）：尊者的話語聽來悅耳，但其意涵超出我們的理解。涵義的深遠，對我們似乎遙不可及。

蘇巴拉邁爾：我們只能用頭腦理解，若尊者能指示教導我們，我們將大有受益。

尊者：對真誠的尋道者，教以指示做這個或那個，就不是真正的師父。尋道者對於自身的活動，已經承受諸多愁苦，他需要平靜及休息。換言之，他需要休止活動，然而，他又被告以要額外做些事情，或做某事取代其他活動。這樣能有裨益於尋道者嗎？

活動是造作。活動摧毀人內在的平靜與幸福。若倡導活動，則倡導者絕非上師，而是個殺手，可以說創造之神（*Brahma*，梵天）或死亡之神（*Yama*，閻摩）都會偽裝這樣的上師而來。他無法使尋道者解脫，反而加重其困縛。

問：但是，甚至我們在活動中，企圖停止下來，那個企圖的使力，就是活動的運作。所以活動的運作似乎不可避免。

尊者：確實。詩聖塔俞馬那瓦也感困惑。有位醫生給與病患處方藥，說只有在一個條件下，才能服用，這個條件是不要想著猴子。那個病患，能夠服藥嗎？他無論如何使力不去想猴子，他能做到嗎？

同理，人企圖拋開思維，則其企圖之使力，使他的目標落空。

問：那麼，又如何能獲致那個狀態呢？

尊者：又有什麼狀態要獲致呢？某物若是未獲得，則需要前去獲取，但在這裡，人生命的極致，就已然是「那個」了。

有人問：那麼，為什麼我們不知道呢？

阿南瑪萊·史瓦米：我應該不時想著：「我是那個。」(I am That.)

尊者：為何要想「我是那個」呢？他只是那個而已，難道人還要想著他是個人嗎？

阿南塔查理（Anantachari）先生：「我是人」的觀念如此根深蒂固，以致不由自主地這樣想。

尊者：為什麼你要想著「我是人」呢？若有人挑戰你，你可能會說「我是人」。因此，當另一個思維，例如「我是個動物」萌出，那麼「我是人」的想法就冒出來。只要還存有「我是人」的思維念頭，則「我是那個」之思維，就有其必要。

問：「我是人」的思維，如此牢不可拔，以致我們無法擺脫。

尊者：存在於你真實的真我。為什麼要想著「我是個人」呢？

問：「我是人」的思維念頭，是如此自然而然。

尊者：不必然如此，在另一方面看來，「我在」乃是自然而然。為何你要用「一個人」，加以限制呢？

問：「我是人」，如此明顯，但「我是那個」，我們並不瞭解。

尊者：你既不是那個，也不是這個。真相是「我在」，《聖經》也是這樣說，「我就是那個我在。」僅僅的「在」，就是獨在而自然，局限於「在一個人」是不必要而多餘的。

問（幽默地說）：若用投票決定，大多數人會站在我這一邊。（笑聲）

尊者：我也會投你這邊一票。（笑）我也說，「我是個人」，但我不會受限於這副身體。身體在「我裡面」，那就是不同。

某個人說：對人身的限制，是無法擺脫的。

尊者：你在熟睡時，是怎麼樣的？並沒有「我是個人」的思維。

另一個人問：所以，睡眠的狀態，必須在引生到醒境中來。

尊者：是的，這就是醒境之眠。

有人甚至說，他們睡覺時，他們的身體在某處被包覆著。他們忘了這樣的觀念，絕不會在睡夢中存在，只會在醒後才有。他們將醒時的狀態，帶到他們睡眠的時段了。

笑聲漸去，大家告退。

一九三九年一月一日

對話六〇二

埃米爾．蓋西雅（Emile Gatheir）博士是聖心學院（Sacred Heart College）的哲學教授，該校位於泰米爾納德邦科代卡那區（Kodaikanal）的桑姆巴格努爾市（Shembaganur）。他問道：能否惠示尊者的教誨大要？

尊者：可在某些書冊上找到，特別是這本〈我是誰〉。

問：我將會閱讀這些書冊，但能否請尊者親口開示教誨的核心。

尊者：核心是「那個」東西。

問：我不明白。

尊者：找到那個「中心」。

問：我來自神。神不是有別於我嗎？

尊者：是誰在問這個問題？神不會問這個問題。是「你」在提問，找到你是誰，然後便知道神是否有別於你。

問：但神是完美圓滿的，而我不是完美圓滿的，我怎能全然知曉祂呢？

尊者：神不會如此說，這個問題是你自己的。找到你是誰之後，你就會知曉神是什麼。

問：但你已找到你的真我，請讓我們知道，神是否有別於你。

尊者：這是體驗的事情。每個人必須親身體驗。

問：喔，我知道了。神是無限的，而我是有限的。我有個人的人格性，無法融入於神。不是這樣嗎？

尊者：無限及完美圓滿，不會在乎那是局部。若從無限而衍生有限的東西，則無限的完美圓滿，便有瑕疵。因此，你的陳述，在語詞上是矛盾的。

問：不，我看到神及其造物。

尊者：你是如何覺察到你個人的存在？

問：我有個靈魂，因為個人有其活動，我乃知曉之。

尊者：你在熟睡時，你也知曉嗎？
問：在熟睡中，活動是暫時停止的。
尊者：但你睡覺時，是存在的，而現在你也存在。這兩個存在中的哪一個，是你真實的本質？
問：睡眠與醒時，都僅是偶發事件，我是這些偶發事件背後的實體。
他眼望著牆壁的掛鐘，說時間到了，他要趕去搭車，向尊者致謝後離去，對話突然結束。

一九三九年一月八日

對話六〇三

貝特嫚夫人（Lady Bateman）偕同女兒參訪尊者。她攜來一封信，是前訪客巴斯卡琳·馬耶（Pascaline Maillert）致尊者的信函。馬耶現居住在法國凡爾賽，函中內文如次：

兩年前，我參訪您的道場，別後迄今，我心依然在此。
您吉祥寧靜的臨在，所呈現的實相，有時被幻相遮蔽。
雖然真我覺知的銀瀉之光，不時迷失在光的變異與陰影中，但生命內在湧現出了悟真我的動力，迄今仍然存在而愈茁壯，並在恩典與探索的攜手並肩下，愈益貞定。

有些時候，雖極罕見，也無明顯的原因，而自發性的覺知之「我」突然萌現，滿心幸福，溫馨煥發。當一切願望，皆在靜極之寂謐中滿足，內心的專注，毫無使力，便徜徉在此狀態之中，直到又一次，遮蔽出現，而幻相模糊了實相。

然而，靈魂所體驗的，以及一再了知的實相，無可否認，也無法忘懷。「就是那個」給與無間的力量，持續而堅定。

我向您虔禱，作為我的真我，因為我知道，那個光及指引，始終在這裡。在您的聖腳下，謹獻上不變的愛。

巴斯卡琳（簽名）

一九三八年十一月二十一日

Rue des Reservous 11

於法國凡爾賽鎮

一九三九年一月十日

對話六〇四

有位女信徒，吟唱奉獻讚歌，有云：「祢是我父，祢是我母，祢是我的親戚、我的所有物及一切」等。尊者頷首而語：「是的，是的。祢是這個、那個及一切，但除了『我』之外，何不說『我就是祢』，便都一切了結了呢？」

對話六〇五

一位訪客，來自安得拉邦，遞一張字條給尊者，上面書寫幾個問題，希望得到答覆。

尊者過目手上的字條後，說：只要有個人在詢問，這些問題便會提起。若探尋那個詢問的人，而找到他，問題就會自行消解。

那位訪客回答：有些人提出這些論點，但我不知如何找到他們，所以我渴望知道這些事情（他用事物〔*vishaya*〕這個詞）。

尊者：若瞭解事情的基礎（*vishayi*），則對諸多事情（*vishayas*）便清楚了。

對話六〇六

范克達克里希那耶（Venkatakrishnaya）先生是位律師，也是信徒，十年前曾參訪尊者，問如何使自己進步，尊者告以持蓋亞曲咒語，他感到滿意而離去。幾年後，他返回道場，問：

當我冥想於蓋亞曲咒語的涵義時，我的心思馳散，我該怎麼辦？

尊者：是有人告訴你要冥想於咒語或其涵義嗎？你要冥想於那個行持咒的人。

又，他也曾參訪某位聖人，聖人告訴他要持誦「唵南無」，但莫持誦「唵」，因為單純的「唵」對出家人才有意義，但其他人持誦「唵南無」就好。那個人來道場，便向尊者詢問此事。尊者隨口答說：「難道不是出家人，就不用行探究真我，以了悟真我嗎？」

一九三九年一月十七日

對話六〇七

尊者告訴貝特嫚夫人，有個穩定的境地，而睡夢醒諸境，僅是遷流其上，有如放映電影的圖像，穿梭在銀幕上。

每個人都看見銀幕及圖像，但忽視了銀幕，而僅取圖像；然而，悟者僅認銀幕，不取圖像。諸多圖像，誠然流往於銀幕之上，但不影響它。銀幕本身，如如不動，保持靜止。

同理，人搭乘火車旅行，自認為他在移動，實際說來，他靜坐在椅子上，那是火車在飛馳疾駛，然而，他將火車的移動，加之於他自己的身上，因為他認同身體就是他。他說：「我已經過了一站，現在是另一站，還有另一站。」等等，稍加思考便知，他是安靜坐著不動的，那是各車站行經他而過往。但是這樣的解說，也無法使他不說出他已行經各地，好像他用自己的身體，步步履地而移動前進。

悟者洞悉那個「在」的真實狀態，如如不動，保持靜止，那是所有的活動，環繞於其身側，而他生命的本質，從未遷異。他生命的真實狀態，一點也不受影響。他視萬物，漠然與之，吉祥自在。

他的狀態乃真實之境，是生命存在的原始、自然之境。人邁抵此境，便會固定在那裡，一旦定住，便一定永定。因此，在帕塔拉．林伽地窖的日子裡[69]，那個境地，周遍一切，持續無間。現在的情形略有不同；那個身相，曾不動如山，但現在活動了。

就悟者與未悟者的行為而言，彼此並無不同，但唯一的差異，在二者的視角觀點有別。無明之人，認同自我為其自己，誤以為其行為是真我的行為。但悟者的自我，已然無存，他不會將自己設限在他的身體、那個身體，或者這個事件、那個事件等上面。

悟者諸行，似乎無為而有為、似乎有為而無為，事例如下：

一、幼童沉睡中被餵食，翌日醒來，他否認被餵食。這是似乎有為而無為的事例，因為縱然母親看見他在進食，但幼童自己，並未察覺知曉。

二、馬車在夜裡，搖晃顛簸而行，駕車的人睡著了，但當他抵達目的地時，他說那是他駕車來到這裡，這是似乎無為而有為的事例。

三、聽故事的人，在說書人面前不斷點頭，但他的心思，在九霄雲外，並沒有在聽故事。

四、兩位友人同榻而眠，其中一人夢見環遊世界，歷經諸險。兩人醒後，做夢者告訴無夢者其夢境。無夢之友人聽後，對夢境不屑一顧。

貝特嫚夫人聽後，對夢與睡的說法，不表重視。她說，睡眠與做夢僅是肢體的放鬆，而非自行沉醉的狀態。她說：「睡眠的狀態，實在沉悶，而醒境的情況，多彩多姿，十分有趣。」

尊者：你所認為多彩多姿、十分有趣的事情，其實是沉悶的，而睡夢中的一無所知之境，根據悟者的說法是，「在黑暗中，智者完全清醒，而黑暗控制著其他諸人。」你必須從沉睡中覺醒起來。那個沉睡，現在正箝制著你。

一九三九年一月十八日

對話六〇八

希克·里汀太太在字條上寫了兩個問題，問尊者她的翻譯是否正確？

尊者：真我超越無明與知識，真我是絕對的存在。對於真我，根本不會萌生這些問題，因為真我乃純粹意識，不認為有黑暗的無明存在。

問：但從我們的觀點，就會有這些問題。

尊者：是誰提出這些問題？進入問題的根本。若你來到根本處，而能掌握，那麼再看這些問題是否還會萌生。

問：但是，目前……

尊者：這樣的討論，假設了一堆，沒完沒了。人須務實，藉著所教示的行法，設法解決問題。找出來是誰在萌生問題，這些問題，便會立即消解。

對話六〇九

下午三時三十分，貝特嫚夫人等人來到舊廳。數分鐘後，她在一張字條上寫道：人在熟睡時，較之醒境，是否更接近純粹意識。

尊者：睡夢醒諸境，僅是真我上面所呈現的現象，而真我靜止其中，乃是單純的明覺之境。有人能片刻離卻真我嗎？這個問題，也只有在離卻真我之後，才可能提問。

問：不是時常說，人在熟睡時，較之在醒時，更接近純粹意識嗎？

尊者：這個問題也可能是這樣：我在熟睡時，較之在醒時，更接近我自己嗎？因為真我乃純粹意識，無人能夠離卻真我。只有在二元對立時，才會提起問題，但純粹意識的狀態，不是二元對立的。

因為其人有睡眠、做夢、醒起。醒後的狀態，被認為是多彩多姿，十分有趣。缺少了這些經驗，又使人說睡境是沉悶的。我們在未進一步探析之前，讓我們先弄清楚，你認為你睡覺時，是存在的嗎？

問：是的，我存在。

尊者：現在，你是醒著的，你與睡覺時的你，是同樣那個人，不是這樣嗎？

問：是的。

尊者：睡眠與醒時，有個持續，那個持續是什麼？那僅是粹然存在之境。睡醒兩境，有其不同，不同的是什麼？所發生而呈現的這些事物，其名為身體、世界，以及醒時起現而睡時滅失的萬物。

問：但我睡覺時，並未覺知。

尊者：確實。當時並未覺知於這副身體或這個世界，但是，你當時必然存在，以便你現在可以如此言說：「我當時睡覺時，是未覺知的。」現在，那個說話者是誰？是醒後的那個人，而當時那個睡眠者不會這樣說，此即是謂，那個人現在認同身體，把它當作真實的我，而說「睡覺時，並無覺知。」

因為你認定身體是你自己，所以你所看見的世界，就在你身邊，而說醒時的狀態是多彩多姿、十分有趣的，而睡時的狀態是沉悶的，這是因為你的個體不在，也無萬物存在。然而，確切的實情，又是如何呢？有個無間的持續性之「在」存乎三境，而非人身個體及萬物存續於其間。

問：是的。

尊者：那個持續性的，也是持久性的，亦即恆久；而那個無持續性的，乃是一時的。

問：是的。

尊者：因此，存在之境，乃是永恆，而身體及世界，不是永恆，它們是穿梭於恆在而靜止的存在、意識、幸福之銀幕上遷流過往的現象。

問：就相對而言，睡境較之醒境，不是更接近純粹意識嗎？

尊者：是的，就這個意義上來說，自睡眠中醒來，必然萌生「我」之思維，心思於是運作，諸多思維紛起，然後身體的各項功能活動起來，這一切就使我們說：我們醒了。若這一切都不存在，則是睡眠的徵狀，那是較之醒境，更為接近純粹意識。

但是，人不應渴望都在睡眠狀態中。首先，那是不可能的，蓋此境必須與另兩境交互而運行。其次，這不是悟者了知其自己的幸福至境，因為他的境地是恆在的，而不是交互的。況且，在睡境中，一般人無法有所覺知，但聖者始終是明覺的。因此，睡境與聖者所立之境地是不同的。

睡境中，個人了無思維，心無印象，而且無法以自身之意志，轉換睡境至另一境；因為在睡境中，不可能使力。雖然，睡境較為接近純粹意識，但不宜用來致力於了悟真我。了悟的動力僅能在醒境中啟動，而且人也只有在清醒時，才能致力於了悟。我們都知道，醒時的諸多思維，讓人睡得不安穩。「止於其在，而了知我是神」，所以，凝止乃尋道者之鵠的。甚至單單努力凝止，頃刻間凝止的念頭，都是邁抵定靜安止之境的慢慢長路。故努力是必要的，也只有在人清醒時，才能修行。此處有努力，則此處就有覺知，亦即思維乃告止息，這也是睡境中的平靜，那就是悟者之境——既非睡，也非醒，而是介乎二者之間，這是醒境之覺知，眠境之凝止，即所謂的「醒境之眠」（*jagrat-sushupti*），可以叫做清醒之眠、睡夢清醒、無眠的醒、無醒的眠。這個境，不是睡與醒所分隔的境，那是超越於清醒之外（*atijagrat*，醒中之醒）、超越於睡眠之外（*atisushupti*，眠中之眠）的境；這個境，是圓滿覺知之境與圓滿凝止之境的結合，位於睡與醒之間，也是兩個相續思維之空檔；這個境，是思維萌生的源頭；我們從睡夢中醒來所以看見，換言之，思維有其起源，是存在於睡夢中的凝止。在睡時的凝止與醒時的走作之間，思維致使兩境大相逕庭。深入思維的根本所在，你會邁抵眠中的凝止，要以充滿活力的探尋而邁抵其境，亦即以全然的覺知而努力以赴。

這又是前述的「醒境之眠」，它不沉悶，而是幸福；並非一時，而是永恆。自此而起，思維開展，除卻了思維，我們還有什麼體驗呢？歡樂與痛苦，都僅是思維，存乎我們的內在，若你能擺脫這些思維，而保持覺知，你就是那個圓滿的在。

貝特嫚夫人感激這段論述，乃答謝尊者。稍後，她說翌日她將離去。

尊者微笑以道：你並未離開前往某地。你始終是靜止的，那是景象在你身邊移動；甚至對一般人而言，你坐在船艙的座位上，是船舶在航行，而你並無移動。我們看到銀幕上圖像中的人，跑行千里路，奔向我們，但銀幕並未移動，只是圖像在移動而過往。

問：我知道，但是僅能在我了知真我之後，才能瞭解。

尊者：那個真我，始終在被了知中。若了知是獲致某物，則必有同等的機會而喪失。因此，那僅是一時的，而一時的幸福，其後續會帶來痛苦，故不能解脫，解脫應是永恆的。

若你是真的後來才了知，這表示你現在並未了知，若此刻的了知不存在，則未來也不會存在，因為時間並無止盡，所以，這樣的了知不會永恆。但是，上述這些都不是真實的，那是你誤以為了知不會永恆，實則，了知是真實恆在之狀態，不會遷異。

問：是的，我將在適當時間，瞭解其涵義。

尊者：你已然是「那個」了。時間與空間，不會影響到真我。時間與空間，都在你的內在裡，所以你看見你身邊的諸多事物，都是在你的內在裡。

有則故事說明這個觀點：有位女士戴著一串珍貴的項鍊，有一次，在心情興奮之餘，她忘記自己戴著項鍊，以為遺失了。她遍尋不著，焦慮萬分，便問友人及鄰居，是否有看到她的項鍊，他們都說沒看到。最後，一位好心的友人告訴她，摸摸自己的脖子上的項鍊。她終於發現項鍊一直都在脖子上，她高興極了，後來，有人問她，她是否找到遺失的項鍊，她說：「是的，我找到了。」她以為項鍊是失而復得。

嗯，她可曾遺失過嗎？項鍊始終在她的頸上，但看她的感覺，她十分高興，好像她真的遺失項鍊而後復得。我們類似如此：我們想像，我們可以在某個時候了知到真我，然則，我們始終就是真我，別無其他。

問：我感覺，我是被移植到某地，而非在地球。

尊者正閱覽來函信件，聞悉而微笑，說：這裡就是天堂的國度，《聖經》述及天國，但在這個世界並不是有兩個不同的領域，「天國在你的內在裡。」《聖經》如是說。了悟之人，以天國來看這裡，而其他的人，以「這個世界」來看這裡。二者只是視角觀點有別而已。

問：我們又如何能否認這裡的世界及人們呢？我聆聽音樂，悅耳美妙，又深感神聖尊榮，我知道那是華格納（Wagner）的音樂，但我不可以說那音樂是我的。

尊者：華格納或其音樂的存在，是自外在於你嗎？除非你說這是華格納的音樂，難道你意識到它了嗎？若不能意識到它，你能說它存在嗎？再說清楚些，你睡覺時，你能聽出那是華格納的音樂嗎？但你承認你睡覺時是存在的，所以，很清楚的，華格納及其音樂，僅是你的思維，而思維存乎你的內在，並非處於你的外在。

問：所言美極了。

註：每個人都經常一再迷惑，雖然耳聞真理，並能瞭解，但總是遺忘，以致在面對事件時，犯下錯誤。我們所知的，總是存著無明，引生困惑，但聖者一再導正我們的思維，這就是親近聖者的必要。

對話六一〇

一位訪客來此，提出這些問題：

一、既然生命個體的靈魂與至上之知為一，則造物的原因為何？

二、了悟至上之知的悟者不能免於其身體的諸苦及投胎嗎？他能延長或縮短其壽命嗎？

尊者：造物的目的，在屏除你生命個體性的疑惑。會問這個問題，顯示你以身體認同自己，因此而看見你自己及身邊的世界。你以為你就是這副身體，你的心思及心智是產生妄見的要素。睡覺時，你存在嗎？

問：是的，我存在。

尊者：那個相同的人，現在醒著，而提出這些問題。不是這樣嗎？

問：是的。

尊者：這些問題，在你睡覺時，不會提起，是嗎？

問：不會提起。

尊者：為何不會提起？因為你看不到你的身體，也沒有思維萌生。那時，你並未以身體認同你自己，所以這些問題，不會提起。問題的提起，是因為你認同身體，將之視為你自己，不是這樣嗎？

問：是的。

尊者：現在要看，你生命真實的本質是什麼？是擺脫思維的那個？還是充斥著思維的那個？存在是持續性的，思維是間歇性的，所以，哪個是永恆的呢？

問：存在。

尊者：沒錯，去體認這點。那個就是你生命真實的本質，你的本質是單純的「在」，了無思維。因為你認同身體，視為你自己，於是你要知道有關造物。這個世界及萬物，包括你的身體，在你醒著時，呈現在目，但在你睡覺時，消失不見。你存在而貫通於諸境中。那個持續而貫穿於諸境者，到底是什麼？找出來，那個就是你的真我。

問：假設找出來，那時又是怎麼樣？

尊者：找出來，再看看。問假設性的問題，是沒用的。

問：那時，我與至上之知，合而為一嗎？

尊者：且將至上之知放一邊。找出你是誰。至上之知會照顧祂自己。若你不認同身體是你，則有關造物、出生、死亡等這些問題，不會萌生。這些問題，在你睡覺時，是不會出現的。同理，在真我的實相中，這些問題，也不會浮現。因此造物的目的十分清楚：你應該要從你這邊去找到你自己，體認你生命真實之所在。你不會在你睡覺時提問，因為那裡並無造物。現在你提問，是因為你的思維萌生，而有造物在焉。故知，造物僅是你的思維而已。照顧你自己，證悟至上之知的悟者會照顧他自己。若你知道你自己的真實本質，你就會瞭解至上之知的真知之境地。現在多加解釋，是徒勞的。因為你看到一位悟者在你面前，你以身體而認定他，此正是你以自己的身體而認定你自己，你也認為他和你一樣，都會感覺痛苦與歡樂。

問：但是，我必須知道，他是否為悟者，因為我需要他的啟發、鼓勵。

尊者：是的。他告訴你、他啟發你，遵行他的教示，你是來學習的，不是去測知他的。經文所述的「真知的跡象」，是說激勵尋道者的動機，是在掃除愁苦，獲得幸福。悟者所教示的行法，若恪遵勉行，結果會獲致這些離苦得樂的跡象之真知，但是這些真知都不是拿來測知別人的。

對話六一一

問：我認為靈魂是存在於生命內在的光。若人死後，靈魂與至上之知合一，靈魂又怎麼轉世呢？

尊者：是在誰的生命內在裡？是誰身亡？

問：我應該用不同的方式，表述我的問題。

尊者：正反論證，是不需要的。思考那個答案，再來看看。

問：怎麼思考？

尊者：現在你認同身體是你，你說靈魂是光，在生命內在裡。你的意思是，有個光在身體裡面。稍加思考，看這副身體是否會提此問題，身體並無覺性，不會說「我」，必有其他者在說「我」，那是什麼？那可能是真我嗎？真我單純，不會想到其他的事物而說「我」，那麼是誰在說「我」呢？在粹然之真我與身體之間，有個連結，那是自我。現在，你到底是誰？那個出生的，到底是什麼？真我永恆，不可能被出生。那個身體，有其起滅，而你認同它，於是你說到出生與死亡。看看這個出生的「我」之真實意涵是什麼，而那個在轉世的，到底是誰？

問：尊者，我們在這裡，是要澄清我們的疑惑。

尊者：當然。

問：我們的疑惑，是要在提出問題後，才能澄清。

尊者：是的，無人反對提出問題。

問：經典有云：「一而再，再而三提出質問，並經由服侍。」（語出《薄伽梵歌》）所以我們提問，請師父排除我們的疑惑。

尊者：接續你引述的經典語句，亦有云：「他們授與真理的教示。」

問：是的，但我們需要澄清疑惑。

尊者：所以，阿周那也是這樣的，因為在最後他說：「喪失的，是我的無明，而記憶回復了。」

問：那是在最後，他所說的話，但在此之前，他問了很多問題。

尊者：一開始便揭示真理了，因為上主克里虛那教示的首要偈語是：「無生亦無死，無變異等。」

問：上主克虛里那也說：「我們有很多次的投胎轉世，我覺知之，但你未覺知。」

尊者：那是因為有問題詢及上主克里虛那，何以上主能宣述祂教導阿迭多永恆的真理。那項真理，在一開始，便已陳述，但阿周那當時不瞭解。悟者的境地，是後來才加以敘述，而成就的行法，也是後來敘述的。無意間，上主說出真理是永恆的，而相同的話語，原先已教導阿迭多了。只是，阿周那始終認同身體是他自己，於是認為上主克里虛那也是以身體之尊現身。因此，阿周那問上主：「怎麼會這樣呢？幾年前，蒂瓦姬（Devaki）才生下祢，而阿迭多等神是在宇宙創始時就存在了，祢又如何能教導阿迭多呢？」上主克里虛那以其一貫的語調，回答阿周那：「我們已經有許多世了，我知道這一切，但你並不知道。」

問：我們也要知道真理。

尊者：真理已經教給你們了，教導也給你們了。看那個你是誰，那就是全部的教導。

一九三九年一月十九日

對話六一二

希克里汀太太以書面方式問尊者：尊者曾撰述這個語句，說師父投以慈視，或尋道者瞻仰師父，皆有助於獲致了悟真我，此義如何確切瞭解？

尊者：誰是師父？誰是尋道者？

問：那個真我。

尊者：若那個真我是師父，也是尋道者，則怎麼會有這個問題提起呢？

問：這就是我的困難，我必須向內尋求我內在的真我，則尊者所撰述的語句，又有何意義呢？這似乎互相矛盾。

尊者：並非如此。你沒有正確理解語句。若尋道者知道師父是真我，則他視對方便沒有二元性的對立，因此會感到快樂，也不會提起問題。

但是，尋道者並未將撰述的內容，付之實踐，此由於無明之故，而此無明，並不真實。師父須要喚醒尋道者無明的昏睡，因此他使用這些文字，加以釋明。

唯一重要的是，你要看到真我。這無論你身在何處，皆可辦到，真我必須在吾內尋獲，而尋求必須堅定為之，若能獲致，則無須廁身在師父身旁了。

這項撰述語句，是用來給尚未找到真我的人。

華德·傑克森（Ward Jackson）先生：這位女士遭遇的困難是真的，我也有同感，她說：「若我們能向內看到真我，則我們何須千里迢迢來看他呢？我們思念他甚久，只有來看他，才是對的。難道，這是不須要的嗎？」

尊者：你能來，已經很好了。「真我是神、是上師」。人尋求幸福，也明白只有神能使人快樂。他向神禱告，而禮拜祂，神聽見他的禱告，便以人身上師回應他，俾能以信徒的語言講道，使他瞭解實相。因此，師父是神顯化的人身，傳授祂的體驗，使尋道者也能得此體驗。祂的體驗，是以真我而駐於其內，這個真我是內在的，因此神、師父、真我，似乎在真理的了悟中有其階段性。你們閱讀書籍，感到疑惑，而來到這裡，想要釋明解惑，這是對的。

希克里汀太太：我瞭解真我是師父，必須在吾內尋求，所以，我能在任何地方著手。

尊者：瞭解是屬於理論層面，若付之實踐，則往往引來困難及疑惑。若不論你身在何處，都能感覺到師父的示現臨在，則你的疑惑，便會克服，因為師父這邊，是要掃除尋道者的疑惑。自此以後，若疑惑無復萌生，則你參訪的目的實現了，你便能將自己付之實踐，而堅定行之，俾尋獲真我。

問：我一直都能瞭解。

尊者：很好。有不同的見解，並不是針對你的結論，那是對你的疑惑而說。

華德・傑克森先生：當我們閱讀文字，我們僅以頭腦閱讀，這些都太遙遠，但當我們親眼目睹人身的您，我們便被帶到更接近實相的境地，這使我們有勇氣，將所知帶入我們尋常的日用之間。

若在西方國家，有人了悟真我，而身體力行，他一定會被關在瘋人病院裡。（笑聲）

尊者：你要把你自己關起來，因為這個世界是瘋狂的，認為你發瘋了。若不在吾內，則瘋人病院在哪裡呢？你並不在那裡面，但瘋人病院在你的內在裡。（笑聲）

對每個人而言，不確定、疑惑、恐懼，乃自然之事，直到他了悟真我後，才能化解。它們無法離卻自我，甚至說它們就是自我。

問：這些不確定、疑惑、恐懼等，何時才能滅息？

尊者：這些都是自我，若自我起現，這些就隨之而起。自我本身是不真實的。自我是什麼？探究之，身體並無覺性，不會說「我」，真我是純粹意識，而非二元，也不會說「我」。睡覺時，也沒有人在說「我」。那麼，自我是什麼？自我是介入於無覺性的身體與真我之間的某物，自我沒有法律上陳述或提訴的權利，若是找到它，它就像鬼魅一樣，消匿無踪，你看，有人在黑暗中，想像有東西在身邊，此可能是暗色物體，若靠近看，看不到「鬼」，只是一件暗色物體，他可能看到一棵樹或一根柱子。若他不靠近細看，則心裡的鬼會嚇到這個人。他只要靠近仔細看，鬼便會消失。其實，鬼一開始便不存在，自我也像這樣，它是無形而依住在身體與純粹意識之間，並非真實的。只要你不仔細近看，它就會一直給你困擾，但當你去找尋它，你會發現它根本就不存在。

又，在某個印度的結婚典禮中，喜宴持續五六天之久，有個在喜宴中的陌生人，被新娘女方誤認為是貴賓，乃隆重禮遇之，新郎男方見此情狀，也誤認為他是新娘女方的重要來賓，於是同表尊榮與禮遇，那個陌生人便左右逢源，享受了一段美好的時光，當然他也深知箇中實情。就在某個場合，新郎男方介紹他上台時，他覺察情況不妙，便迅即開溜，不見人影，這就是自我。若你找它，它便不見。若不找它，它一直來打擾你。

如何尋找自我呢？這是要向那些已經有經驗的人學習，這也是要前去請教師父的道理。

問：若尋找是內在的，則親近師父，厠身其左右，是否為必要？

尊者：有其必要，直到你終結心中的一切疑惑為止。

問：若自我是非真實，而引諸困擾，則我們為何還要蒙受這麼多的痛苦，而助長它呢？

尊者：自我的滋長發展，及其後引來的困擾，迫使我們要找尋箇中原因。實則，自我的發展，乃是其自身的毀滅。

問：有個說法是，人在達到高階的靈性之前，必須像孩子般，是這樣嗎？

尊者：是的，因為自我在小孩子身上，尚未形成。

問：我也是這個意思，我們但願能像孩子般，不要發展自我。

尊者：小孩子的狀態必然如此，但無人願向幼童學習，俾了悟真我。師父的狀態，猶如幼童的狀態，但畢竟與之有別。自我在小孩子身上是潛伏，但在聖者身上，已蕩然無存了。

問：是的，我知道，現在我瞭解了。

尊者：那個實相，是獨在而永恆的，如能瞭解就太好了。但要讓舊習的無明不再上身，務必保持詳審專注，否則此時稍微輕忽，就會引發其後的苦難。

一位長期侍奉師父的弟子，終獲了悟真我，他處在幸福境中，想要表達對師父的感激。他喜極而泣，哽咽而語：「這些年來，我都不知道自己的真我是這樣的美好。我受苦多年，而您以慈悲助我了悟真我，我如何報答您的宏恩大德呢？但這又非我的能力所及。」師父說：「好，好。你的回報是，莫令自己退轉，又回到無明，務要保持在你的真我上。」

註：真我就是師父及一切，了悟真我，意謂臣服而融入於師父。此外，還能做什麼呢？這便是對師父最高的感激表達。

一九三九年一月二十一日

對話六一三

一位年輕人問：思維，僅是物質嗎？

尊者：你問的是什麼意思？你是說「物質」就像你身邊所看到的東西嗎？

問：是的，粗質塊然之物。

尊者：是誰在問這個問題？那個思維者是誰？

問：思維者是靈。

尊者：你的意思是，那個靈產生出物質嗎？

問：我想知道。

尊者：你如何分辨靈與物？

問：靈是意識，而其他都不是。

尊者：意識能產生非意識？光能產生黑暗嗎？

一九三九年一月二十四日

對話六一四

幾位可敬的人士來到道場，他們在舊廳，尊者與之晤談。

尊者：人總是想要回憶過去，或者探尋未來，這有何用處呢？重要的是現在。照顧此時此刻，其他的事物將會自理。

問：欲求某些事物，是不好的嗎？

尊者：人不應以其欲望之實現，而興高采烈，亦不應以其欲求之受挫，而失望沮喪。因欲求實現而高興，是項誤解。蓋有所得，終必會有所失，因此，其人現在的高興，必在未來某個時刻，以痛苦而收尾。人不應放任自己陷在歡樂或痛苦裡。事件又如何能影響人呢？你不會因為獲得某物而成長，也不會因為喪失某物而萎縮。你始終是如如其在、其是也。

問：我們是俗世中人，無法抗拒欲望。

尊者：你可以有欲望，但須對最終的後果，有心理準備。持身努力，莫失足於最後的結果。對凡所發生諸事，平靜與之，面對而接受，蓋歡樂與痛苦，都不過是心思的運作模式而已，其與事物的真實本質，毫無相關。

問：這又如何理解？

尊者：南印度某鄉鎮，有兩位年輕友人，受過教育，想要賺點錢，幫忙自家的經濟，他們辭別了父母，踏上朝聖之旅，朝向貝拿勒斯。在旅途中，其中一人身亡，另一人便隻身繼續前往。他四處行走了一陣子，幾個月後，他略有名聲，也賺了點錢。就在這個時候，他遇見另一位朝聖的旅人，途經此地，欲南下往赴這位年輕人的家鄉住處。他便請這位旅人至家鄉時，轉告其父母說幾個月後，他會帶些賺的錢返鄉，並順便轉傳音訊，說他的同伴友人，已在途中身亡。這位旅人，來到年輕人的家鄉後，向雙方的父母，傳達訊息，卻無意間，張冠李戴，誤將兩人的名字弄錯了。結果是，生者的父母，聞訊而悲，以為兒子死了；但死者的雙親，知情而喜，以為兒子要帶錢回來。因此，你看歡樂與痛苦，並無關乎事實，而僅是心思的運作模式。

對話六一五

參訪人士中，有人問道：如何消滅自我？

尊者：先掌握那個自我，然後問如何消滅它。是誰在問這個問題？是自我在問的。自我會同意消滅它自己嗎？這個提問，適足以滋長自我，而非消滅它。若你尋找自我，你會發現它根本就不存在，這就是消滅自我的唯一方法。

與此話題有關的，讓我不禁回想起，我住在馬杜賴西奇特賴街（West Chitrai Street）時，一件有趣的事情。我的鄰居預期小偷會來偷竊，便採取一些防範措施。他在住家巷道的頭尾兩端，及住家的門口與後門，都張貼穿著警衣的警察圖像。小偷一如預期前來，那個人跑上前去，進入狀況，高喊著「抓住他！抓住他！他跑了，在那裡！在那裡！」他就這樣嚷嚷叫著，小偷便順利溜走了。

自我就像這樣。去尋找它，卻找不到它。這是驅除它的方法。

一九三九年一月二十三至二十八日

對話六一六

問：生命個體的靈脈（*Jivanadi*）是實體，或是想像的虛構物？

尊者：瑜伽士說，有條靈脈稱為生命個體靈脈，又稱阿特曼靈脈，或至上靈脈。奧義書述及某個中心，自此而有上千個靈脈支道。靈脈的中心，有的位於頭腦，有的位於其他的中心。《奧義書如來藏》（*Garbhopanishad*）追蹤胎兒的形成，及嬰兒在子宮裡成長的情形。生命個體的靈（*Jiva*）是在嬰兒成長的第七個月時，從嬰兒頭蓋骨間隙的囟門而進入嬰兒體內，因此，證據指出，嬰兒頭蓋骨的囟門極柔軟，而且有脈動，需要數個月後才硬化，故個體靈從上經囟門而入，再經由上千個靈脈流布於全身。因此，尋道者必須專注在其頂輪，即大腦中心，才能重回其源頭。據說呼吸控制法有助於瑜伽士喚醒亢達里尼靈力，靈力位於太陽神經叢，經過一條叫做中脈的神經升起。中脈深植於脊椎的深處，延伸至頭腦。

若人能專注在頂輪，那麼無疑會引生三摩地的妙樂，然而生命潛伏的習性仍未滅盡，故瑜伽行者勢必會從三摩地中出定，因為尚未從困縛中解脫。他必須持續滅除習性，使潛伏於內在的習性不干擾其三摩地，所以他要從頂輪通過所謂的生命個體靈脈，下至心臟部位，生命個體靈脈是中脈的延續。由此可知，中脈是彎曲的靈道，從太陽神經叢起，上升經由脊椎到頭腦，又從頭腦下彎而運行，最後來到心臟的部位。當瑜伽行者的靈力來到心臟的部位時，其三摩地便穩定下來。因此，我們知道，心臟是最後的中心。

某些奧義書述及一百零一條脈，從心臟的部位擴展出去，其中之一，是生命元氣的脈道。若生命個體的靈從上而下，在頭腦反映出來，正如瑜伽行者所言，其中必有供反映的介面在運作，那必是能夠將無垠的意識，局限在有形的身體裡。簡言之，宇宙的存在限縮在生命個體內，而這反映的介面，有生命個體所積累的習性附加其上；其運作，有如盆中之水，反映著物象。若盆中無水，則無反映物，而物如如其在，不為反映。這裡的物，是指宇宙存在之意識，周遍一切，為一切之內在，無須藉由反映而認知，自身耀明。因此，尋道者的目標，必須盡除心中習性，莫令反映物阻礙了恆在意識的光。這是可以藉由探尋自我的源頭，以及融入於心，而達到目標。這就是了悟真我的直接方法。其人若採行此法，則無須慮及靈脈、頭腦、中脈、至上靈脈、亢達里尼、呼吸控制法或六個中心等。真我並非來自外在何處，經由頭頂之榮冠，進入身體。真我乃如如其在，始終輝耀，始終穩定，不動不異。真我駐於本心，自身耀明，有如太陽，若見異動，則不是真我的內在本質；若有異動，是在那光中。真我與身體或心思的關係，可以比喻為透明的水晶體及其背景物。若水晶體對置於紅色的花，則水晶體呈現紅色；若對置於綠葉，則呈現綠色等。生命個體設限在異動性的身體或心思，即是從不動的真我中，抽離其存在。一切所務要者，乃是棄絕身分的妄見，若能辦到，則始終輝耀的真我，將為你所看見，是為獨一不二的實相。

據說，意識的映照，存在於精微身，其呈現係以頭腦，及流布在各肢體的神經所組構成，主要是流通於脊椎及太陽神經叢。

當我住在山上時，那耶拿（Nayana，即加納帕提・慕尼）曾極力主張，頭腦是習性的位處，因為頭腦由無數的細胞組成，內有習性，被真我之光輝照著，而光是從本心所發出，只有在頭腦這個位處，人才能工作或思維。

但是，我說：「怎麼會這樣呢？」習性必與其人之真我俱在而存有，而無法自外於真我而存在。若以你所言，習性在頭腦，真我在本心，則被砍頭而死的人，一定也脫離習性，不再重生了。你也同意，這是荒謬的。現在你能說，真我與習性，都位於頭腦嗎？若然，為何人坐著沉睡時，其頭部會下垂？反而，人並未用手觸摸他的頭部，便逕自說「我」，因此，所得的結論是，真我在本心，而習性以極其隱微的型態也在那裡。

「當習性在本心，被投射出來時，便伴隨著真我之光，故人能思維。習性深植於極精微的原子狀態，滋長於心臟至頭腦的脈流中。頭腦有如銀幕，習性的印象，投射其上，而頭腦的位處，也是其功能運作配發之所在。頭腦是心思之所在，由此而心思運作。」

所以，這就是所發生之運作，當習性釋放而出，起而運作，便是與真我之光有其關聯。習性極其精微，從心臟到頭腦，一路壯大，直到籠罩而掌控全局，習性之運作，乃在此暫時中止，維持其勢能。當思維映照在頭腦，則其呈現有如圖像在銀幕上，這個人就說對某物有清楚的認知，他是個偉大的思維者或是發現者，實則，其所頌揚的思想，既非原始的，其所思維之物，也非原創的，而其所宣稱新發現的領域，更非原生或新穎的。若非早已存在於心思內，則便不能經映照而呈現，當然這過程極為精微，而無法察覺。因為心思的思維，被更迫切而強制的意念思維或習性壓抑著。若我們專注於真我之光時，這些意念思維或習性在其萌生時，便自行耗竭而為之廓清，則其所呈現者，便是壯麗、原始而革命性的。事實是，這一切都在吾內運作。

這種專注，《瑜伽經》稱之為「總御」（*samyamana*，瑜伽八支行法中，自專注、冥想至三摩地等三持行的總名），在這過程中，人的欲望皆能實現，故被稱為是一種神通，這也是呈現所謂的新發現，甚至諸多域界，都能以此狀態而創造出來。總御導至一切神通，但只要自我仍存在，則神通不會呈現。根據瑜伽的說法，心之專注，在經驗者（自我）、經驗及域界泯滅，以及先前的欲望適時實現之後，便告結束。這種專注，賦予其人甚至能創造新域界的靈力，這些都載述在《月亮之軼事》（*Aindara Upakhyana*）、《瓦西斯塔瑜伽經》、《微小山丘之域界》（*Ganda Saila Loka*）、《超越三位一體之神祕》等典籍裡。對不具有神通的人而言，這些神通靈力雖然美妙，但此靈力，也只是一時性的；欣慕渴求獲得這種暫時性的東西，是沒有什麼用處的，所有的這些神奇，都包攝在那個永不變異的真我裡，因此，世界在其內，不在其外，這個意涵，在《拉瑪那之歌》第五章第十一頌、第十二頌載述之：「整個宇宙濃縮在這副身體裡，整個身體濃縮在本心，故本心乃整個宇宙的核心。」因此，總御涉及在身體上不同處的專注，就有不同的神通。據說，在醒境的生命個體或世界大整體中含有和諧有序的宇宙體系，存在有局限的身體內。又，「這個世界，無異於心思，心思無異於本心，這就是整個真理。」所以，本心廣包一切。這就是以無花果樹種子為例，對蘇維塔克圖[70]的教導。那個源頭，是個端點，並無任何向度，一方面擴展成無窮的宇宙，另方面推衍成無盡的幸福，那個端點是中樞，自此中樞，而習性萌發，加乘化成為經驗者「我」、經驗、這個世界。真言述及經驗者及源頭：「兩隻鳥，一模一樣，同步躍起。」

當我住在史勘德道場時，有時外出坐在石頭上。有一次，我跟兩三位同伴在一起，包括倫加史瓦米·艾晏伽。突然間，我們看見一隻像蛾的小昆蟲，從石頭的裂縫中，向天空迸射而出，有如一支火箭，我們在眨眼之間，那隻蟲蛻化成上萬隻蛾，在空中蔚然成團，像一朵雲，遮蔽天空的視線。我們十分好奇，便前去查看蟲所噴射出的地方，發現那只是一個小小的針孔洞，並且知道這麼多的昆蟲，恐怕都無法迅即彈跳噴出。

這就像自我躍出，有如火箭，迅即展衍成宇宙。

因此，本心即是中心，人無法離卻本心，若是離卻，則人即與死無異。雖然奧義書有云，生命個體的運作，經由其他中心，呈現在不同的面向，但仍未排除本心。諸中心僅是事態之位處（參閱《吠檀多寶鬘》）。真我勢必在本心，猶如牛隻拴在樁上，牛隻的活動，為繩索的長度所控制，其走動都繞著那個樁而行。

毛蟲爬行在一片草葉上，當爬到葉片盡頭時，牠便尋找支撐，於是用牠的後足抓住葉片，起身躍起，移到另一片葉子而抓牢。真我亦然，駐於本心，根據當時狀態，掌握其他中心位處，而其運作始終繞著本心而為。

對話六一七

生命個體有五種狀態：⑴醒境、⑵夢境、⑶無夢之睡境、⑷第四境（*Turiya*）、⑸超越第四境（*Turyatita*）；其中，醒境是指清醒之狀態。

在此，在醒境中的生命個體在及在宇宙中的上主，結合在本心蓮花的八花瓣中，經由一切感官感知，在萬物中享受奇異的歡樂。五粗大元素，擴衍展開，十項感知、五項生命元氣、四項內部機制、二十四項元素等，總匯成粗質身。醒境以純淨質性為特徵，用字母A表之，為毘濕奴神掌理。

生命個體在夢境中做夢，以及上主在宇宙意識中，結合於心的蓮花花冠上，在頸部運作，經由心思在醒境收集印象後，體驗於夢境中。所有的律則、五大元素、意志，以及全數十七項元素等，總匯成夢境的精微身。夢境以躁動質性為特徵，用字母U表之，為梵天神掌理。

生命個體沉睡在睡境，以及上主在伊濕瓦若，結合在心的蓮花雄蕊裡，經由精微的無識無知，體驗至上的幸福。正如母雞在白天啼喚雛雞群，將之護佑在其羽翼下，夜晚歸返其雞窩，生命個體的精微身，完成在醒與夢境的體驗後，挾其收集印象，進入無識無知的因緣身，以昏闇質性為特徵，用字母M表之，為魯陀羅神（Rudra）掌理。

深層睡眠等同於純粹存在的體驗。三境之行，各有不同的名稱，諸如三個區域、三個領地、三個神祇等。那個存在，始終駐於本心，如上所述。若在睡境中，本心未除，心思凝止，而至上之知獨然冥思，其境稱為「第四境」。又，其人融入於至上，則稱為「超越第四境」。植物性的國度，是屬於無夢之睡境，動物性的國度是指夢境與睡境二者，而神祇的國度，總是在醒境。人有此三狀態，但有洞見的瑜伽士只駐於第四境，而最上乘的瑜伽士，處於超越第四境上。

一般人三境更迭，不由自主，但後面兩境（第四境及超越第四境）是修練的成果，形成明顯的助益，以邁入解脫。醒、夢、睡三境，每一境皆隔絕於其他兩境，而被時間與空間局限之，因此，皆非實相。

我們在醒境或夢境中的極致體驗，證明真我之為意識，存在於五狀態之基底，如如其在而圓滿，是五狀態的觀照。但是，相較於熟睡時類似的意識，每人都知道說：「我沒有知覺，但我睡得很熟，也很快樂。」這個陳述，有兩個要點（即沒有知覺，及熟睡的快樂。）若非在睡境中體驗到這些，則其人無法在醒境表述這些體驗。這用推理，也可得出相同的結論。正如眼睛看到一片黑漆，籠罩著所有物體，真我也看見無知的黑暗，包覆著物象世界。

當真我消融在至上幸福的那個端點，便體驗到這個黑暗，於是瞬間閃耀著光芒，迅即流逝，其精微之狀，有如月光流瀉而穿過搖晃的枝影葉隙之間。然而，這個體驗，並非透過任何中間媒介（例如心思感知）而來，但在此證實一項事實，那就是在熟睡中，意識確實存在，那裡沒有知覺，這是由於相對之知的不在，而快樂也是由於騷動思維的無存。

若熟睡的幸福體驗是項事實，則何以無人能回憶起呢？潛水夫在海水底，發現所欲打撈之物，他無法使在岸上期待看到物品的人，知道是什麼東西，除非潛水夫湧出水面上。同理，睡夢中人，因為無法連結表達器官，故無法表述其體驗，除非因其習性，而適時醒來。故所得結論是，真我乃存在、意識、幸福之光。

「個體在醒境」（*Visva*）、「個體在夢境」（*Taijasa*）、「個體在睡境」（*Prajna*）是體驗者分別在醒夢睡諸境的名稱。在諸境中，同樣是那個個體，但那個個體，並非就是粹然存在、意識、幸福的真我。據說熟睡的體驗，是至上之知的幸福，那僅是幸福的消極面而言，因為那是思維消失而不存在的結果。抑有甚者，這種幸福，也是一時的，僅是至上幸福的偽裝，其與感官歡愉的幸福感，並無不同。據說，睡境的個體結合真我，所以那個個體性，在睡覺時是潛伏的。

真我是一切體驗的基底，以觀照而存在，包舉一切，實相因此有別於三境：醒、夢、熟睡。

一九三九年二月一日

對話六一八

有位來自赫爾德瓦爾的男士問：當我分析自己時，我越過我的心智，那時並無幸福可言。

尊者：心智僅是真我的工具，無法助你知道心智以外的東西。

問：我瞭解，但是越過心智，就沒有什麼幸福感。

尊者：心智是工具，使你從已知到未知，但你已經是已知。存在於真我，其本身就是真知，所以，你無須成為知的對象，心智使你看到的，是外在的事物，但不是自身的源頭。

問：我再把問題說一遍。

尊者：心智的用處，僅止於此而已，可以助你分析你自己，但不能再更進一步，心智必須融入自我，必須找到自我的源頭。若能這樣，自我便消失。駐止於那個源頭上，如如其在，這樣，自我就不會萌動。

問：在那個狀態，沒有幸福可言。

尊者：「沒有幸福」，這只是個思維念頭，真我是幸福、純粹、簡單，你就是真我，所以，除了幸福之外，並無其他。存在於這樣的幸福，你不能說沒有幸福。說「沒有幸福」的，不會是真我，那是非真我在說，你必須擺脫它，俾了知真我的幸福。

問：如何做到？

尊者：看那個思維是從何處而萌生，那是心思，再看是誰的心思或心智在運作，那是自我的。將心智融入於自我，而去找尋自我的源頭，那個自我就會消失。「我知道」及「我不知道」都隱含著主體與客體，這是二元性；而真我是單純、絕對，一而獨然，並沒有兩個我，其中一個在知道另一個。那麼，二元性的是什麼呢？那不可能是真我，因為真我是獨然的一，故那必定是非真我。二元性是自我的本色，當思維萌生時，便呈現二元。洞悉那是自我，並探尋其源頭，就是了。

思維無存之程度，是邁向了悟真我的進步之指標，但了悟真我本身，並無所謂進步，其自始至終皆如此，真我始終在了知中，障礙是指思維所存，阻礙了對真我的了知，若能洞曉而加以排除，則其排除的程度，便是衡量進步的指標。因此，藉由探尋是誰在萌生思維，而遏制其思維，你便直探其源頭，則一切思維不起。

問：我時常會起疑惑，因此，我這樣提問。

尊者：一疑惑起，而被解除，另一疑惑起，而被解除，其他疑惑亦然，持續下去，則不可能除盡所有的疑惑。要去看是誰在生起疑惑，深入其源頭，而駐止於其中，然後疑惑不復萌生，這就是解除疑惑的辦法。

「當心思融入於真我時，一個念頭都不會生起。」

問：只有恩典能助我如此。

尊者：恩典並非身外之物。事實上，你的極度渴望恩典，乃是由於恩典已然存乎你的內在所致。

對話六一九

來自安得拉邦的一位男士，朗讀《寶鬘辨》一則偈頌，發表他對《廣義林奧義書》中梅翠伊．婆羅瑪娜（Maitreyi Brahmana）[71]的看法，並問真我在此處的涵義為何。

尊者：就是真我。

問：吾人之珍愛，不是為了某物嗎？

尊者：我們渴望幸福，適足以證明真我的幸福始終是存在的，否則你怎會興起渴望呢？若頭痛是人的自然情況，則無人要祛除頭痛，但有頭痛之人，皆無不設法祛除頭痛，因為他曾知曉沒有頭痛的情況。他所渴望的，正是他生命的自然狀態。所以，也是這樣，他渴望幸福，因為幸福正是他生命的自然狀態。存在於自然，就無須獲致。人所能做的，只是排除愁苦，若能做到，則永在的幸福，可以感覺到。我們生命原初的幸福，是被非真我阻礙了，這個非真我，與不幸福、愁苦等，是同一意涵。不幸福的滅失，就是幸福的獲致，若幸福混雜著不幸福，就只有愁苦而已。當愁苦被排除，則永在的幸福便到手。若歡樂的終點是愁苦，則只有愁苦而已。

人應避開這些歡樂。歡樂有喜愛（*priya*）、喜樂（*moda*）、至樂（*pramoda*）等。當想要的東西近在眼前，心中便萌生喜愛，若能擁有之，心中便轉生喜樂，若能享受之，心中便充滿至樂。這些情境之所以感到歡樂，其原因是單一的思維存在，排除了諸多思維，而那個單一的思維，融入了真我。這些歡樂的情境，皆僅是安享於五身層中的樂身層而已；一般而言，識身層是遍在於醒境裡，在熟睡中，所有的思維止息，呈現蒙昧狀態，那是幸福的一種狀態。這時充遍於全身的，是快樂幻境，這些都是包覆生命的身層，但並非核心，核心在這些身層的內在深處，位於醒、夢及熟睡之外，那才是真實的，內含著真正的幸福。

問：探究而深入真我，需要行哈達瑜伽嗎？

尊者：每個人應該找尋適合他的行法，因為人有其潛在的心識印記。

問：就我這個年齡，行哈達瑜伽，會完成修練嗎？

尊者：為什麼都要想到這樣呢？因為你認為行瑜伽是你的外在行為，你便渴望而欲求完成修練，但你不也一直都存在的嗎？為何你要離卻你自己，而追逐外在的東西呢？

問：據說，《直驗論》（*Aparoksha-anubhuti*）認為，對探究真我，哈達瑜伽提供必要的協助。

尊者：哈達瑜伽士宣稱，可使身心保持健康良好，俾行探究時不受阻礙，收效良好。他們也說，必須延長生命，以便持續探究，獲致成果；抑有甚者，有些人懷有企圖，欲達此目的，而使用延壽的藥物。他們最喜歡舉例的是，下筆之前，畫布必須完美，是的，然則，畫布是指什麼呢？圖畫又是指哪一個呢？根據他們的說法，身體是畫布，而探究真我是繪畫，但是，身體不也是在畫布上的圖畫，而畫布是真我嗎？

問：但是，據說哈達瑜伽有很大的助益。

尊者：是的，甚至有許多精通於吠檀多的大學者，也希慕而求之，否則，他們的心思不會平靜下來，所以你可以說，對於無法平靜其心的人，是有助益的。

問：據說禮拜人格化的神，並不圓滿，而虔信於非人格化的神，則困難而危險，我較適合前者，該怎麼辦？

尊者：人格化的神，終究要融入於非人格化的神。人格化的神，淨化人心，使之邁往目標，受苦的人、真知的尋道者，以及想要有收穫的尋求者，都是神的珍愛，但悟者是神的真我。

對話六二〇

問：「不是這個、不是這個」，是對尋道者的教示，但在另一方面，他被曉諭真我乃是至上，這又如何能找到呢？

尊者：據說，真我是聽聞者、思想者、知道者等，但不盡然這樣。真我也被描述為耳中之耳、心中之心等，這又要用什麼方法，去知曉那個知道者呢？

問：但是，這又沒有說真我是什麼。

尊者：「不是這個、不是這個」。

問：只是在否定。

尊者微笑不語。信徒抱怨，沒有指出真我是什麼。

尊者：有個人，想要知道他自己是什麼東西，便環視他周遭的動物及其他物體，他被告知，「你不是牛、不是馬、不是樹木、不是這個、不是那個」。若那人又問說，「你還是沒告訴我，我是什麼？」則可以這樣回答他：「並沒有說，你不是一個人。」他必須自己去尋找出自己是個人。所以，你必須自己去尋找出你是什麼。

你被告知，「你不是這副身體、不是這個心思、不是這個心智、不是這個自我、不是任何你所想的東西，去找出真實的你是什麼。」然後，一片寂靜，這正表示那個提問者本身，就是真我，這樣就找到了。在結婚典禮的先行儀式中，女方對每個人一直都說「不」，直到她面對了她所要選擇的對象，然後她低眉垂視，保持沉默。

對話六二

下午五時三十分，拉吉·克里虛納（Raj Krishna）先生看見尊者獨自一人在廳堂，便前去祈求而說道：「十年來，我不斷渴望能瞥見實相，我堅信這只能藉著像薄伽梵您這樣的聖者，才能獲得協助。所以我祈求您的協助。」尊者注視著他好幾分鐘。

克里虛納先生說：「在我有生之年，若不能了悟，起碼讓我在臨逝時，能不忘此志，也起碼在我瞑目的那一刻，獲得瞥見，以便能裨益於我的來世。」

尊者：據說《薄伽梵歌》第八章有記載，人臨逝時的最後一個心念，將決定其投胎的來世。在世時，當下體驗實相，乃是必要的，俾死時能應驗之。看現在的這個時刻，與最後的那個時刻，是否有不同。設法保持在那個想要的狀態。

問：我有局限，無法掙脫現況，恩典可以成就我，而我無法自行成就。

尊者：確實，但是除非有恩典在，否則你也不會興起這個祈求的欲望。

他們兩人緩步而行，彼此交談。

這位信徒說：「在拉合爾（Lahore，巴基斯坦東北部城市）有位十一歲的女孩，極為不凡，她說她能兩度召喚上主克里虛那，而仍保持意識，但第三度召喚時，便失去意識，昏迷持續約十小時。」

尊者：只要你認為上主克里虛那，是跟你有分別的，你就會召喚祂，而陷入昏迷，這表示那個三摩地是一時的，但你始終是在三摩地裡，這是你應該要瞭解的。

問：看見神的景象，是極榮耀的。

尊者：看見神的景象，僅是將真我物化為其人心中信仰的神，而看見之。務要了知真我。

對話六二二

尊者的手指紮著繃帶，有人問怎麼了？尊者說：「手指碰到了刀子。」（刀子是無覺性的，相對而言，手指是有覺性之物。）

對話六二三

尊者告訴另一位信徒，述及五個狀態：睡眠、夢醒之前（那個狀態，了無思維）、脫離思維的幸福感、習性的內部運作（*kashaya*）、醒後的心思散亂。其中第二個狀態，應使其永恆。

一九三九年二月四日

對話六二四

一位信徒問尊者：隨著每個思維，其主體與客體都會起滅。若「我」消失，則主體不是也滅失嗎？若是這樣，則探尋那個「我」，又如何進行下去呢？

尊者：那個主體（知者），僅是心思的狀態，雖然心念不斷而長往，但其背後的實相仍在。那個狀態的背景就是「我」，心思狀態，起起落落於其中。

問：描述真我為聽聞者、思維者、知道者等，但又描述其為非聽聞者、非思維者、非知道者等，這樣是正確的嗎？

尊者：是的。一般人覺知其自己，是在心智上（識身層）的狀態萌生後，這些狀態只是短暫的，有起有落，因此心智的識知，被指稱為一個身層（*kosa*），但當純粹的覺知，存留下來，則是真我，或是至上，思維消退而止息後，存在於那個自然狀態，則是幸福。若那個幸福是短暫的，亦即有起有落，則那也只是在樂身層而已，而非粹然的真我。所務要的，乃是在一切思維消盡之後，要專注在那個粹然的「我」，而勿鬆懈掌握。這必須被描述為極度精微的思維，而無法以言語表述，蓋此境乃是真實的真我，這時是誰在語述，對誰說？又如何說呢？

在《解脫之精粹》及《寶鬘辨》中，有極佳的敘述。因此，雖然在睡夢中，真我的覺知，並未喪失，而生命個體的無明，也未受影響。摧毀這個無明，是需要心思極其精微的狀態（*vrittijnanam*）。在陽光下，棉花不會焚燒，但棉花置於凸鏡下，陽光聚焦在凸鏡，會引燃成火，燒燬棉花。同理，雖然真我的覺知，在任何時間，都呈現臨在，也與無明了無扞格，若行冥想，而持有思維之極度精微狀態，則能摧毀無明。《寶鬘辨》也說：「極度精微之至上真我，無法以肉眼觀知。」並且「這個耀明之真我，觀照一切。」這個極其精微的心思狀態，不是所謂的心念，心念是修飾過的心思。因為心思狀態有兩種：一是自然的狀態，另一是心思轉變成物體的形相。心思的自然狀態是真理，心思轉成物相則是根據其作為者，當作為者消失，則「如水清澈的核仁糊」，而心思自然狀態如如其在。

達到這個目標的行法，乃是冥想，雖然涉及三方並立的關係，但最後終止於粹然的覺知。冥想須要勉行，粹然覺知，無須勉行。冥想，得以持行，或不持行，或錯誤持行，但粹然覺知，不是這樣。冥想被描述為「作為者」的狀態，粹然覺知，則是「至上」的狀態。

一九三九年二月七日

對話六二五

默斯頓（Merston）小姐是位來自英國的訪客，問：我已閱讀〈我是誰〉專文，但我不能長時間探究這個「我」是誰。其次，我對周遭的環境不感興趣，但我仍希望能在生命中，找到一些有趣的事物。

尊者：若是沒有興趣，那也是好的。

通譯者在旁解釋，提問人想要在生命中，找些有趣的事物。

尊者：那就意謂著，還有些生命的習性在作祟。一個人做了夢，他看到夢中的世界，交織著歡樂與痛苦，但他醒來後，便對夢中世界失去了興趣；在醒時的世界，也是這樣。正如夢中世界，是你自己的一部分，與你沒有分別，如果你可以對它失去興趣，那麼你也可以對醒時的世界，失去興趣。假如你從這個醒的如夢人世中醒悟過來，則能了知人世是你的真我的一部分，而不是客觀的真相。因為你認為你與周遭之物是隔開的，所以你欲求某物，若你能瞭解，物僅是你思維的東西，你就不會欲求。萬物有如水中泡沫，你是水，物是泡沫，泡沫不能離卻水而存在，但泡沫與水，不盡相同。

問：我認為，我像泡沫。

尊者：停止認同那個不真實的，了知你真實的身分，然後你就會堅定，而了無疑惑萌生。

問：但我就是那個泡沫。

尊者：因為你這樣思維，就會有苦惱，這就是錯誤的想像。接受你真實的身分，存在於水，而不是泡沫，只要深入其中，就可做到。

問：若我深入，我將會發現……

尊者：但甚至不必深入，你已經是那個了。只要你不接受你的真實身分，就會存有外在與內在的觀念。

問：但這個觀念，是我從您這邊聽來的，說我要深入。

尊者：是的，確實這樣。這樣說是因為你認同你自己是泡沫，而不是水。因為有這樣的妄見，我的答覆是要引你注意到那個妄見，而帶你回家。這一切都意謂著，真我乃是無盡的，包舉著你所見的一切，誠然無一物能超越祂或離卻祂。了知這個，你就不會欲求任何事物，而沒有欲求，你就會滿足。

真我已然在了知中。對已然了知，就無須尋求了知，它始終在了知中。因為你無法否認你自己的存在，那個存在，就是意識，亦即真我。

除非你已存在，否則你無法提問，所以，你必先承認你自己的存在，那個存在，就是真我而已然被了知。因此，費力地了知真我，導致了你現在的錯誤認知，以為自己還不了知你的真我。並沒有什麼新的了知，真我油然而現。

問：這要花好多年，才能瞭解。

尊者：為什麼要好多年？時間的觀念，只在你的心思裡，而不在真我裡。真我並無時間可言。時間之為觀念而萌生，是在自我萌發之後，但你是真我，超越時間與空間，你甚至存在於時間與空間之外。

一九三九年二月九日

對話六二六

另一位訪客：「我」只在關涉到有一個「這個」時才存在，不是嗎？

尊者：「我」、「這個」現在同時呈現，但「這個」是包含在「我」裡面，彼此不是分開的。「這個」必須融入，而與「我」成為一。那個「我」，如如其在，乃是真我的「我」。

對話六二七

問：跟上師在一起，是何義？

尊者：其義是探討神聖的知識。

問：但上師的臨在，其功德殊勝。

尊者：是的，可淨化人心。

問：那是一種效應或回報。我問的是，門徒的行為，應該要如何？

尊者：端視門徒的類別，而有不同。門徒有的是學生、在家居士，其人的內在心態為何等。

問：若是如此，他們都自然會有善果嗎？

尊者：是的，在以前的時代，仙人易子而教。

問：為什麼？

尊者：因為涉及感情因素，阻礙其間。

問：悟者不會這樣，但對其門徒是這樣的嗎？

尊者：是的。

問：若是如此，經由師父的恩典，這個障礙也會跟著其他的障礙一併排除嗎？

尊者：可能會延緩些。由於門徒缺乏尊敬，恩典可能要在一段時間過後，才有效應。據說，從無明中醒悟，類似於在夢境中猛見野獸的恐怖而驚醒，它就是這樣。心思有兩個傾向，其名是遮蔽及躁動。這兩者中，前者是邪惡的，但後者不是。只要沉睡的遮蔽效應仍在，就會有恐怖的夢境，但醒來後，沒有遮蔽，就不會再有怖畏。躁動並不是幸福的阻礙，但為了擺脫這個世界所引起的躁動不安，人們起而行動，去跟上師在一起，研究聖典，禮拜有形相的神，經由這些行動，獲得覺醒。最後會是怎樣呢？卡爾納曾經是貢蒂的兒子[72]。遺漏而失算自己的第十個傻瓜[73]，一直都是這樣。羅摩始終是毘濕奴的兒子[74]。這就是知其自身的了知。務要保持覺知於始終存在的「那個」。

一九三九年二月十三日

對話六二八

D先生自歐洲歸返，與尊者私下晤談數分鐘。他說上次的訪晤，他有些感應，但程度不如他想要的。他可以在工作上一心專注，他說專注不是靈性成長之必要嗎？他對修持的行動，甚感興趣，因為行動有助於專注。

尊者：若無行動者、作為者，則無行動、作為。找到那個作為者，他便消失不見，那麼他的行動、作為又在哪裡呢？

D先生請求指示如何這樣修練。

尊者：尋找那個作為者，就是修練。

D太太說：她的覺知過程，有時會中斷，希望能知道如何使覺知持續而不中斷。

尊者：中斷是由於思維所致。你無法能覺知那個中斷，除非你的思維認為中斷，而那也僅是一個思維而已。重複老樣子的練習：「這些思維，是誰萌生的？」保持這樣練習，直到不中斷為止。只有練習，才能帶來覺知的持續。

一九三九年二月十七日

對話六二九

今天是濕婆節（Shivaratri），晚間尊者洋溢著恩典，輝照無邊。一位修行者提問：探究而深入真我，似乎使人進入其精微身或靈體，是這樣嗎？

尊者：對同一境地，常有不同的名稱，皆取決於使用者的觀點。一段時間過後，八面向的精微靈體（*puriashtakam*）將消失，而只有「一」（*Eka*）而已。

唯有心之純知，能夠摧毀無明。絕對的真知，並不牴觸非真知。

有兩種心念模式：客體的、主體的。前者必須被後者取而代之，這就是修練的目標，使人進入八面向的精微身，然後來到一之真我。

對話六三〇

在對話的過程中，有位信徒提到：西瓦普雷克薩姆·皮萊是如此一位君子，一位忠誠的信徒，以及長期的門徒，他撰寫詩頌，載述尊者的教誨，卻無法在修練上卓有成效，他這麼努力才這樣，我們這些人該怎麼辦呢？

尊者：商羯羅譜寫詩頌，禮讚神祇時，也說過類似這樣的話。其他的人又如何頌揚神呢？

說到這裡，尊者笑了。

對話六三一

那位有修行的信徒，換句話重複他的提問：探究而深入真我，似乎朝向身滅後之靈體（*ativahika*）、八面向之精微靈體或個體靈阿特曼，就是這樣嗎？

尊者：是的。這稱之為*sarira*（指身體或駐處、城邑或個體，取決於其觀點）其義皆同。

心之純知，通常涉及客體的現象。若這些皆滅息，則存留者，是真我之心或主體之心，這與知其自身之了知，並無二致。若無此了知，則不純之知，不會滅息。八面向的精微靈體，也並非涉及外在任何事物，若知曉其在，則真我熠然輝照，一統而和諧。

一九三九年二月十八日

對話六三二

沙加那拉耶拿．饒（Satyanarayana Rao）先生是位韋洛爾馬漢特（Mahant）學校的教師，也是尊者知名的信徒，他正罹喉癌，醫生束手無策。他在道場，有個小房間。道場的管理人待他甚善。他來這裡，已有兩個月，身體極虛弱。

約在上午九時，尊者正在閱讀報紙，饒先生的兄長，前來廳堂，神色憂慮，問尊者有關病人的情況，那時病人正喘息。管理人也來到廳堂。尊者繼續閱報，數分鐘後，另一位信徒，也因為病人的狀況而來廳堂。

尊者問道：你叫喚醫生了嗎？

問：叫了，但醫生在醫院正忙。

尊者：那我又能如何呢？（過了一會兒）我若去那裡，他們會感到安心。

不久，尊者便離開廳堂，走到病人的身旁，輕撫按摩著他。尊者將他的一隻手，置於病人的心口上，另一隻手放在病人的頭部。這時的饒先生，張口吐舌，雙眼睜開，呈現出病況緩和的跡象，約過二十分鐘後，他喃喃而語：「喔，對無助者的協助，我麻煩你了，我又如何回報你的慈悲呢？」眾人聞後，皆感欣慰。尊者返回至廳堂，有人提供肥皂及清水，請尊者洗手，但尊者拒絕，反而將雙手放在自己的身體上，搓擦一番。數天後，病人身亡。

一位知名的信徒論道，尊者在任何環境下，其示現臨在皆超然於物外，然而他始終如此慈愛而恩厚。

一九三九年二月二十三日

對話六三三

有位訪客，來自丁迪古爾（Dindigul，在泰米爾納德邦），說：我從出生的那一天開始，便身心受苦，從沒快樂過一天。我聽我母親說，她懷我在身時，也不快樂。為什麼我要這樣受苦呢？我這一生又沒犯罪。這是我前世的罪業所致嗎？

尊者：若苦難一直無法解脫，還有誰要找尋快樂呢？要是苦難是自然的生命狀況，那麼人又怎會興起渴望快樂的念頭呢？然而，那個渴望興起了，所以，想要快樂乃是人之常情，其他的都反常；苦難不是心之所向，因為它來來去去。

提問者重複他的怨苦。

尊者：你說你的身心受苦，身心它們可曾提問過？到底那個提問者是誰？難道不是身心之外的東西在提問嗎？

你說這副身體在這一世受苦，而這一世的原因是前世，而前世之因，又是再前一世。所以這像種子與發芽的說法，一連串的因果循環沒完沒了。這裡必須要說的是，生生世世都有其無明的因，而同樣的那個無明現在仍在，還甚至讓你提出這個問題。那個無明，必須以知其自身的了知，而掃除之。

「為何有苦難？苦難又是對誰而來？」若你能這樣問，你會發現，「我」是分離於身體與心思，那個真我乃是唯一永恆的存在，這就是恆在的幸福，那就是知其自身的了知，真知。

問：但是，為什麼現在應該要受苦難呢？

尊者：若無苦難，怎會興起渴望快樂的念頭呢？若不興起渴望的念頭，又如何成功找到真我呢？

問：所以，所有的苦難都是好的？

尊者：確實如此，幸福是什麼呢？體健、貌美、豐衣足食嗎？縱使一個帝王身體健康，他仍有無盡的苦惱。所有的苦難，皆由於「我是這副身體」的妄見所致。擺脫之，乃是真知。

對話六三四

有位男士來自安得拉邦，從政府服務部門退休，問道：我長期持行冥想「唵」。在我的左邊耳朵，常聽到有聲音，好像雙簧管樂器的笛聲，甚至現在，我也耳聞之。我也看到一些輝耀的景象。我不知道，該怎麼辦？

尊者：這一定是有個人在聽聞聲音，或看見景象，那個人是「我」，若你探尋之，問「我是誰？」則主體與客觀，合併在一起，在這之後，便無探尋了。直到有思維萌生，事物隨之而起而滅，你就問你自己，所發生的是什麼事，又將會發生什麼事。若那個主體被知曉，則客體將融入於主體。若無這樣的認知，則人會運作其心思於客體上，蓋客體有其起滅，而人不知其生命真實的本質，乃是真我之存在不滅。若客體滅失，則人會心生恐懼，亦即其心思被客體拘困了，若客體不在，則其心受苦，但這些都是短暫一時的，而真我是恆在的。若能知曉恆在的真我，則主客體會合而為一，那個「一」而無二，將輝照無邊。

問：有個冥想唵（*Omkara*）的融合物嗎？

尊者：「唵」乃恆在的實相。物滅失之後，所存留者，就是「唵」，它並不融入於其他物，其為境也，據說是「一無所見，一無所聞，一無所知，此即圓滿。」所有的冥想神明或唵，都是在獲致此境。我們不應陷在行法的持行上，而須探究「我是誰」，俾找到真我。

問：我在家裡，並無樂趣。我在家中，無事可做，我已經做完了我該做的事，現在我有孫子孫女，我應留在家裡，或離家而去？

尊者：你應該留在現在所居住之處，然則，現在你在哪裡呢？你在屋子裡面，或屋子是在你裡面呢？屋子有自外於你嗎？若你固守在你自己之所在，則一切事物都會融入於你，這樣就沒有提起這些問題的理由了。

問：是的，看樣子，我應留在家裡。

尊者：你必須留在你生命真實的境地。

對話六三五

來自霍斯佩特（Hospet，在卡納塔卡邦）的男士，從凱拉斯、阿馬爾納特（Amarnath）朝聖歸來，他敘述這些地方的美妙及旅途的艱辛，最後他問起某些事，使他想起尊者的教導。

尊者：你到過凱拉斯等地，你去過穆克提納特（Muktinath）[75]嗎？

問：沒有，對我來講，這個旅途，太艱辛了。但我去過尼泊爾。您有去過這些地方嗎？

尊者：沒有，沒有。我隨意提到穆克提納特。

尊者又論道：前往凱拉斯而歸來，就像一次重生，因為身體的觀念剝落了。

對話六三六

凱利．哈克（Kelly Hack）太太：可以把醒境及夢境，想像成從真我的自然境地去遊歷嗎？

尊者：若要遊歷，則得有個地方可供遊歷觀覽，那個地方必定不在自己身上。就真我的真實本質而言，這是不可能的。

問：但是，我的意思是，這只是作為想像而已。

尊者：想像真我的真實本質，也是很好的。

問：用銀幕的例子作解說，也很美。

尊者：電影銀幕不具覺性，所以需要觀眾，然而真我的銀幕，是包括觀眾及所觀之物，更確切的說，那裡充滿著光。

電影院放映的影像，若無黑暗的協助，則無法觀看，因為在全幅亮光之下，看不見影像。同理，心思能思索、看見事物，是由於潛在的無明所致。真我乃純粹之知、純粹之光，其中並無二元性。二元性隱含著無明，而真我之知，超越相對的知識與無明。真我之光，超越普通的光與暗。真我乃一切之獨然。

對話六三七

有關進步的問題。尊者說：「心思才有可能進步，真我不會進步。因為真我始終是圓滿的。」

一九三九年三月二日

對話六三八

數天以前，道場實施一項禁令，訪客不得在正午至下午二時半之間，進入廳堂。幾位穆斯林訪客恰好在這個時候參訪道場。尊者的隨侍人員告訴他們，此時不宜打擾尊者午休。尊者知悉此事，平靜步下沙發長椅，走出廳堂，坐在廳堂外牆邊的平面石塊上，並要求訪客靠近他就坐。尊者繼續看他的報紙，也側倚在石塊上，最後，他還是被請回廳堂。

對話六三九

尊者與來自普杜科泰的薩瑪晤談時說：「人為何要遺漏親近而直接的，而要尋找其他的呢？經文說：『你是那個』，在這裡，『你』直接體驗的，但人卻遺漏了，在找『那個』。」

問：是為了要找「那個」及「你」的「一」。

尊者：「你」是內在的真我，遍在一切，為了要找同一個東西，他遺漏了自己而觀看客體的世界，但世界是什麼？其內在有什麼呢？就是「那個」。這些觀念會萌現，只因人忘記了自己的真我。我一點都不受到困擾，只有一次例外，那是我想起人這樣察看事情時。

一九三九年三月三日

對話六四〇

約在下午四時，尊者正在聚精會神撰寫文字時，突然中止，緩緩地將其視線移轉到北邊的窗戶上。尊者收起鋼筆，套上筆蓋，放入盒內，合上筆記本，推至一旁，然後拿下眼鏡，折好置於盒內，放在一邊。他的身子，向後倚靠著一會兒，抬頭仰視，他的臉轉向這邊、轉向那邊，看這裡也看那裡。他撫摸著臉，看起來在沉思，然後他轉向廳堂內的某個人，輕聲以道：「一對麻雀，剛飛來這裡，向我抱怨，牠們的巢被移走了，我向上看，牠們的巢不見了。」然後他叫隨侍瑪達瓦·史瓦米（Madhava Swami）來，問道：「瑪達瓦，有人移走了麻雀的巢嗎？」

隨侍閒散地走過來，漫不經心答覆：「我快速移走了牠們造的巢。最後一個巢，是今天下午移走的。」

尊者：這就是了。這就是為什麼麻雀要抱怨，可憐的小東西！牠們用小嘴銜著草梗及碎屑，努力打造牠們的巢！

隨侍：但是牠們為什麼一定要在我們頭上築巢呢？

尊者：好了，好了，讓我們看看，最後到底是誰勝利。

過一會兒，尊者外出。

對話六四一

尊者解釋《真理詩頌四十則》的開經偈，論道：人人都看得到這個世界，大家都得知道，「世界與我都存在。」探問：「這些都存在嗎？」以及「若真的存在，它們必定與時間、空間、分別心無關。它們是這樣嗎？」顯然，在醒與夢境，我們都能認知這些，但在睡境則不能。因此，「我」及這個世界，有時呈現，有時不見。它們被創造，有其存在，然後消失。它們是從何處起現的呢？是用什麼方式維持其存在呢？它們從視線中消失，究竟往何處去呢？這樣的現象，能認為是真實的嗎？

進一步說，我及這個世界及創造物，其維持及壞滅都僅在醒與夢兩境中，而不在睡境中感知。熟睡之境與醒夢兩境，又是如何不同呢？在睡境中，並無思維，但在另外兩境中，有其思維，於是思維必定是「我」及這個世界的起源。

現在，思維是什麼？它不可能是自然的，否則不會此時起現，而彼時消失。它們到底是從何處而萌生呢？其源頭，必須是始終存在、也不會變異的。它必須是永恆之境，如教導的真言所云：「從此而萬物起現，在此而萬物維持，沒此而萬物消融。」

本偈文不在頌揚或讚嘆，而僅是一項對實相的表述。

對話六四二

薩瑪先生問：「不論人所看見之物如何不同，皆僅是真我形相之相異。」與「當人看見眾生皆為神之形相，則虔誠敬奉之心，自然流露。」此兩段文，有何不同？

尊者：前者是探究「我是誰？」代表著真知。後者是冥想於「我來自何處？」這是承認有個身體真我，在尋找至上真我。

對話六四三

一位來自安得拉邦的長者，知識豐富，問道：行動法門與真知法門，是分別而各自獨立的嗎？或者，行動法門只是預備性的行法，迨不斷修持而有成後，要繼之以真知法門，以臻目標的完成。行動法門之人，主張無執著的行動，但仍有個活躍的人生；而真知意謂著棄世。棄世的真正意涵為何？制伏色欲、激情、貪婪等，是所有法門的一般性認知，也是其基本的預備性修持。擺脫激情，不是意味著棄世嗎？或者棄世另有其意涵，是指活躍人生的停止。這些問題，都使我困擾。我祈求明燈指示，解我疑惑。

尊者微笑道：你都說了。你的問題也內含著答案，擺脫激情是最基本的條件。若達成此項，則達成其他一切。

問：商羯羅強調真知法門，認為棄世是預備性的持行，但在《薄伽梵歌》中很清楚說到兩種行法，是行動及真知。

尊者：商羯羅評註《薄伽梵歌》，也評註了這段文字。

問：《薄伽梵歌》似乎強調行動，因為阿周那被勸導要作戰。上主克里虛那為宏偉志業的壯闊人生，立下楷模。

尊者：《薄伽梵歌》一開始便說：你不是這副身體，因此你也不是那個作為者。

問：這個涵義是什麼？

尊者：這就是人應該有所行動，但不宜自認為是個行動的作為者。雖然他毫無自我，但是他有行動。其人以某個旨意而出現行動，此旨意終將成就，不管他認為自己是否為行動者。

問：行動瑜伽是什麼？不執著是針對行動或成果而言？

尊者：行動瑜伽是指持行此種瑜伽之人，不應妄稱自己是持行的行動者，那個行動會自然而然遂行。

問：所以，行動瑜伽是指其行動不帶著作為者在作為的感知。

尊者：是的，確實這樣。

問：《薄伽梵歌》教導我們要有自始至終的活躍人生。

尊者：是的，無行動者的行動。

問：有必要離家，而過著棄世的生活嗎？

尊者：家是在你的內在裡面，或者你是在家的裡面？

問：在我的心思內。

尊者：那麼，你離開這個物質有形的環境後，你又改變了什麼？

問：現在我懂了，棄世僅是不帶著作為者的感知而行動。但難道此身在世的解脫者都沒有行動嗎？

尊者：是誰在提出這個問題？是解脫者他嗎？或者是別人？

問：不是解脫者。

尊者：若必要的話，讓其人獲得解脫之後，再提出問題。解脫也是指已擺脫了心思的活動，這樣的解脫者，還會想到行動嗎？

問：縱使他捨棄行動，行動也不會離開他，不是這樣嗎？

尊者：那要看他認同什麼，才知道這個問題所指的是什麼。

問：是的，我都明白了，我的疑惑，現在清除了。

對話六四四

一位穆斯林人士，是地方轄區官員，問：輪迴轉世的必要性為何？

尊者：談輪迴轉世之前，先讓我們看是否有人身轉世這回事。

問：怎麼看？

尊者：現在你是被轉世為人身，而在說輪迴轉世嗎？

問：是的。當然。一隻變形蟲發展成高階的有機體生物，直到演化成人類。在演化發展中，現在就是完美的狀態，為何還要有更進一步的轉世呢？

尊者：誰在這個演化理論上，設下限制？

問：就物質上言，它是完美的，但在靈魂上，可能需要再發展，那是人死後的事。

尊者：人是指誰，是指身體或靈魂？

問：二者是在一起的。

尊者：你的身體不在時，你不存在嗎？

問：這是什麼意思？這是不可能的。

尊者：在你熟睡時，是什麼狀態？

問：睡眠是暫時的死亡，我是無知覺的，因此我無法說出那個狀態。

尊者：但你睡覺時，你是存在的。你不存在嗎？

問：睡覺時，靈魂離開身體，跑到別處去了，然後在醒來之前，靈魂又回來，因此它是短暫的死亡。

尊者：人若死亡，不會回來說他死了，但睡覺過的人，會說他曾睡覺。

問：因為那是暫時的死亡。

尊者：若死亡是暫時的，而生命也是暫時的，則什麼是真實的？

問：沒有真實的事物，一切都是暫時的，一切都是幻相的。

尊者：幻相是呈現在什麼地方？

問：現在，我看見你，這一切都是幻相。

尊者：若任何事物都是幻相，那麼這個問題，又如何萌生的呢？

問：為何應該有輪迴轉世？

尊者：是對誰而言？

問：對完美的人類。

尊者：若你是完美的，為何你害怕投胎轉世呢？這就表示不完美。

問：我並不害怕，但你說我必須投胎。

尊者：是誰在說這樣？是你提問的。

問：我的意思，就是這樣，你是完美的人，我是罪人。你告訴我，說我是罪人，必須投胎，以便使我自己完美。

尊者：不，我不是這樣說的。另一方面，我說你並未出生，因此也無死亡。

問：你的意思是說，我未出生。

尊者：是的，現在你認為你是身體，因此以身體的生與死，困惑了你自己。但是，你並不是這副身體，所以你也就沒有出生與死亡。

問：你並不支持投胎的理論嗎？

尊者：不，相反的，我要掃除你將投胎的妄見。那是你在思維你將投胎。看，這個問題，是誰在提起，除非找到提問者，否則問題永不會休止。

問：這不是回答我的問題。

尊者：就另一方面論，這個回答，是在澄清觀點，以及其他一切的疑惑。

問：這不能滿足其他人。

尊者：且不管其他人，若你照顧你自己，別人也會照顧他自己。

接著一陣沉默，數分鐘後，他離去，顯然不滿意這個對話。

尊者：這對他會有影響的。這個對話，會有它的效應。他不承認任何實相。嗯，是誰在決定一切都是不真的呢？就這個例子來說，則所作的定論，也是不真的。

演化的理論，被人擴大到這樣的情況。這若不存在於他的心思裡，則又會在哪裡呢？要說死後靈魂必須完美，首先必須承認有靈魂存在。因此，身體不是指人，靈魂才是人。

為了解釋演化，尊者繼續說：有人在夢中看見一座宏偉壯觀的建築，他驀然而醒，便開始思索著這座建築，一磚一瓦，由這麼多的勞工，經過這麼長的時間，打造而成，但他沒有看到勞工在工作。演化理論與此類似。他發現自己是個人，他認為他是從變形蟲的原始狀態演化成這個階段。

另一位信徒：這也說明了他所看見的宇宙充斥著因果。

尊者：人總是在結果上推致其原因，而這個原因，也必有其原因，辯論其間，就會沒完沒了。將一個結果關聯到一個原因，就使人思索了。最後，他被帶到一個思維，思考著到底他自己是誰。當他了知真我，就會有圓滿的平靜，那是人類演化的最高頂峰。

稍後，在晚間時，另一位信徒告訴尊者，說那位穆斯林官員還在跟（訪客）民政委員談論同一的議題。

尊者：他說身體與靈魂，形成一個人。但我問的是，人在熟睡時，其情況為何？身體並無知覺，但其人一直存在。

問：但他說，睡眠是暫時的死亡。

尊者：是的，他是這樣說的。他用「暫時」這個詞，界定死亡，以便人又能回到身體；但是他又如何能知道再度進入身體呢？況且，他確定，又會再回去。那就表示，他必須存在，以便回到身體，或者宣稱那個身體是他自己的。

然而，經文說，生命元氣睡覺時，護持著身體。當身體睡覺時，平躺在地面，狼或老虎可能吃掉他，但動物嗅聞時，感覺身體尚有生命在，因此，不會將身體當作屍體吃掉。這又顯示，人睡覺時，其身體裡面，有個某物在保護著。

尊者綜合論道：所有的知識，都只是引導人了悟真我。經文與宗教，皆在契合此大旨，乃眾所皆知。然而其涵義為何呢？其所敘及過去或未來之事，暫且置於一旁，蓋皆純屬臆測；但當下的存在，乃是所有人內在的體驗。了知那個存在，便終結一切的論述與爭辯。只是，人的心智，不易行此途徑。人而能返內自省，究屬少數。人的心智，喜歡探究過去與未來，但不正視現在。

問：因為深入探究真我，人會喪失其自己，但是其他途徑的探究，不僅使他興致盎然，而且有東西給他滋長。

尊者：是的，確實如此。但是為什麼心智要滋長而發展呢？這是有其意義的，那個意義，必需要顯示朝向了悟真我的方向。心智必需要這樣運用。

一九三九年三月十二日

對話六四五

有位年約三十的男士，彬彬有禮，跟著一些同伴來到廳堂。這位男士突然發言：口說「我—我」，無法使人達到目標，則那個「我」又如何指明出來呢？

尊者：這必須在內在裡找尋。「我」並不是某個可以向別人指稱的東西。

問：若教示是要找到「我」，則教示必須完整指明那是什麼。

尊者：這裡的教示，等同於指引而已，端視尋道者如何運用這個指引。

問：尋道者是無明的，在尋求教示。

尊者：因此，指引他找到真理。

問：但這是不夠的，那個「我」必須具體被指出來。

那位人士顯得有冒犯，不願傾聽。尊者擬再說明，但他不許尊者這樣。

最後，尊者說：這不是尋道者的態度。尋道者不待別人來教導謙虛，他自己也會謙虛的。

此刻，吠陀經文吟頌唱起。

先前的對話，某位信徒無意間提起。

尊者又說：尋道者必須傾聽，努力瞭解。若他要反駁我，讓他儘量辯駁，我不會爭論。

那人又說：你們不瞭解我的看法。我要知道「我」，這必須對我指明出來。

但他表現相當惡劣，旁邊有人不喜歡這樣，設法打圓場，他卻變本加厲。

最後尊者說：回到你原先的情況。若這樣適合你，你就在你的內在與外在，儘管去做。

這位人士聽了更加激動，其他人也跟著激動起來。最後，他離開廳堂，被請走了。後來，得悉那人是行瑜伽的信徒，總是辱罵有別於瑜伽的修行法門，時常詆譭真知行法及悟者。

晚餐過後的夜晚，尊者語及哥賓達瑜伽行者（Govinda Yogi），他是位馬拉雅姆的婆羅門身分學者，略有名聲，時常頌揚瑜伽，但詆譭其他的行法。他時常引述《薄伽梵歌》、《奧義書》等經文支持自己的論述，但其他的上師，例如那羅延天古魯（Sri Narayana Guru）雖然站在相同的立場，卻對他加以駁斥。

稍後，尊者語及阿木里塔那達（Amritanatha）的和藹謙恭，對其人讚譽有加，說他是位偉大的苦行者，歷經許多苦行，在很多地方的許多場合，接濟貧民，很容易便獲得別人喜愛，一些偉大人物，如羅摩那坦（Sir P. Ramanathan）及瑪拉維雅大師（Pundit Malaviya）也欣賞他。

一九三九年三月十三日

對話六四六

尊者讀最近一期的《神之子民》期刊，引述甘地的一段文字：「神的道路，何其美妙！甚至拉吉科的旅程，對我而言，又何其美好。為何我前往？我前往何處去？為了什麼？我了無一思，若神引導我，我還要思維什麼呢？為何我應該思維？甚至在祂的引導中，可能會有阻礙。

事實是，無須費力，便可停止思維，思維並未起現。誠然，這裡沒有虛無空洞，但我的意思是說，關於任務，一無所思。」

尊者評說這些詞的真實性，並強調其文義，然後他引述聖者塔俞馬那瓦的話，以支持了無思維之境：「雖然我時常耳聞經文所云，凝止之境，乃是一切幸福中的一種幸福，但我一直忽視它；又再一次，我沒有遵從我的上主，亦即寧靜師父的教導，這是我的愚昧。我在妄見的森林中，四處遊蕩。啊！這是我的命運。

若人能凝止，則幸福將自行表現。那麼，為什麼要有這虛幻的瑜伽修練呢？難道不能將心智引導在特殊的行法，而使幸福呈現嗎？不如此而言，則採行修練的你，是個無知的嬰兒。

永恆的幸福，其為境也，是你的不存在。你不也在其中嗎？你無法述說它，但不困惑。雖然你並未顯現，但你並沒有喪失，因為你永恆而如如其在。不要在痛苦中，這裡就是幸福，……

來吧！」

一九三九年三月十五日

對話六四七

問：甘地吉所描述的那個境地裡的思維，成為外在的，不是嗎？

尊者：是的，這是僅在「我」之思維萌生後，其他的思維隨之而起。在你感覺「我在」之後，看見世界，則「我」之思維及其他思維，消泯無存。

問：那麼，在那個境地，身體的感知，必須不存在。

尊者：身體的感知，也是一種思維，但他描述的境地，是「思維尚未起現」。

問：他也說，「停止思維，無須努力。」

尊者：當然，停止思維，無須努力，反而是引發思維，需要努力。

問：我們也設法在停止思維。甘地吉也說，思維是神引導的阻礙。所以，那是個自然之境，雖屬自然，但難以了知。他們說，修行是必要的，但又說修行是障礙，這我們就困惑了。

尊者：其人尚未了知，就必要繼續修行。修行是在終結障礙。最後，他來到一個狀態，縱使精修勵行，他仍感無助，無力精進，這時，他才能了知神的力量，而真我顯現。

問：若此境為自然，則為何不能克服非自然方面之事況，而在其餘的事況中，確立其自己？

尊者：此境之外，尚有何物？凡人所見，除了真我之外，還有他物嗎？人始終是覺知於其真我，所以祂總是在於其自身。

問：據說，因為祂輝耀，所以是直接感知的，我從這裡瞭解到，那個是直接感知的，因為祂是輝耀的。若那個不被我們了知，我就認為它並無輝耀。然而，那個僅是輝耀而已，於是我認為猶有障礙存在，而輝耀存乎其下。若真我變成極為光耀，則將輝照一切，所以有必要使其輝照更為光耀。

尊者：祂怎麼能這樣呢？真我不可能此刻暗淡，彼刻輝耀，祂是不變異而一致的。

問：但是，王后秀妲拉告訴國王希吉德瓦耶，她只是幫忙修剪燈蕊。

尊者：那就是心注一處。

經由聽聞真理（*sravana*），真知降臨，那是火焰。

經由反思所聞（*manana*），真知不使滅息，正如火焰被屏風保護，人之真知不為思維所凌駕。

經由心注一處，修剪燈蕊，使火焰保持輝耀。無論何時，若有其他思維萌生，心思便返內，朝向真知之光。

當其成為自然，這就是三摩地。

探究「我是誰」，是聽聞。

確認「我」的真實涵義，是冥思。

實踐修練於每一階段，是心注一處。以「我」而存在，是三摩地。

問：雖然我們對此時有所聞，但仍無法成功付之實踐，這必定是心思薄弱所致，人的年齡有可能是障礙嗎？

尊者：若人之思維激切，據說其心思是強大的，但這裡的心思強大，是指擺脫思維。瑜伽士說，了知僅能在三十歲以前實現，但這不是指悟者。蓋真知在任何年齡，皆無不在。確實如此，在《瓦西斯塔瑜伽經》〈無執著與棄世〉篇章裡，瓦西斯塔告訴羅摩，「你年輕時，便能清心寡欲，這是令人讚賞的。」但他並未說，年老時，不能有真知，那時無一物能阻擋真知。

靈修者必須以真我而固守之。若不能，他也必須確認「我」的真實涵義，若有思維萌生，他要不時回到真我，那就是修行。

有人說，人必須知道「那個」（*tat*），因為世界的觀念不斷萌生，使心思偏離，若能先確認其背後的實相，則可找到那是至上之知，而「你」（*twam*）是後來才知曉的，那是指生命個體，最後，二者合一（*jivabrahmaikya*）。

但為何會這樣？世界能自外於真我而存在嗎？這個「我」始終是至上之知，其身分無須建立在邏輯論理及修練持行上。人若了知那個真知，便為已足。真我始終就是至上之知。根據其他流派的說法，心注一處是思維投注於「我是至上之知」，那是指虔誠專念在至上之知，沒有絲毫別念。了知那個真我，則終結這一切。

了知真我，無須冗長的時程，這還需要有人替你指出真我是什麼嗎？難道每個人不知道他的存在嗎？人在黑暗處，伸手不見五指，若有人叫喚他，他便說「我在這裡。」

問：但是那個「我」，乃是自我或「我」之思維，而非絕對的真我在回答叫喚；或者有別的東西，在覺知他自己嗎？

尊者：自我在沒有光線或視見的情況下，也終能覺知其自身，因此需要更多真我的粹然之光。我說真我乃是自證的，人無須討論真理之諦為何，然後才知道真我。有人說有二十四個諦，難道我們在認知真我存在之前，需要知道這些諦論嗎？經文有所闡釋，其義在指明真我乃不為這些諦論所觸及。只要尋道者逕自認知真我，而設法存在於「那個」，就是了，無須訴之於諦論的研討。

問：甘地吉長期堅持真理（*satya*），因而獲致對真我的了悟。

尊者：除了真我之外，真理是什麼？真理是以存在而構成。又，存在也不過是真我而已。所以，甘地吉的真理，只是真我而已。

每個人都知道真我，卻又一直是無明的。人能夠了知之，是在聽聞「摩訶偈語」之後，因此，奧義書的經文所示，是永恆的真理；而人能了知之，乃歸功於其人之存在。真我乃是至上之知，人聽聞於這個道理之後，便知曉真我的真實涵義，他在偏離之時，便能夠回到本位，這就是整個了知的過程。

一九三九年三月十七日

對話六四八

尊者說，塔特瓦·拉亞爾（Tatva Rayar）是第一位以坦米爾文表述不二一元論哲理的人。他曾說，大地為其床鋪，雙手是取物的餐盤，纏腰布是他的衣服，因此他一無所需。在《國王的棄世》（*Maharaja Turavu*）中，他說，他安坐在荒野的大地，泥土是他的座位，心思是扇子，蒼穹是罩篷，而棄世是他的配偶。

稍後，尊者又說：早期我沒有布巾，用來鋪在地上。通常我安坐在地面，躺臥於大地，那是自由，沙發是束縛，對我而言，形同牢房。我不能隨我喜好，坐在哪裡、如何就坐。這不是束縛嗎？人應該從心所悅，自由自在，不應被人服侍。

「無所求」，乃是莫大的幸福，僅能以體驗而領悟，甚至帝王都比不上一個無所求的凡夫。帝王有奴僕在側，但凡夫有真我隨身，不覺於還有人，試問何者為佳？

一九三九年三月十八日

對話六四九

湯普森（Thompson）先生是位沉靜的年輕人，居住印度好幾年，是位熱誠研究印度哲學的學生，他問：《薄伽梵歌》說：「我是至上之知的支柱。」另一處則說：「我在萬物的本心中。」揭示終極至理的不同面向。我認為這裡有三個面向，超越的、遍在的、宇宙的。了悟是在這三方面的其中一個面向，或是了悟在三面向之中？從宇宙到超越，吠檀多以其為幻相而棄絕名稱與形相，但我不以為然，因為一棵樹木包含著樹幹、樹枝、葉子等，我不能以樹葉為幻相而屏除樹木。吠檀多也說，整體是至上之知，並以黃金及黃金飾物為例而說明。這樣，我們又如何瞭解箇中的真義呢？

尊者：《薄伽梵歌》說：「『我』深植於獨在的至上之知裡。」認識「我」，等於認識了一切。

問：這僅及於遍在這個面向。

尊者：現在你認為你是個個體，也有個宇宙，而神超越宇宙之外，所以有分隔的觀念，這個觀念，必須掃除。因為神與你或宇宙，並不是分隔的，《薄伽梵歌》也說：

「真我是我，喔，睡眠之上主，

供奉在萬物的本心，

萬物之起升及頂峰，

我也在其最後的滅息之中。」（《薄伽梵歌》10．20）

因此，神不僅在萬物的本心中，祂也是萬物的支柱、萬物的本源、萬物的所在，及萬物的滅息。萬物之行，來自於祂、駐止於祂，最後消融於祂；因此，祂不自外於萬物。

問：我們又如何瞭解《薄伽梵歌》這段文字：「這整個宇宙形成『我』這個分子。」

尊者：這並不是意謂神的微小分子與祂分隔，而形成宇宙。祂的力量在運作中，由於這方面的運作，宇宙乃呈現出來，《原人讚歌》（*Purusha Sukta*）[76]也有類似的說法：「萬物形成祂的一足。」這並不意謂至上之知分別在四個部分裡。

問：我瞭解，至上之知確實是無可分割的。

尊者：所以，事實上，至上之知遍滿一切，而無分隔。祂始終是被了知的，然而人不知曉。但他必須要知曉，其知便意味著要克服障礙，那個障礙，遮蔽了真我與至上之知並無二致的永恆真理之表現。那個障礙，糾結著你是分隔的個體觀念。因此，現在的努力，朝向真理之揭示，那就是真我不離至上之知。

一九三九年三月二十二日

對話六五〇

一位安得拉邦的中年人問尊者，他應如何持行咒語。

尊者：咒語內含著聖名，其義是在持咒的情境中，心思之呈現不離真我。若能成就此境，則是持咒之目標所在。因為在持咒中，作為者消失，而其作為也消失了，只有永恆之存在遺留著。持咒應一直持行，直到那個境地成就。在那境中，無法離卻真我，作為者自然而然消融於其中。一旦做到這樣，其人融入於真我，便無事可辦。

問：虔愛拜神，朝向解脫嗎？

尊者：虔愛與解脫，並無不同。虔愛是以真我自然之形態而存在。「一」始終是那個，他以修持的行法而了知之。虔愛是什麼？思及神，這意謂只有單一思維全然充塞，而排除其他一切思維；那個單一思維，是神的思維、真我的思維，是真我臣服於神。當祂高舉著你，萬物皆不能困擾你。思維之不在，乃為虔愛，也是解脫。

真知行法，是在探究，那也不過是「至上虔愛」，不同的僅是詞語而已。你認為虔愛是冥想於至上之存在。只要有分隔感存在，就需要尋求結合，其行程乃在朝抵最終的目標，正如《薄伽梵歌》所載述：

「禮拜我的有德之人，有四種類：在悲痛中之人、尋求真知之人、尋求財富之人，及有智慧之人（悟者）。

在這些人中，悟者始終深相符契，其虔愛專注於『一』，乃是最殊勝者。因為對悟者而言，我乃極其珍愛，而祂乃我所鍾愛。」（《薄伽梵歌》7．16－17）

持行任何冥想，都是很好的。若分隔感消失，以及冥想之客體或冥想的主體獨存，而無知及任何物，這就是真知。真知被說成是單一思維之虔愛。真知乃是最後階段，因為他成為真我，而無事可辦。他也是圓滿的，因而無畏。只有在其次的第二個物存在時，才會萌生畏懼。這就是解脫，也是虔愛。

一九三九年三月二十三日

對話六五一

梅傑．查德威克在謄寫〈解脫之精粹〉坦米爾文版的英文翻譯。他碰到一些很難理解的術語，便問尊者。

尊者：那部分述及創造理論，並不重要；因為經文無意要開展這些理論，偶或述及之，是順應探究者本身的習性，使之自得其樂；其實，這個世界，在光的流瀉中，呈現一個過往的陰影。欲見陰影，光是必要的，但那個陰影，並不值得特別注意、分析或討論。因為聖典之首要乃在論述真我，這才是其大旨。就現況而言，可以忽略創造論的討論。

稍後，尊者繼續說：吠檀多論述宇宙的呈現，其進入視域，是與觀者同步俱起，並無創造的細節程序，此謂之瞬間創造（*yungapat srshti*），這與夢境中造物，十分類似；在夢境中，夢中人與夢中物同步俱起。此論述一出，有些人不滿意，蓋其人已深植於物見之知，他們想要知道創造是如何瞬間形成的，並辯稱一個造物的成果，必有一個原因先行；簡言之，他們對身邊周遭的世界之存在，希望有個解釋，於是聖典以一些創造理論陳述之，俾滿足他們的好奇，其中以解說主體而論述，謂之逐漸創造（*krama srshti*），但真實的尋道者贊同另外的瞬間創造之說。

一九三九年四月二十四日

對話六五二

某位人士譜寫詩頌，讚揚拉瑪那尊者，文中有梵語*Avartapuri*，尊者說，那個字的意思是「蒂魯丘立」（Tiruchulli，尊者出生地的城鎮名）。

這個地方，有不同的名稱，如阿瓦塔丘立（Avarta Chuli），意思是「漩渦」，那裡曾有幾次洪水氾濫，濕婆神三度拯救了當地居民。有一次，整個土地，全被洪水淹沒，濕婆將祂的三叉戟插立在那裡，洪水便匯流而吸入插立的洞孔裡，形成漩渦，因以命名。又有一次，洪水來襲，祂握住三叉戟的頂端，因此名稱又叫蘇拉普里（Sulapuri）。

有一次，地母（Mother Earth）被惡魔赫雷亞克薩（Hiranyaksha）劫走入海，當毘濕奴救回她後，地母認為她已遭惡魔的罪惡觸摸，為了贖罪以彌補不潔觸摸，她便在此地，祀奉濕婆，因此有布明那特史瓦若聖地（Bhuminatheshwara Kshetra）。

瞿曇仙人在阿魯那佳拉及蒂魯丘立，都極負盛名，濕婆對此聖者，化身為舞者的姿態，祂也在哥里·商卡（Gauri Shankar）的婚禮上，手足舞蹈。

康汀耶（Kaundinya）是另一位仙人，拯救了聖河的氾濫，是以仙人之名，將河流命名為康汀耶河（Kaundinya river，坦米爾文，此字誤植為Kundaru），此河的另一個名稱是帕帕哈里（Papahari），亦即罪惡的摧毀者之義。這背後有個故事：有位國王的女兒，患歇斯底里症，她被帶往各聖地及聖水處朝聖。在某個場合，這群朝聖者在浴身前，行瑜伽意念引導（*sankalpa*）

時，耳聞帕帕哈里聖水處的名稱，他們探悉其所在地，便往赴蒂魯丘立。這位女孩，在水中浴身，就治癒了她的歇斯底里症。

潘迪耶王朝的國王，也在這個地方，從殺戮婆羅門身分人士之罪惡中拯救出來，這件事發生在潘迪耶國度的中央領地，涵蓋馬杜賴、羅摩那德（Ramnad）及蒂魯那維里（Tirunelveli）區域。

這個城鎮的神廟前，有一座聖池，是當時濕婆用三叉戟插立在地面，而形成的漩渦之處。甚至現在，聖池中的水，在坦米爾月份的瑪西（Masi）滿月之前，連續十天，湧出的水，約有一英尺高，然後在其後的十天，逐漸消退。這種現象，每年皆可看見。城鎮裡的年輕人，對此皆嘖嘖稱奇。在這個時候，朝聖者聚集在此浴身，水質帶有硫黃，浴身之後，身上沾有銀色晶亮狀。尊者說，他在孩童時，便注意到此事。

這個城鎮，一邊有河流，另一邊有個大湖。湖的沿岸，都是泥土，綿延約三英里。這個湖，十分奇怪，其水平面高於城鎮地面，約二十英尺。當湖滿水位而溢出時，流衍至別處，不會影響到城鎮。

一九三九年四月一日

對話六五三

一些教師參加城裡的教師督導會議後，來到道場舊廳參訪。其中一名教師問尊者：我似乎在森林裡遊蕩，因為我找不到路。

尊者：你必須排除身在森林裡的觀念。這些觀念，就是困擾的根源。

問：但是我找不到路。

尊者：森林在哪裡呢？路又在哪裡呢？這些都只存在你裡面。你就是你自己了，但你卻在談森林、道路。

問：但我一定要進入社會。

尊者：社會與森林一樣，都只是觀念。

問：我離開我的家庭，進入而雜處於社會裡。

尊者：是誰在這樣而行動呢？

問：是這副身體在這樣而行動，行其一切。

尊者：確實如此。現在，你認同這副身體是你自己，你深感困擾，這個困擾，存在你的心思裡。你認為你是身體，或者是心思，然而，有些狀況，是你在這二者之外，例如在熟睡時，你不感覺有身體與心思，但你在夢境中創造了身體及世界，這表示那只是你的心思在活動。你醒著時，你認為你是身體，於是有森林及其他的觀念萌生。現在，想想這個狀況，你是不變異而持續的存在，貫穿於不斷變遷而短暫的諸境中，但你始終如如其在；其情形是，那些遷流的事物，僅是現象，呈現於你的存在上，有如圖像穿梭在銀幕上。圖像有其流往，而銀幕如如不動。同理，不管你身在何處，但你靜止不動，甚至你的身體離開家庭，而雜處於社會，你也如如不動。你的身體、這個社會、森林、道路等，都在你的內在，而你不在它們裡面。你固然也是身體，但你不僅止於這副身體而已。若你駐止於你生命中的真我，那麼這副身體及其活動，都不會影響你。

問：這僅能由師父的恩典而了知之。我曾讀過《薄伽瓦曇》，書中說到幸福僅能從師父腳下的塵埃獲得。我祈求恩典。

尊者：除了你生命自己的存在之外，還有什麼恩典呢？你不是存在之外的，你是存在，而存在即是幸福。現在你認為你是心思或身體，那是變動而短暫的，但你是不變而永恆的，那就是你應該要知曉的。

問：這很晦澀難懂，而我是無明的。

尊者：這個無明，必須排除。又，到底是誰在說「我是無明的」？他必定是個無明的觀照者，那個觀照，就是你。蘇格拉底說：「我知道，我一無所知。」這豈是無知之言？這是智慧。

問：那麼，為何我在韋洛爾不感覺快樂，但我在你面前，卻感到平靜？

尊者：在這裡的感覺，能夠稱得上幸福嗎？離開這裡後，你說你不快樂，所以這種平靜不是永恆的，還摻雜著不幸福，使你在另一個地方感受到不快樂，因此，你無法在某地或時光片段中，找到幸福。幸福必須是永恆的，才有價值。這樣的永恆，是存在於你的生命裡。存在於真我，就是幸福。你始終就是那個。

你說你離開韋洛爾，搭火車到蒂魯瓦納瑪萊，進入廳堂，找到幸福。當你回到韋洛爾，便感覺不快樂。現在，你真的是從一個地方移動到另一個地方嗎？就算你認為你是身體，坐在馬車上，從家門口，馬車前往火車站，然後你進入火車車廂，從韋洛爾一路馳駛到蒂魯瓦納瑪萊，又搭乘馬車，把身體帶到這裡來。若問你的到訪，你說你一路從韋洛爾旅行而來。其實，你的身體保持在那裡，那是所有的地方場景，從身邊流往而過。你的觀念，是由於根深蒂固的身見之謬妄所致。

另一位訪客問：我們應該瞭解到這個世界是短暫的嗎？

尊者：為何要這樣呢？因為你現在認為世界是永久不變的，於是經文告訴你，不是這樣的，以便斬斷你的妄見。要體認到你是永恆的，而不是對世界貼上稍縱即逝的標籤。

問：我們被告以要修練無執著，這只有在認知世界是非真實的，才能辦到。

尊者：是的。教示是要無執著，但其究竟是為何呢？那是指愛與恨，皆不存在。當你了悟真我，而有諸多現象流往而過，你會愛或恨它們嗎？那就是無執著的涵義。

問：這樣會導致我們對工作，缺乏興趣，難道我們不應盡我們的責任嗎？

尊者：是的，當然。甚至你不想這樣，你也被迫不得不這樣做。工作來時，讓身體全然履行，完成任務。

上主克里虛那在《薄伽梵歌》中也說，不管阿周那願意與否，他將被迫作戰。若工作必須由你來做，你就無法避而遠之。若工作無須由你來做，則你也無法繼續做下去；此即是說，若工作分配到你身上，你就必須履行。簡言之，工作遂行其事，而你必須承擔你的分配角色，亦即分配給你的工作份量。

問：這又要如何做到？

尊者：就像演員，在戲裡扮演劇中人，心中了無愛恨。

唵　那個　存在

Om Tat Sat

下卷完

譯註

1 《神之子民》（*Harijan*，或譯哈里真）週刊，聖雄甘地於一九三二年在孟買領導反對運動，被捕入獄。一九三三年二月在獄中指導在監獄外的同志創辦這份週刊，倡導改善賤民的待遇。參閱馬小鶴，《甘地》，傅偉勳、韋政通主編《世界哲學家叢書》系列（臺北市：東大圖書，1993）32 頁。

2 三身指物質身（肉身、粗身）、精微身（心智身、細身）、因緣身（意識身、覺性身），其相對應者是醒、夢、睡三境。三身或譯「三相」。

3 人生追求四目標（*Purushartha*）。印度教述及人生有四個追求的目標：道德價值（法、公義）、經濟價值（財富）、心理價值（歡樂、愛欲）、靈性價值（解脫、無苦），其中道德價值高於經濟價值及心理價值，而靈性價值是人生終極的理想目標。

4 八曲身聖者（Ashtavakra）是印度教聖典中的聖者，相傳其出生，身體便有八處畸形的肢體，他與賈納卡國王的故事，載述於《摩訶婆羅多》。

5 帕瓦拉崑德魯（Pavalakunra）是位於聖山阿魯那佳拉東麓旁的一座小山丘，拉瑪那於一八九八年九月在此山丘上一間奉祀濕婆的神廟修行，同年十二月母親來訪，首度看見離家出走的兒子。詳閱 A.R. Natarajan ,*Timeless in Time: Sri Ramana Maharshi*, with a Foreward by Eliot Deutsch（Bloomington, Ind.: World Wisdom, 2006）pp.66-67.

6 芒果樹洞（Mango Tree Cave）位於維魯巴沙洞屋東北方的臨近洞窟，拉瑪那住在維魯巴沙洞屋時，每年夏季常在此避暑居留。參閱 David Godman, ed., *The Power of the Presence*, Part One（Boulder, CO:

Avadhuta Foundation, 2005）p.75.

7 普迦（*Pooja*）祭儀是印度人祭拜神明的重要儀行，在祭儀中，神被當作尊貴的上賓，人們幫神像沐浴更衣，獻上花環，呈上供品，然後在神像面前提小燈或火把，左右搖晃，叫做阿拉提（*arati*），最後信徒取得獻祭的供品，叫做普拉沙得（*prasada*），表示獲得神的恩賜。普拉沙得可能是鮮花水果，在濕婆神廟中，通常是聖灰。一般言，普迦祭儀是在祈求並取悅神明，若蒙神明歡心，則會受到庇佑，故印度人皆極重視普迦祭儀。參閱 Cybelle Shattuck 著，楊枚寧譯，前揭書，87-91 頁。

8 古達凱夏（Gudakesa）在《薄伽梵歌》中是指阿周那（Arjuna）的另一個名號。在《摩訶婆羅多》中，阿周那是英雄人物，他是般度王的五子中最出色者，在《薄伽梵歌》中，般度族與俱盧族開戰前夕，阿周那不忍親戚族人間互相殘殺，乃與上主克里虛那展開一場極有智慧的對話。

9 五個感官，或譯「五知根」，指眼、耳、鼻、舌、皮膚（身），其相對應功能是視、聽、嗅、味、觸。

10 馬拉地（Marathi）人，是指印度雅利安種族的人，住在印度西部的馬哈拉施特拉邦（Maharashtra）。

11 帕拉卡圖（Palakothu）係拉瑪那道場於草創時期，在拉瑪那居留的茅屋西側旁，有一塊林地及一處池塘，水木明瑟，信徒在此自行搭設小屋，比鄰而居，形成聚落，這塊林地叫做帕拉卡圖，知名信徒如保羅布倫頓、穆魯葛納等，皆曾在此居住。參閱 David Godman, Talks on Sri Ramana Maharshi: Narrated by David Godman–Tales from Palakottu（Part Ⅰ），youtube.com/watch?v=yxCuGtCvkcg

12 《哈達瑜伽燈論》（*Hatha Yoga Pradipika*）述及六種淨化法：腹腔潔淨法（*Phauti*）、大腸潔淨法（*Basti*）、鼻腔潔淨法（*Neti*）、凝視法（*Tratakal*）、腹腔旋轉法（*Nauli*）、頭顱清明法（*Kapalabhati*）。

13 達盧克森林（Daruka forest），根據《烏龜往世書》（*Kurma Purana*）記載，濕婆化身為行乞者，深入達盧克森林，向仙人的妻子行乞，遭受仙人抵制，後來濕婆教化了仙人。Daruka 的另一名稱是 Deodar。

14 乳海攪拌（Samudra manthan）是一則印度神話故事。相傳天神與阿修羅為了生老病死問題，爭論不休，梵天神出面調停，告訴祂們大海底有不死的甘露，攪拌大海，可得甘露。天神與阿修羅便用蛇王的身體當作攪拌繩，後來蛇王口吐毒液，汙染甘露，濕婆乃挺身而出，吞下毒液，避免甘露遭毒染，於是眾天神乃能獲得甘露。參閱貓頭鷹編輯室編《圖解 100 個印度史詩神話故事》（台北市：貓頭鷹出版社，2011）90-91 頁。

15 瓦崑特（Vaikuntha），相傳是毘濕奴的駐在地。同上冊譯註 9。

16 *jnana vijnana triptatma* 出自《薄伽梵歌》6 章 8 節，全文是「當修行者能控制感官，滿足於所知及靈性之知，並駐止於至上的靈性頂峰，他就叫做瑜伽行者，他對土石、黃金，一視同仁。」

17 南德奧（Namdev），全名巴賈特．南德奧（Bhagat Namdev），又譯「名天」，生卒年約在一二七〇年至一三五〇年，是印度教聖者，詩人，主張有婚姻的家室生活，也能開悟。

18 「若你要活著，放棄這個生命。」語出布拉瓦茨基女士（H. P. Blavatsky, 1831-1891）所著 *The Voice of the Silence* 一書，屬於通神學會（Theosophical Society））出版的書籍。

19 史瓦米．維韋卡南達（Swami Vivekananda）或譯「辨喜」，是羅摩克里虛那（Ramakrishna）最傑出的弟子，他推廣印度教，貢獻卓著，使印度教與猶太教、伊斯蘭教、基督教和佛教，並列為世界五大宗教。一八九七年成立「羅摩克里虛那傳道會」（Ramakrishna Mission），是印度極著名的靈修組織，其重要成員，曾造訪拉瑪那道場，參問拉瑪那尊者。參閱上冊譯註 15。

20 喬荼波陀（Gaudapada）是印度吠檀多不二一元論極重要的大師，生卒年約在六四〇年至六九〇年，他是商羯羅的老師哥賓達（Govinda，或譯喬頻陀、牧尊）的老師，可謂祖師級的大師，著有《蛙式奧義頌》（*Mandukya-Karika*），又稱《聖傳書》或《阿笈摩論》（*Agama Sastra*）。

21 《拉瑪那之歌》（*Ramana Gita*）是拉瑪那居留於史勘德道場時期的重要作品，由慕尼帶領其七位弟子，以廣泛的靈修議題，密集參問拉瑪那而編輯成書，全書十八章，計三百則頌句。

22 曼陀羅壇城（Sri Chakra），印度教怛特羅（密教）坐禪時用的線形圖具，輔助冥想。壇場是一種象徵濕婆和性力女神關係的圖形，其中心點的周圍由數個三角形交互重疊組成。壇場也稱為曼陀羅（mandalas），廣泛用於行冥想時，使心力專注於統合的中心。參閱 Cybelle Shattuck，楊枚寧譯，前揭書，70-71頁。

23 六個三摩地，《派坦伽利瑜伽經》列述六種：有尋、有伺、有喜、有存、無尋、無伺。參閱（日本）木村泰賢，釋依觀譯，前揭書，171頁。

24 《康巴羅摩衍那》係詩聖康巴（Kamba）以蟻垤仙人的《羅摩衍那》為藍本，用坦米爾文另外編寫的《羅摩衍那》，時間約在十二世紀，全書共六章，原書名是 *Ramavataram*。蟻垤仙人的《羅摩衍那》是梵文版，撰寫時間約在一世紀，全書分七章。

25 美赫巴巴（Meher Baba, 1894-1969）是印度靈性導師，自命為救世主，一九二三年設立靈性社區，又建醫院，收容貧民及精神病患者。作品有 *God Speaks* 及 *Discourse*。保羅．布倫頓在其名著《印度尋祕之旅》（*A Search in Secret India*）第四章談論其人，對他的評價不高，說他靠媒體拉抬自己。

26 本對話內容記載一九二三年發生盜賊事件，實則時間應是一九二四年六月廿六日，拉瑪那道場遭盜賊潛入，收刮財物，未得分文，憤而棒打拉瑪那，拉瑪那大腿臀部，乃遭棒傷。參閱 Krishna Bhikshu,

Sri Ramana Leela, trans. by Pingali Surya Sundaram（Tiruvanimalai: Sri Ramanasramam, 2006）p. 174.

27 「智慧人的心居右，愚昧人的心居左。」語出《聖經・傳道書》10章2節。

28 《拉麗塔・千聖名》（*Lalita Sahasranama*）係取自《梵天卵往世書》（*Brahmanda Purana*）中的詩頌，女神拉麗塔，有上千個聖名，詩頌在讚美女神，頌揚祂是宇宙至上之存在。

29 本心輪面對著心輪，位於其下方，其實，本心輪是心輪底層的部分，詳見 Susan G. Shumsky，"Exploring Chakras: Awaken Your Untapped Energy,"http://books.google.com.tw/books?/isbn=1564/46561.

30 阿南達道場（Anandashram）係由巴巴・倫德斯（Papa Ramdas，亦即 Swami Ramdas）與聖母克里虛那白（Mother Krishnabai）於一九三一年設立。參閱上冊譯註 40。

31 克夏瓦（Keshava）是毘濕奴的名稱之一。

32 〈永結真我的婚姻花環〉（Akshara Manamalai）是拉瑪那於一九四一年在維魯巴沙洞屋時譜寫的讚歌，他與同伴信徒乞食時，在行進間吟唱。Akshara 指不朽的真我，參閱 Muruganar, *Guru Vachaka Kova*, trans. Dr. T. V. Venkatasubramanian, Robert Bulter, David Godman（Boulder, CO: Avadhuta Foundation,2008）p.129.

33 《存在觀視註解》（*Sat Darsana Bhashya*）是慕尼翻譯拉瑪那手著〈真理詩頌四十則〉的梵文版。

34 蒂亞格拉賈（Tyagaraja, 1767-1847）或名為 Kakarla Tyagabrahman，是印度卡那提克（carnatic）音樂的作曲家，他與另兩位音樂家，被譽為卡那提克音樂三位大師，歌曲大都歌頌羅摩神。

35 索恩達拉地波迪・阿爾瓦（Thondaradipodi Alwar）是南印度十二位阿爾瓦（詩聖）中第十位，屬奉祀毘濕奴的虔愛派。

36 帕力治（Parishit）的故事源自《摩訶婆羅多》及《往世書》。

37 穆魯葛納（Sri Muruganar）是拉瑪那道場時期極受尊敬的重量級信徒，他聽聞拉瑪那的口述教誨，編撰 *Guru Vachaka Kovai*（意譯：上師語粹）及 *Padamalai*（意譯：真我精粹），極為珍貴，是研讀拉瑪那教義，不可多得的作品。

38 羅絲塔．富比士太太（Mrs. Rosita Forbes, 1890-1967），英國旅行探險家，於一九二〇年至一九二一年間，是歐洲第一位婦女隻身遠赴非洲利比亞大撒哈拉沙漠中的庫拉夫綠洲（Kufra Oasis）地區，當時這個區域並未對外開放。

39 亞歷山大．塞爾柯克（Alexander Selkirk, 1676-1721）是蘇格蘭水手，曾漂流到南太平洋一處無人的孤島，獨自生活四年。《魯賓遜漂流記》的作者，可能從塞爾柯克的真實事蹟，取得靈感而撰寫這本膾炙人口的小說。

40 本則對話的記錄，說巴拉尼史瓦米先到維魯巴沙洞屋訪見拉瑪那。實則，他是在一八九七年時，先訪謁拉瑪那於古魯墓廟（Gurumurtam），一路服侍拉瑪那至遷居於維魯巴沙洞屋，期間約十七年。後來，拉瑪那又遷居於史勘德道場，但巴拉尼史瓦米仍住在維魯巴沙洞屋，此期間，拉瑪那不時前去探視他。最後，他逝世於洞屋。詳閱 David Godman, ed., *The Power of the Presence*, Part One（Boulder, Co: Avadhuta Foundation, 2005）pp. 77-78.

41 犍陀羅（Gandhara），古地名，昔白沙瓦（Peshawar）王國所在地，位於印度西北方，今之巴基斯坦史瓦特（Swat）河谷、波托哈爾（Potohar）高原，以及阿富汗賈拉拉巴德（jalalabad）等地。

42 甘地服務協會（Gandhi Seva Sansh，或譯甘地社），一九四六年成立的服務性社團，致力於從事社會服務及慈善工作。

43 《轉向東方》書名原文是 *Turn Eastwards: Glimpses into Indian Life*，於一九三八年出版。

44 呆子渡河的第十人，寓意呆子不知有第十個人存在，但第十個人一直在那裡。故事詳見本書對話63。

45 這二者指「你看見東西，而說東西存在。」及「你未看見東西，而說沒有東西存在。」這兩種情況。

46 拉金德拉．普拉薩德（Rajendra Prasad, 1884-1963），印度政治界領袖，一九二〇年參加甘地吉不合作運動，一九五〇年被選為印度共和國第一任總統，一九五七年再度連任總統。

47 詹姆那爾．巴賈吉（Jamnalal Bajaj, 1889-1942），印度企業鉅子、慈善家，為印度獨立而奉獻，是甘地吉親密的伙伴及追隨者，創辦巴賈集團，擁有二十四家企業公司。

48 加納帕提．夏斯特里，即是加納帕提．慕尼本人的另一個名字。慕尼其人，參閱上冊譯註86。

49 雅利安社（Arya-Samaj），近代印度宗教改革運動的組織，由達耶南達．薩拉史瓦提（Dayananda Sarasvati, 1824-1883）於一八七五年創立。

50 *Ullam* 是坦米爾文，為本心（Heart）的譯語，指一切顯化之源頭及消融之所在。參閱 Muruganar, *Guru Vachaka Kovai*, ed. by David Godman（Boulder Co: Avadhuta Foundation, 2008）p.11。

51 《德瓦羅》（*Thevaram*）詩頌，是濕婆虔愛派的詩頌集，原先有《蒂魯穆賴》（*Tirumurai*）詩頌十二冊，其前面七冊的詩頌，合輯另稱為《德瓦羅》詩頌，詩中頌揚七世紀三位卓越的坦米爾詩聖。

52 波蘭尼克派（Pouranik），係佛教興起後，流衍而出的一支印度教派，又稱婆羅門教派（Brahmanism），盛行於孟加拉北方。

53 因緣身（*karana sarira*）是三身之一，相對應於五身層中的樂身層，係無識無知的幸福妙樂能量身層。

54 精微靈體（ativahika sarira，精微身）在肉身逝亡時，仍然存在，會帶領亡靈往赴另一個世界（域界）。

55 三身指粗質身、精微身、因緣身。三業指昔世積業、今世業報、來世新業。

56 《德維喀羅塔拉姆》（*Devikalottaram*）是濕婆向雪山女神帕爾瓦蒂教示的經書。

57 阿南瑪萊・史瓦米（Annamalai Swami）係拉瑪那尊者親近的信徒，擔任隨侍，長達十年，又任拉瑪那道場建築工程的監造人。知名學者 David Godman 訪談阿南瑪萊史瓦米，將其談話內容，整理出版兩本書：*Living by the Words of Bhagavan* 及 *Final Talks*，敘述拉瑪那在道場的行誼與教誨，頗為詳實。

58 那耶納爾詩聖（Nayanar），指在六世紀至八世紀，坦米爾納德邦有六十三位詩聖的尊稱總名，皆奉祀濕婆。至於奉祀毘濕奴的十二位詩聖，則尊稱為阿爾瓦（Alvar），他們皆來自印度社會中各種不同階層。

59 杜卡羅（Tukaram, 1598/1608-1649/1650）十七世紀虔愛派詩人。

60 杜拉西達斯（Tulasidas, 1497/1532-1623）相傳是蟻垤仙人（Valmiki）的化身，他改編蟻垤的梵文版《羅摩衍那》，書名 *Ramcharitmanas*，成為《羅摩衍那》通俗版的大眾文獻。

61 八方守護神（eight Dikpalas），在印度教指主掌空間中八個不同方向的八個守護神祇，在印度神廟內，常將八方守護神彩繪或裝置在廟宇的牆壁或天花板上。

62 七仙人（Seven rishis），仙人指開悟而有神通的靈修成就者。在《摩訶婆羅多》（*Mahabharata*）中係指北斗七星（the Big Dipper），在吠陀典籍方面，根據《廣森林奧義書》（*Bihadaranyaka Upanishad*），七仙人指 Gautama, Bharadvaja, Visvamitra, Jamadagni, Vasistha, Kasyapa, Atri 等七位。

63 一九三八年，印度仍由英國政府殖民管轄，當時政府公告匯率為一英鎊值 13.33 盧比，一美金值 3.3 盧比，而當時之一美金購買力約等同於今日十七美金。故推估文中三盧比約為今日之十七美金，約為五百多新台幣。

64 非真理（*non-tattva*）上。*tattva* 除了有真理、真諦的意思外，尚有萬物之基本原素、原始本質的意思。這裡，尊者說不要浪費精力在非真理上，亦指不要浪費精力在非屬生命本質的事物上。

65 梅瑟荻絲．德．阿科斯塔（Mercedes De Acosta, 1893-1968）美國劇作家、小說家，在美國好萊塢上流社交圈頗有名氣，並不避諱其同性戀傾向，在當時實屬少見。他在三〇年代，開始對靈性修煉感興趣，一九三八年到印度拜訪拉瑪那尊者。

66 蒲葵扇（*punkah*）指在舊廳中，拉瑪那長椅坐臥處的上方，在天花板上懸掛椰子葉編織的長方形大扇片，連接著繩子，在旁信徒拉放著繩子，可使蒲葵扇擺動生風。

67 《真我之知》（*Atma-Vidya*）是拉瑪那應信徒請求而手撰的六則詩頌，闡述真我之知乃是簡易而直接的。

68 金胎（*hiranyagarbha*），在印度神話中，金胎是世界最原始的雛形，為梵天（Brahma）所創造，又稱為梵卵，後來梵天以意念從金胎中破殼而出，胎殼分為兩半，形成天與地。參閱貓頭鷹編輯室編，《圖解一百個印度史詩神話故事》（台北市：貓頭鷹出版社，2012）26 頁。

69 在帕塔拉．林伽地窖（Pathala Linga Cellar）的日子時，指拉瑪那十六歲，離家逕赴蒂魯瓦納瑪萊後，在阿魯那佳拉史瓦瑞神廟（Arunachalaswara temple）的千柱殿內東南隅一處地窖，內有表徵濕婆的帕塔拉．林伽聖石。拉瑪那端坐於內，閉目靜默，毫無動搖，所以本對話記載：「那個身相不動如山。」詳閱蔡神鑫，《真我與我》（台北市：紅桌文化，2014）30 頁。

70 蘇維塔克圖（Svetaketu）是聖者烏達羅伽（Uddalaka）的兒子，在奧義書的聖典中，是表徵從無明到真知的尋道者之代表性人物，後來成為白淨仙人。參見上冊譯註 30。

71 梅翠伊·婆羅瑪娜（Maitreyi Bhrahmana）是仙人Yajnavalkya的妻子，兩人對談有關「絕對真我」的議題，闡述「一切都是至上之知」的至理。

72 卡爾納（Karna）曾經是貢蒂（Kunit）的兒子。在史詩《摩訶婆羅多》中，貢蒂是般度族王的妻子，曾得一求子密咒，生下卡爾納，將之置於竹籃內，遺棄於水流而去，後來卡爾納長大後，參加般度族的比武大賽，貢蒂一眼便認出卡爾納是她的兒子。參閱貓頭鷹編輯室編，《圖解100個印度史詩神話故事》（台北市：貓頭鷹出版社，2012）110-111頁。

73 十個傻瓜渡河，失算自己的故事，參閱對話63。

74 在史詩《羅摩衍那》中，羅摩是毘濕奴的第七個化身。

75 穆克提納特（Muktinath），在尼泊爾境內，地處喜馬拉雅山，海拔七三一〇公尺，是印度教徒及佛教徒朝聖之地，地名有解脫的意涵。

76 《原人讚歌》有云：「原人昇華，用其四三。所餘四一，留住世間。」「原人之身，若被肢解，試請考慮，共有幾分？」參閱孫晶，《印度六派哲學》（台北市：大元書局，2011）34-35頁。

附錄一

拉瑪那尊者生平事略

拉瑪那尊者（Sri Ramana Maharshi, 1879-1950）幼名維克達拉瑪·艾耶（Venkataram Iyer），一八七九年十二月卅日誕生在印度南方泰米爾·納德邦（Tamil Nadu）蒂魯丘立（Tiruchuli）小鎮。十五歲時，有位親戚長者來訪，告以來自聖山阿魯那佳拉（Arunachala），位於蒂魯瓦納瑪萊（Tiruvannamalai）城鎮；從此，聖山之名，便在維克達拉瑪的內心深處，啟發靈動，縈懷不去。翌年（一八九六），維克達拉瑪在馬杜賴（Madurai）的叔父家裡，身歷瀕死經驗，引發對生命真我的探究與開悟。

同年（一八九六）八月廿九日，他隻身離家，前往聖山所在地的蒂魯瓦納瑪萊。一九〇一年，他與幾位同伴信徒，居留於阿魯那佳拉山腰處的維魯巴沙洞屋（Virupaksha Cave），此期間，有慕道者加納帕提·慕尼（Ganapati Muni），問道於他，拉瑪那（開悟後，改稱「拉瑪那」）打破長期噤語，金口開示，其弘深精奧的教導，乃源源而來，慕尼盛讚之餘，公開宣稱：「讓舉世皆知，他是薄伽梵·拉瑪那·馬哈希（大悟者）」（Bhagavan Sri Ramana Maharshi），從此以後，拉瑪那被尊稱為薄伽梵、馬哈希，阿魯那佳拉的聖者（Sage of Arunachala）之名，乃遠播於印度，確立為靈性上師的地位。

一九一六年，拉瑪那遷居於維魯巴沙洞屋上坡處的史勘德道場（Skandashram），一九二二年，拉瑪那的母親仙逝，葬於阿魯那佳拉南邊的山腳下，信徒前來拜祭者眾，寖然形成聚落，乃建立拉瑪那道場（Sri Ramansramam）。拉瑪那在道場的舊廳（Old Hall），朝夕趺坐在廳內角落的長椅沙發上，凝定於淵默之中，平坦和易，靜默無語，或隨機應答，信徒及訪客翕然宗之。其教誨勉人自勘「我是誰」，俾了悟真我，拔人生苦厄。一九四九年，拉瑪那左手肘突生一粒瘤腫，鑒於惡性腫瘤，施以四次手術，終告不治，於一九五〇年四月十四日晚間，平靜謝世。拉瑪那在世七十一年的歲月，居留於阿魯那佳拉五十四年期間，有二十八年坐鎮在聖山南麓的拉瑪那道場，啟引世人，教澤綿延，迄未衰替。

——本文摘自蔡神鑫《真我與我》〈生平篇〉（台北市：紅桌文化，2014）

附錄二

編者小傳

穆納葛拉・S・韋克塔拉邁爾（Sri Munagala S. Venkataramiah, 1882-1963）是印度傑出的化學家。在女兒早逝，不勝悲痛之際，於一九一八年首度訪見拉瑪那尊者於史堪德道場。一九二七年再訪拉瑪那於拉瑪那道場，其後，全家每年夏季短期住在道場附近。一九三二年，韋克塔拉邁爾遭裁員，徬徨不寧，乃長住拉瑪那道場，全心奉獻，負責道場英文信函回覆事宜。一九五〇年，拉瑪那辭世後，愈發砥礪修行，五年後，在加爾各答出家為僧。一九五九年，返回拉瑪那道場，傳授拉瑪那的教誨，直到一九六三年逝世。在一九三五年至一九三九間，他忠實記錄拉瑪那與信徒訪客的談話，保存拉瑪那親身的教誨，彌足珍貴，澤被後人。知名信徒梅傑・查德威克讚他是傳譯拉瑪那教誨的不二人選，誠屬允當。

附錄三

延伸閱讀書目

本書單僅收錄拉瑪那道場出版品

拉瑪那尊者坦米爾文原著英譯文版

Five Hymns to Sir Arunachala

坦米爾文原書名是*Arunachala Stuti Panchakam*，拉瑪那譜寫讚頌聖山阿魯那佳拉。

The Collected Works of Ramana Maharshi

編者 Arthur Osborne。輯錄拉瑪那著述作品，有重要專文，詩頌讚歌、古經文英譯，是閱讀拉瑪那原著最重要的英譯版書籍。

The Poems of Sir Ramana Maharshi

譯者 Sadhu Arunachala（A.W. Chadwick），拉瑪那哲理性詩頌及其他零星偈頌。

Truth Revealed (Sad-Vidya)

本書是《真理詩頌四十則》（*Reality in Forty Verses*）及《補篇》（*Supplement*）的英譯。本書梵文版書名是 *Sat-Darshanam*，坦米爾文版書名是 *Ulladu Narpadu*.

Words of Grace

本書輯錄三篇拉瑪那的重要專文：〈我是誰〉（*Nan Yar?*）、〈探究真我〉（*Vichara Sangraham*）、〈靈性教導〉（*Upadesa Manjari*）。中文版書名《真我三論》，蔡神鑫譯，台北：紅桌文化出版。

談話記錄

Day by Day with Bhagavan

記錄者 Devaraja Mudaliar，記錄期間一九四五年至一九四七年，記載拉瑪那與信徒的對談與互動，翔實生動。本書與《對話真我》（*Talks with Sri Ramana Maharshi*）共列為經典性必讀書籍。

Letters from Sri Ramansraman

記錄者 Suri Nagamma，是記錄者致其兄長的信函輯錄，計二七三函，記錄拉瑪那在道場的生活起居及各種談話，內容豐富。本書與 *Talks, Day by Day* 兩書齊名，皆屬重要必讀書籍。

Maharshi's Gospel

拉瑪那與信徒的諸多零星談話，信徒隨時筆錄，經摩里斯·佛利曼（Maurice Frydman）譯成英文，在道場傳閱甚廣，普獲好評。

Sri Ramana Gita

記錄者 Kavyakantha Ganapati Muni（慕尼），慕尼及其弟子等人，密集參問拉瑪那，內容精湛，仿《薄伽梵歌》體例，編撰此書，計十八章，凡三百則偈頌，是拉瑪那在史勘德道場時期最重要的作品，英譯者是 Sri Vismanatha Swami 及 Prof. K. Swaminathan。

Couscious Immortality

記錄者 Paul Brunton 及 Munagala Venkatarmiah，兩人與拉瑪那的對話，內容精湛，深受信徒重視。

教誨編纂

Gems From Bhagavan

編者 Devaraja Mudaliar，涵蓋教誨精要，計十三個主題，梗概賅備。中文版書名《稀世珍寶》，蔡神鑫譯，台北：紅桌文化出版。

Maha Yoga

編者 Who（K. Lakshmana Sharma）在拉瑪那教導的哲理方面，有深入的闡述。

Reflections on Talks with Sri Ramana Maharshi

作者 S. S. Cohen，從 *Talks* 書中，精選一八九則，詳加闡釋，精解其涵義。

The Teachings of Bhagavan Sri Ramana Maharshi in His Own Words

編者 Arthur Osborne，從 *Day by Day* 及其他書中，精選內容，分述五章，理論與實務兼具，是瞭解教誨的書籍。

教誨註釋

Ramana Maharshi and His Philosophy of Existence

作者 Dr. T. M. P. Mahadevan，闡釋〈真理詩頌四十則〉精義，附有拉瑪那生平及教誨大要。

Sat-Darshana Bhashya

作者 Kapali Sastri，闡述慕尼的梵文版〈真理詩頌四十則〉，並附有幾段拉瑪那的談話。

The Cardinal Teaching of the Maharshi

作者 Kapali Sastri，本書是梵文註釋拉瑪那手撰的 *Sri Arunachala Pancharantam* 之英譯版。

拉瑪那傳記

Bhagavan Sri Ramana：A Pictorial Biography

編者 Joan and Matthew Greenblatt。書中有彩色及黑白圖片，佐以拉瑪那精選語錄。

Ramana Maharshi

作者 Prof. K. Swaminathan 以一般人及師父的角色，描述拉瑪那生平及作品，內容平實。

Ramana Maharshi and the Path of Self - Knowledge

作者 Arthur Osborne，敘述拉瑪那生平事蹟及教誨大要，本書發行甚廣，風行於印度及海外，可讀性甚高。

Self-Realization

作者 B. V. Narasimha Swami，一九三一年出版，是第一本英文版的拉瑪那傳記。

Sri Ramana Leela

作者 Sri Krishna Bhikshu，原書是泰盧固文版的拉瑪那傳記，作者是拉瑪那親近信徒，英譯者 Pingali Surya Sundaram。

追思憶往文集

A Sadhu's Reminiscence of Ramana Maharshi

作者 Sadhu Arunachala（A. W. Chadwick）。作者於一九三五年參訪道場，一九六二年逝世，期間親炙拉瑪那，過從甚密，本書描述其親炙體驗，記載拉瑪那的言行，真情流露，頗獲佳評。

At the Feet of Bhagavan

作者 T. K. Sundaresa Aiyer，本書擷取作者之日記內容，對拉瑪那在道場生活點滴，描繪入微，並闡述教誨大要。

Crumbs from His Table

作者 Ranianananda Swarnagiri（K. S. Narayanswami Aiyer）。作者追思一九三四至一九三六年期間，與尊者對話，並記載一些尊者詳述教誨性的故事。

Glimpses of Life and Teachings of Bhagavan Sri Ramana Maharshi

作者 Frank Humphreys。記述作者於一九一一年參訪尊者時的許多對話，作者是早期參訪尊者的歐洲人士。

Guru Ramana

作者 S. S. Cohen，記述作者初訪尊者時的情景，並記錄兩人許多的對話，議題不一而豐富。書中末章，摘自作者日記中記錄尊者逝世前兩年的身體狀況，極為詳盡。

My Recollections of Bhagavan Sri Ramana

作者 Devaraja Mudaliar，追憶一九〇〇年在維魯巴沙洞屋、一九三五年在拉瑪那道場、一九四二年成為道場永久居民等三時期，與尊者間的諸多互動往事。

My Reminiscences

作者 N. Balarama Reddy，記錄作者與尊者的互動經驗。

Reminiscences

作者 Kunju Swami，作者於一九二〇至一九三二年，任尊者隨侍。書中記述幾椿道場的意外事件，以及不為人知的信徒行誼。

Face to Face with Sri Ramana Maharshi

編者 Laxmi Narain，收錄二〇二位信徒的追憶文集，期間自一八七九至一九五〇年，內容豐富，皆是每位信徒的心靈紀事。

其他

Arunachala : Holy Hill

作者 R. Henninger，記述聖山阿魯那佳拉的歷史，也是一本指引書，附有地圖及各景點的介紹。

The Garland of the Guru's Sayings (Guru Vachaka Kovai)

編者 Sri Muruganar，全書詩頌計一二五四則，完整囊括尊者的教誨，編者是拉瑪那重量級信徒，本書的評價極高。

The Maharshi and His Message

作者 Paul Brunton，摘自作者名著 *A Search in Secret India* 書中第九、十六、十七共三章，記述作者參訪拉瑪那的過程，重刷出版，易名為本書名。

Thus Spake Ramana

編者 Swami Rajeswarananda，口袋書，計一二五則拉瑪那教誨短句。

Advent Centenary Souvenir

於一九九六年，慶祝拉瑪那抵阿魯那佳拉滿一百周年紀念文集。

Golden Jubilee Souvenir

於一九四六年時，慶祝拉瑪那居留於阿魯那佳拉滿五十周年紀念文集。

Ramana Smrti

於一九八〇年出版，慶祝拉瑪那誕辰一百周年紀念文集。

Mountain Path

拉瑪那道場發行的季刊，早期的主編是 Arthur Osborne。

附錄四
推薦閱讀書目

Talks with Sri Ramana Maharshi 編者 Munagala Venkataramiah

Day by Day with Bhagavan 編者 A. Devaraja Mudaliar

Letters from Sri Ramanasramam 編者 Suri Nagamma

Words of Grace 作者 Ramana Maharshi

Maharshi's Gospel 編者 信徒

Guru Vachaka Kovai 作者 Sri Muruganar

Be As You Are: Theachings of Sri Ramana Maharshi 編者 David Godman

Timeless in Time: Sri Ramana Maharshi 作者 A. R. Natarajan

The Power of the Presence（三冊），編者 David Godman

S

H

I

B

C

D

對話議題條目索引

原文（譯文）　　　　　**書中對話編號**

A

B